本书为2012年浙江省钱江人才计划
（编号QJC1202005）课题成果

"中国学"系列研究丛书

# 德国的华人移民
## ——历史进程中的群体变迁

刘 悦 著

ZHEJIANG UNIVERSITY PRESS
浙江大学出版社

# 总　序

　　浙江大学首创国内"中国学"学科已经七八年了，其间众说纷纭，历经磨难。如今，这棵小树已经逐渐根深叶茂了。值此"中国学研究"系列丛书问世之际，承蒙中国学中心诸多同仁之请，写几句话权当序言。

　　2010年前后，我在浙江大学提出了建设本土中国学学科的基本理念，主要基于以下几点考虑：

　　第一，中国学或者中国研究需要海外视角，但更需要中国本土的视角。中国问题的研究者、学习者，无论中外，无论东方、西方都应该将其"身体"置入中国的当下社会语境，因为生理感官的空间转换有利于对"他者"和"自我"的社会文化感知。第二，全球化语境下的中国学和中国研究应当着重当下性与问题导向。与海外中国学有所不同，本土中国学研究注重学科的本体立场，坚持道路自信、制度自信、理论自信和文化自信。本土中国学研究注重"根"（roots）与"流"（routes）的关系，中国当下的道路、制度和发展中的问题是与基于中国国情的历史根源密切相关的，要研究今天中国的道路，就必须走在这条路上，去探究其中"根"与"流"的关系。第三，研究中国问题，或者说中国学的学科建设要注重理论联系实际，要走进中国社会，深入人民群众的生活中去，这是中国学学科建设的宗旨。我们热爱书本，但是更加热爱生活。第四，本土中国学要特别重视中国元素、世界表达，也就是要特别重视在"讲述中国故事、发出中国声音"时的话语方式，主张用平等、公正和科学的语言，即用全世界能听得懂的语言，在世界范围讨论中国问题。

这些想法后来被证明是对的，浙江大学的中国学学科建设和中国问题研究也获得了越来越多的国际同行的认可和褒奖。屈子曰：路漫漫其修远兮，吾将上下而求索。这也许是我们唯一能坚持的态度。

是为序。

浙江大学　范捷平

2016 年 11 月

# 目　录

# 表目录

# 图目录

# 第一章 导 言

19 世纪中叶以来,从中国有规模移居海外的人数呈间歇性快速增长,中国自此成为最重要的国际移民来源国之一。自近现代以来的第一次海外移民潮开始,来自中国的移民足迹就已遍及世界各大洲,并在历史发展过程中展现了与移入和移出地区相关的复杂特点。移民潮是复杂的社会现象,它的生成与政治、经济、社会和文化因素紧密相关,既反映了移民来源国的国内环境变化、移民目标地区的环境变化以及移民行为的外在框架条件,也反映了移民实施移民行为的内在条件变化。在国际移民研究领域,宏观与微观两种研究视野具有区别鲜明的研究重点。在宏观层面,传统的研究多聚焦结构性的移民路径和移民的政治经济框架原因,将移民行为视为群体性规模化进程,往往也使用移民来源国和目的国作用于移民行为的"推拉"[①]因素进行分析。宏观维度的移民研究往往忽视社会内部分层和移民决定的多样性。与之相对,微观维度的移民研究则侧重探讨个体的移民行为及引起其移民决定的个人境遇。这一路径将微观经济学、心理学和跨文化因素考虑在内,认为个体主观感受到的微观客观环境很大程度上影响个体移民的决定,重点关注移民身份的形成,以及个人和家庭在目的国社会的融入情况。微观维度的移民研究往往不追求趋势性的移民行为结论,而去侧重探讨移民行为的多样性及其文化心理原因。

本书的研究对象为近代以来以德国为流向地的华人移民群体,旨在将这一群体的变迁放在历史进程中进行理解和追索。在研究路径上,选择宏观与微观视角的结合,将研究对象视为受到历史进程、社会政治经济框架因素影响下的有规模群

---

① "推拉"模型基于 Lee(1966)的分析框架,强调移民的决定受到不同因素影响,其中起重要作用的是与移民来源地相关的、促进移民离开来源地的因素("推"因素)和与目的地相关的、同样促进移民向目的地流动的因素("拉"因素)以及移民个人原因。

体,同时研究对象无疑是一个由大量具有鲜明特征的个体组成的群体,受到与个体相关的各种变量的影响,需要同时兼顾群体共性和个体多样性的现象。

德国的华人群体是中国海外移民群体中的一个组成部分。

首先有必要明确"中国海外移民"这一核心概念。"移民"从概念上讲可被认为是一种具有时间和空间属性变化的人口迁移活动。目前各国乃至国际组织根据自身界定移民的法律和统计需要,对于跨国人口迁移的居留时间要求有着不尽相同的规定。

国际移民组织(International Organization of Migration)对"国际移民"的界定是:

> 国际移民系离开祖籍国或此前的常住国,跨越国家边界,为了定居性
> 目的而永久性地,或在一定时期内生活于另一国家的人。①

联合国于 1998 年公布了《国际移民数据统计建议》(Recommendations on Statistics of International Migration),对主要移民术语进行了规范与界定,其中对"国际移民"的界定如下:

> 国际移民系指任何一位改变了常住国的人。但因为娱乐、度假、商
> 务、医疗和宗教等原因短期出国者,不包括在内。②

李明欢考虑到文化边界对国际移民新生代群体的影响,对"国际移民"概念进行了修正,将之界定为:

> 跨越主权国家边界,以非官方身份在非本人出生国居住达一年以上,
> 即为"国际移民"。他们可能在迁移后加入新的国家的国籍;也可能仍然
> 保持原来国家的国籍,仅持有效居住证件在异国居住;还有些人则可能同
> 时持有多个国家的国籍。这是一个跨越国家政治边界生存的特殊人群。③

我国有关部门对于"中国海外移民"的概念使用范围为:移居到其他国家并在

---

① IOM:Glossary on Migration, Geneva, IOM, 2004, 33. 转引自李明欢:《国际移民政策研究》,厦门:厦门大学出版社,2011 年,第 5 页。

② DESASD:Recommendations on Statistics of International Migration, Statistical Papers Series M. No. 58, Rev. 1, New York:United Nations, 1998, 17. 转引自李明欢:《国际移民政策研究》,厦门:厦门大学出版社,2011 年,第 5 页。

③ 李明欢:《国际移民政策研究》,厦门:厦门大学出版社,2011 年,第 7 页。

居任国居住 1 年以上,包括获得所在国长期居住权或"绿卡"的,拥有中华人民共和国国籍的中国大陆的中国公民,不包括移居海外的香港、澳门和台湾等地区的居民,同时也不包括已加入外国国籍的中国人。[①] 华人移民研究领域所使用的相关概念则涵盖更广,由于独立于国籍身份之外的华裔的概念在社会融合和文化身份认同领域的研究中被频繁使用,学界普遍接受的中国海外移民概念也包括移居海外的香港、澳门和台湾地区的移民,并且包括已加入外国国籍的华人及其后裔。

本书所用的中国海外移民概念参考李明欢的界定,将德国华人群体中的新生代华裔纳入研究范畴,这一群体对于华人移民在德国的融入和文化心理变迁的研究具有重要的意义。在使用"海外华人华侨"相关概念时,其所指的含义为:在海外常住达一年以上的(单次居住时间超过 3 个月),拥有中国国籍或港、澳、台永久居民资格的中国人,以及已加入移居国国籍的华人及其后裔。基于文化认同研究中对文化心理而非生物基因的重视,华人后裔的代际在身份认同讨论中不作进一步界定。

"中国海外移民"这一概念在本书中泛指一个数量不断增加的自中国移出的移民群体,这一移民群体需要根据其多样性区分出不同的分类范畴。一些重要的相关术语内涵则主要参考联合国等官方机构的界定。联合国《国际移民数据统计建议》对国际移民中的"长期移民"(long-term emigrant)和"短期移民"(short-term emigrant)分别补充定义为:长期移民为"迁移到其祖籍国以外的另一个国家一年(12 个月)以上,迁移的目的国实际上成为其新的常住国";短期移民为"迁移到其祖籍国以外的另一个国家 3 个月以上,一年(12 个月)以下。但如果出国目的是休闲度假、探访亲朋、经商公务、治病疗养或宗教朝拜,则不包括在内"。移民流向根据观察者的角度可被分为移入(immigration)和移出(emigration),根据动机可被分为自愿性移民(volantary emigrant)和强迫性移民(forced emigrant)。从移民迁移时是否获得有效法律文件或迁入国许可来说,可以分为合法移民(legal immigrant)和非法移民(illegal immigrant)。人口迁移的不同类型可以相互转化,如跨国境留学属于"合约性迁移",其签证一般附带与学习时间相关的居留许可条件,但学习结束后迁移者可以通过进入当地就业市场或创业,实现从"合约性迁移"

---

① 宋全成:《欧洲中国海外移民的规模、特征、问题与前景》//王辉耀主编:《国际人才蓝皮书:中国国际移民报告 2014》,北京:社会科学文献出版社,2014 年,第 192 页。

到"定居性迁移"的转换。①

　　基于长期移民与短期移民的概念,留学生群体往往在留学所在国停留时间超过一年,因此,尽管这一群体的流动性较普通移民更大,留学移民(student emigrant)也被视为移民群体中重要的组成部分。事实上,从当代中国移出的国际移民中,持工作性质、团聚性质和学习性质的迁移人群的数量最为集中。② 留学生群体在中国近现代至今的中外社会文化交流中扮演着不可或缺的角色,尤其在美国、英国、德国、法国等以优质的留学资源为主要移民吸引力之一的国家,留学生群体在当地华人移民历史和社群形成中的作用均不可忽视。

　　根据联合国经济和社会事务部的统计,2013 年的中国海外移民存量(不包括移民后代)达到 934.25 万人。③ 研究显示,2007 年,78％的中国海外华侨华人分布在东南亚;北美(14％)和欧洲(5％)各占海外华侨华人分布的第二及第三位。④ 根据国务院侨办 2015 年的数据,2014 年居住在国外的海外华侨华人近 6000 万。显然,这里的统计结果不仅将中国海外移民的第一代,而且也将其后代纳入其中。在中国官方统计中,"海外华人"被定义为生活在国外的中国裔人群,但在一般性统计中往往不明确的是统计截止到自移出后的第几代后裔。在国际惯例中,不将移民第三代及之后的后裔统计为具有移民背景的人。如德国学界普遍把移民定义为两种人群:其一为自己有着移民经历的(移民第一代)群体;其二为自己没有亲身移民经历的移民背景群体(移民第二代)。在针对移民的有关统计上,通常把已取得德国国籍以及居住在德国的、未取得德国国籍的外国人统统算入移民第一代。移民的第三代在数据统计上不再纳入具有移民背景的人群。⑤ 根据德国联邦统计局的定义,具有"移民背景"的人指的是:(1) 所有在德国居住的外国人,无论其是否在德国出生;(2) 所有加入德国国籍的外国人,无论其是否在德国出生;(3) 所有在 1950 年以后回流

　　① 李明欢:《国际移民学研究:范畴、框架及意义》,《厦门大学学报》(哲学社会科学版)2005年第 3 期,第 45 页。

　　② 李明欢:《国际移民政策研究》,厦门:厦门大学出版社,2011 年,第 273－274 页。

　　③ 王辉耀,苗绿:《海外华侨华人专业人士报告》(2014),北京:社会科学文献出版社,2014年,第 166 页。

　　④ 庄国土:《世界华侨华人数量和分布的历史变化》,《世界历史》2011 年第 5 期,第 14 页。

　　⑤ Jungwirth, Ingrid et al. : Hochqualifizierte MigrantInnen an die Spitze! //Bundesministerium für Bildung und Forschung: Arbeitsmarktintegration hochqualifizierte Migrantinnen-Berufsverläufe in Naturwissenschaft und Technik, 2012:5.

的、已加入曾住国家国籍的海外德国人；（4）所有在德国出生并由此获得德国国籍的人，只要其父母起码一方满足第 1 至 3 条规定的条件。[1] 因此在德国官方的外来移民人群统计中，须区分外来移民与国民中具有移民背景的人群两个群体。

海外华人的情况较之其他大的移民族群有所不同。传统中国社会价值观安土重迁，移民往往具有强烈的乡土情怀，这一点尤其适用于由于战乱、饥荒、贫穷、资源短缺等因素被迫移民的几次传统移民潮参与者。从近代第一次大规模海外移民至今，在东南亚和北美洲的华人移入者至今已有五代以上，其后裔中的很多人诚然直至今日在文化认同上仍保留着和中国文化千丝万缕的联系，但从统计学意义上，应如何界定"海外华人"的覆盖边缘，也给海外华人的实际数量统计提出了挑战，成为一个需要相关侨务工作重视和解决的问题。

直到 20 世纪 90 年代末，海外华人群体往往被区分为"华人"——居住海外的原中国人，无论其国籍是否更改，以及"华侨"——居住在中国以外的国家的中国公民，且最终打算回国。[2] 但这一群体的区分法在 21 世纪之后的研究中被逐渐忽略，[3]取而代之的笼统称谓为"海外华侨华人"。对于海外华侨华人群体的认定，从中国近现代发生大规模向外移民至今曾经历过不同阶段的理解。最早在近代根据血缘关系进行划分的法律基础为 1909 年清政府颁布的中国国籍条例及国籍条例实施细则。根据这一法规，所有移居外国的中国人或者在侨居国出生的中国人后裔，无论其是否取得所在国国籍，均被视为"华侨"。新中国成立初期沿袭了这一规定。随着 1955 年中国政府在万隆亚非会议期间与印度尼西亚政府签订了解决双重国籍问题的条约，正式宣布中国废除双重国籍政策，"华侨"的含义发生了变化。加入了侨居国国籍，取得侨居国护照的华裔群体不再归入"华侨"之中。[4] 迄今为止对于"华侨"进行法律意义上的界定的是 1991 年 1 月 1 日起实施的《中华人民共和国归侨侨眷权益保护法》，该法第二条明文规定，"归侨是指回国定居的华侨。华

---

① Schäfer, Thomas, Institut für empirische Wirtschafts und Sozialforschung, Brückner, Gunter: Soziale Homogenität der Bevölkerung bei alternativen Definitionen für Migration. Wiesbaden: Statistisches Bundesamt, 2009: 1047 - 1048.

② 王庚武：《华人与中国》,上海：上海人民出版社,2013 年,第 317 页及以后。

③ Liu 2005: 292 页及以后。

④ 桂世勋：《海外华侨华人及其对祖（籍）国的贡献》// 丘进主编：《华侨华人研究报告 (2011)》,北京：社会科学文献出版社,第 52 页。1980 年,第五届全国人民代表大会第三次会议通过了《中华人民共和国国籍法》,正式规定中华人民共和国不承认中国公民具有双重国籍。

侨是指定居在国外的中国公民"①。但这里对于"定居"的具体含义并未进一步明示。在实际工作中,侨务部门将除去因公出国人员外的"虽未取得驻在国长期或者永久居留权,但已取得住在国连续5年以上(含5年)合法居留资格,并在国外居住的中国公民视为'定居'"②。根据这一原则,海外华人群体被认为是移居海外的、与中华民族具有血缘关系的、不属于"华侨"的群体。这一概念理解适用于绝大部分关于海外华侨华人研究的对象界定,但仍有一些特殊群体,如父母一方为中华民族成员的跨种族婚姻家庭的后代是否属于华人,则仍无统一定论。③

20世纪的中国海外移民研究主要集中在移民历史、移民进程和移民成因等领域,关注的移民群体以移居北美的闽、粤籍地缘群体为主。90年代中期以后,新移民问题成为华侨华人研究的新热点,针对新移民浪潮的规模、迁移目的地、特点等方面出现了一批宏观层面的研究,但同时也出现了对各移民流向国的研究程度不平衡的问题。迄今为止,国内的华侨华人研究从数量上看,主要还是以东南亚和北美地区的华人社群为主,针对欧洲华侨华人社会的研究相对仍较薄弱;同时新移民研究以文献研究占主流,其中尤以移民政策为主要关注点,而实证研究和比较研究从数量和质量上仍无法与之比肩。近年来,中国学术界对于海外新移民群体的生存状况、发展趋势的关注度有了明显上升,研究领域覆盖面也从移民人口、地域、族群、生存的状况和发展趋势拓展至华人社会社团、移民语言、移民的政治参与、华人媒体、华人高技术移民等新的热点领域。由于中国移民在欧洲国家的移民群体中所占的整体比例并不突出,因此欧洲学术界对于这一移民群体的关注度仍不足够。

华人移民至德国的历史可追溯至1822年。之后中国人迁移到德国的历史曾经历过两次高潮(20世纪前十年以及一战后二战前),均与青年学生赴德留学热潮有密切的关系。作为近现代中国留学生重要的目的国,德国在欧洲中国华人研究中具有特殊的地位。一方面,由于近代欧亚航运的兴起,德国航运业一度吸引了数以千计的中国水手登上德国轮船工作,及至20世纪初汉堡港的中国水手、20世纪前后开始从

---

① 来源:国务院侨务办公室,http://www.gqb.gov.cn/node2/node3/node5/node9/userobject7ai1272.html。

② 桂世勋:《海外华侨华人及其对祖(籍)国的贡献》//丘进主编:《华侨华人研究报告(2011)》,北京:社会科学文献出版社,第52页。

③ 事实上,近现代至今许多以中国人身份自居、积极传播中国传统文化的名人均属此列,如晚清奇人辜鸿铭的父亲为华人,母亲为西洋人,功夫巨星李小龙的父亲为华人,母亲为欧亚混血儿。但二人均以发扬华人文化为己任,在文化身份认同表现出非常显性的中华文化归属感。

浙江南部青田等地移入德国的商贩阶层移民、20 世纪 30 年代聚居柏林的中国商人等移民群体在汉堡和柏林等德国重要城市形成了聚居区,在中德两国的社会文化交流史上留下了鲜明的足迹。另一方面,受到中国近现代实业救国、科学救国思想的影响,作为近代以来中国人向西方强国学习进程中的重要目的国度,德国的科学体制、哲学思想、教育理念、音乐艺术均在中国近现代社会变革和发展中留下了不可磨灭的印迹。大批留学生前往以严谨科学精神和现代化技术发展见长的德国求学。近现代留学德国的中国留学生群体中英才辈出,在波诡云谲的时代中,在德国留下了在中国人留欧历史中特点鲜明的精英群像。两个移民社群共同塑造了近代以来华人在德国的形象。迄今为止,中德学界虽均有较有影响力的德国华人研究面世,但从学科视角而言,仍略显单一,主要仍以历史研究为主;另外,对德国华人移民群体的关注呈现出针对留德学人群体[①]和针对普通华人移民群体历史[②]的两极分化趋势。

本书旨在聚焦近现代以来德国的中国移民群体,拓展这一目前研究路径尚较单一的中德社会文化交流重要领域,从移民群体特点和变迁的角度审视自 19 世纪以来的德国华人移民历史,重点关注 1978 年改革开放以后的中国赴欧洲新移民潮的文化和社会背景,及其对德国华人社群的影响,从社群变迁和华人形象及其变化两个切入点探寻华人在德历史这一华人移民欧洲历史中的重要组成部分。同时探寻华人移民及其后裔在德国的社会融入和文化身份认同状况,基于实证方法对华人移民新生代的文化认同问题展开讨论。研究想要回答的问题是:中国人何时、为何、如何移民至德国? 中国人从近现代开始迁移至德国的进程是否、如何、在多大程度上塑造和影响了德国的华人形象? 德国的华人移民呈现出与传统移民流入地以及欧洲其他中国新移民流入地相比的哪些特点? 华人群体的变迁呈现出移民与社会心理及文化认同相关的哪些影响?

---

① 代表性研究有 Harnisch, Thomas:Chinesische Studenten in Deutschland. Geschichte und Wirkung ihrer Studienaufenthalte in den Jahren von 1860 bis 1945. Hamburg: Institut für Asienkunde,1999;叶隽:《现代学术视野中的留德学人》,上海:同济大学出版社,2004 年;Meng, Hong:Das Auslandsstudium von Chinesen in Deutschland (1861—2001). Frankfurt am Main: Peter Lang,2005.

② 代表性研究有 Gütinger, Erich: Die Geschichte der Chinesen in Deutschland. Ein Überblick über die ersten 100 Jahre seit 1822. Münster:Waxmann, 2004;Yu-Dembski, Dagmar: Chinesen in Berlin. Berlin:Berlin Edition, 2007;Amenda, Lars: China in Hamburg. Hamburg: Ellert & Richter Verlag,2011.

# 第二章　近现代德国华人移民

一般认为中国海外移民始于唐代,之后历朝历代均有从沿海走向海外的零星移民。主要移民流出地为广东、福建、海南等沿海省份。中国人在欧洲最初的足迹可以追溯至 15 世纪早期,明代航海家郑和带领的寻宝船队曾经抵达欧洲,留下第一批中国移民在欧洲的足迹。海路也是后来近现代华人移民到达欧洲的主要途径。① 欧洲人最早来到中国的群体为传教士和通商者,在 1516 年时已在广州海口的屯门澳出现了葡萄牙商人的身影。1517 年葡萄牙人租借澳门后,欧洲商人来华数量渐多,需要大量劳工开展其东方贸易,中国人乘机外移至海外的数量也日渐增多。"欧人在东方经营,略树基础以后,一切殖民开发,均需大量人力,而中国移民,忍苦耐劳,工价又廉,故其时欧人虽视中国移民为奴隶不如,而中国人民之外移者,仍络绎不绝。"②

被认为是第一次较有规模的中国赴欧洲移民潮直到 18 世纪才出现,其中多为欧亚航运中的海轮水手。1866 年,中国清朝官员斌椿奉总理衙门派遣首次到达欧洲时,当地已有华人经商者。至 1900 年前后,英法各大海口商岸均有留欧华侨散居,但规模较小,总数不过数百人。③ 近代中国人到欧洲的另一途径为从陆路经西伯利亚入欧洲。据记载,早在 1700 年前后,已有浙江青田人经陆路到达俄国。④ 19世纪末因俄国修筑西伯利亚铁路和开掘阿穆尔省金矿而招募了大量华工,也成为近代华人向欧洲移民的一个重要分支。

---

① 另一途径为陆路,经由西伯利亚至欧洲大陆。
② 陈里特:《中国海外移民史》,太原:山西人民出版社,2014 年,第 23 页。
③ 陈三井:《华工与欧战》,长沙:岳麓书社,2013 年,第 1—2 页。
④ 青田华侨史编纂委员会:《青田华侨史》,杭州:浙江人民出版社,2011 年,第 29 页。

近代中国对外移民的主要目的地是东南亚和北美洲,大部分移民则通常以所谓"苦力"和契约工人身份被招募至西方殖民势力的本土或海外殖民地工作。在这样的背景下,19 世纪末 20 世纪初出现了从中国移民至欧洲的第二次有规模的移民潮,这是近代中国在外来殖民势力的经济效益驱使下出现的大规模海外移民潮,重要标志为流向地主要为英国和法国的一战招募劳工大规模赴欧。与英法以劳工输入为主的移民模式不同的是,一战前后在德国的中国移民中,很大一部分为知识分子(留学移民),这使得德国的中国移民类型及特点,乃至近现代华人在德国留下的形象不同于欧洲其他国家。

近现代中国海外移民对国家在危难时期的救亡和发展做出了不可磨灭的贡献。中华民国成立后,海外华侨除了将在外挣得的血汗收入以侨汇的方式寄回家乡,为国家经济财政做出贡献,还在日寇入侵后国家危难之际,争相捐款回国支持抗日战争。据统计,仅 1939 年 7 月至 1940 年 11 月,海外华侨团体及个人共捐献超过 2.28 亿元,其中欧洲移民捐献 206.5 万元。[①] 海外华侨对于中国革命事业输财输力,无数爱国华侨倾尽所有资助革命、回国扶植百业,发展教育,被民主革命先行者孙中山先生誉为"革命之母"。近现代华人海外移民中的许多代表人物,如厦门大学创始人陈嘉庚先生,始终心怀叶落归根的爱国情怀,在国家危难之际曾凭借自身的捐资为中国现代化的进程做出了巨大贡献。虽然欧洲的华人移民从数量上和近代以来的传统移民流向地东南亚诸国和北美洲无法相提并论,但其同样在历史上留下了浓墨重彩的一笔。

# 第一节　近代德国华人移民史

对于近代最早到达德国的华人移民,学界目前找到的最早记录是 1816 年 8 月 3 日离开家乡,从海路先到达英国,1822 年再到达柏林的冯氏叔侄或兄弟 Feng Assing(根据其肖像上的名字可辨认为冯亚生,应生于 1793 年或 1794 年)和 Feng Haho(冯亚学[②])。还留着辫子的二人当时在柏林地区的一名商人海因里希·拉斯

---

① 陈里特:《中国海外移民史》,太原:山西人民出版社,2014 年,第 43 - 44 页。

② Feng Assing 和 Feng Haho 是二人在当时档案和新闻报道中的名字拼写,德国学者 Erich Gütinger 在书中称 Feng Haho 为 Feng Yaxue,应为"冯亚学"的对音,但此出处尚不明。

特豪森(Heinrich Lasthausen)的运作下,在当时普鲁士王国首都柏林的市中心"表演",参观者只需花费 6 个格罗生(普鲁士货币)即可观看来自遥远东方的"两名知识分子"进行的表演,包括皮影戏、二胡演奏、书法和说一些中文。二人的"展览"并未给商人拉斯特豪森带来预期的利润。他们在中国曾受过教育,后来经由拉斯特豪森介绍,在普鲁士国王弗里德里希三世的行宫从事圣经的翻译工作。冯氏二人在此期间接受了基督教洗礼,冯亚生改名 Friedrich Wilhelm Assing,冯亚学改名 Karl Ahok,并均在 1826 年与当地女子结婚。二人成家后均在德国留下了后代。据普鲁士王国的档案记录,冯亚生后来在 1836 年从汉堡乘船经美洲返回了中国,并在 1889 年时以 95 或 96 岁高龄去世,他应该是汉堡人接触到的第一位中国人。[①]冯亚学则一直在波茨坦的行宫为普鲁士王室工作,并由于工作出色获得了普鲁士国王弗里德里希四世赏赐的一座别墅。他在波茨坦一直居住到 1877 年,最后以 79 岁高龄离世。[②]

事实上早在 18 世纪至 19 世纪中叶,欧洲各大国家已经普遍有了中国人登陆的记录。在伦敦肯辛顿(Kensington)博物馆中陈列有一艘中国帆船,并注明 1845 年有此种帆船一艘从中国赴英。[③] 进入大航海时期后,欧亚间海轮水手多为中国苦力,当时经由海路到达欧洲的中国人也多为水手,在欧洲各大港口如英国的利物浦港、荷兰的阿姆斯特丹和鹿特丹港、德国的汉堡港均留下了他们的足迹。据德国学者考证,1902 年,在世界各地航行的德国轮船上工作的约 5 万名水手中,约 3000 人来自中国。他们往往以 20～40 人为一组封闭作业,通过工头[④]与船上其他人员交流。[⑤] 少部分海员之后开始在港口停留生活。有记录记载,1890 年在德国北部重要口岸汉堡,已经有 43 位中国人在此生活,这一数字到了 1910 年上升为 207 人。他们几乎无一例外均为德国货轮上的水手(见图 2-1)。[⑥] 在 1914 年第一次世界大战爆发时,大多数中国水手选择了返回中国。及至战争结束,汉堡的中国人数

① Gütinger, Erich: Die Geschichte der Chinesen in Deutschland. Ein Überblick über die ersten 100 Jahre seit 1822. Münster: Waxmann, 2004:65 - 66.

② Yü-Dembski, Dagmar: Chinesen in Berlin, 2007:7 - 10.

③ 陈三井:《华工与欧战》,长沙:岳麓书社,2013 年,第 1 - 2 页。

④ 被称为拿摩温(从英文 Number One 而来)。

⑤ Amenda, Lars: China in Hamburg. Hamburg: Ellert & Richter Verlag, 2011:39.

⑥ Gütinger, Erich: Die Geschichte der Chinesen in Deutschland. Ein Überblick über die ersten 100 Jahre seit 1822. Münster: Waxmann, 2004:60.

**图 2-1   1912 年汉堡港的中国水手[1]**

量重新上升,其籍贯主要为广州、宁波及上海。19 世纪 20 年代汉堡的华人侨领、宁波籍华侨陈纪林即为其中的代表,他 1908 年离开家乡到香港谋生,后到北德轮船公司充当海员,于 1915 年起定居汉堡,1920 年应北德轮船公司之邀创设汉堡水手馆,负责招募中国籍水手。[2]

从表 2-1 可以看到,1900 年的德国人口中外国人口为 77. 87 万人,占总人口数的 1. 38%。相比之下,同时期的华人移民数量可谓非常之少。虽然华人在外来移民中所占的比例之后经历了几次起伏发展,但从总数量来讲,其始终是德国外来族群中不起眼的存在。不过从近现代中国留德学人对德国科技、哲学、文化的推介及发扬层面而言,德国的中国移民又不得不被看作一个在文化意义上非常重要的族群媒介,关于这一点将在后文进行进一步阐述。

---

①  来源:Amenda, Lars:China in Hamburg. Hamburg:Ellert & Richter Verlag,2011:42f.
②  徐鹤森:《民国浙江华侨史》,北京:中国社会科学出版社,2009 年,第 105 页。

表 2-1 1871—1933 年德国外国人口数量及比例[①]

| 统计时间 | 总人口 | | | 外国人口 | | | |
|---|---|---|---|---|---|---|---|
| | 总数（万人） | 男（万人） | 女（万人） | 总数（万人） | 占比（%） | 男（万人） | 女（万人） |
| 1871 - 12 - 01 | 4105.88 | 2015.21 | 2090.67 | 20.68 | 0.5 | 12.47 | 8.20 |
| 1900 - 12 - 01 | 5636.72 | 2773.72 | 2862.99 | 77.87 | 1.38 | 46.41 | 31.46 |
| 1933 - 06 - 16 | 6521.85 | 3168.56 | 3353.29 | 75.68 | 1.16 | 37.74 | 37.93 |

注:节选。

1866 年清政府初遣使至欧洲时,巴黎已有华人在此经商。在 20 世纪初欧洲华人数量究竟有多少,今天只有一些较为模糊的统计或推测。有研究称,1900 年前后欧洲的华人移民"仅"有数百人。[②] 而根据一份民国年间的统计,1911 年英国华侨有 1319 人,其中多为水手,另有一些为利物浦的洗衣工人。[③] 除了水手,早期欧洲华人移民的另一重要群体为散落在欧洲各地的小商贩和手工业者,以浙江青田人和湖北天门人为主要群体。据称在 18 世纪末法国塞纳河中心的圣路易岛上,已经出现了中国人开设的澡堂,主要为浙江青田人,他们被一些学者认为是欧洲华人移民的先驱。[④] 另有研究称,相传 1903 年有三位青田人乘轮船赴欧,为青田人移民欧洲大陆的肇始。[⑤]

青田位于浙江东南部沿海地带,自然资源匮乏,山多田少,特产为雕刻的青田石,海外青田人经由海路到达异乡后,多以叫卖青田石为落脚的生计。青田人富有冒险精神,自近代起足迹遍布全球。早期闯荡欧洲的青田和温州移民生活艰苦,

① 来源:Statistisches Bundesamt: Bevölkerung und erwerbstätigkeit. Ausländische Bevölkerung 2015,Wiesbaden 2016:26 - 27.经本书作者整理。

② 李长傅:《中国殖民史》,上海:上海科学技术文献出版社,2014 年,第 224 - 225 页。

③ 何汉文:《华侨概况》,上海:神州国光出版社,1931 年,第 31 页,转引自陈三井:《华工与欧战》,长沙:岳麓书社,2013 年,第 6 页。

④ 巫乐华:《华侨史概要》,北京:中国华侨出版社,1994 年,第 73 - 74 页,转引自夏凤珍:《从世界看浙南世界移民》,天津:南开大学出版社,2008 年,第 10 页。

⑤ "其初来欧时,不知欧罗巴之名,更不知法兰西、意大利、德意志等为何国,但知既有来船,必有去处,信轮船所往之地,冒险而去,风俗不知,语言不谙,唯利是图。渐引其同乡以俱去,足迹遂遍欧洲。"这段描述生动地描述了最先闯荡欧洲的青田人的动机和发展。见李长傅:《中国殖民史》,上海:上海科学技术文献出版社,2014 年,第 226 - 227 页。

"顶烈日,冒严寒,沿街叫卖,受尽人世间的歧视和欺凌"[①]。据李长傅在《中国殖民史》中称,一战前全欧洲的青田人最多时已达两万余人。[②] 这一数字从何而来,已难以找到其他佐证。但毋庸置疑的是,第一次世界大战爆发前,欧洲各大国家已经遍布青田人足迹,尤以法国、意大利和荷兰最为集中。同时期的另一中国移民地域群体来自湖北天门,人数较青田人少,经陆路从黑龙江经西伯利亚进入欧洲,多以售卖利润微薄的剪纸花为生活来源。到了1914年第一次世界大战在欧洲爆发前,来自上述两个地域的华人移民已经有了一定规模。当时的民国政府驻法侨工委员李骏对此有所描述:"天门与青田两地商贩,以沿街叫卖,蓬头垢服,流落花都,不仅行人厌之,且伤及国家体面,经法使馆与留学生劝告,有进玻璃工厂工作者,亦有入机器洗衣店谋生者。迨欧战发生,工厂暂停生产,工人生计顿窘,以致坐食山空,驻法使馆乃筹款设法将之遣送回国。此外,华人尚有演马戏及为人修脚,获替人帮佣者,然为数甚少。"[③]

最早出现在德国柏林的温州人应该是一位田姓商人,他1880年开始居住在柏林,以卖石雕为生,其家庭甚至在1901年受到了当年赴德国为德国公使克林德被义和团所杀一事向德皇道歉的清王室醇亲王载沣的接见。对于当时德国的浙江人,德意志帝国外交部档案里专门有这样的文件:"在来自浙江的中国人中,尤其当其来自与温州相邻的青田地区时,格外存在他们从事不受欢迎的沿街兜售的怀疑。"[④]这里所说的"兜售"涉及的货物为产自中国的瓷器、石雕、漆器和纸花等小商品。当时德国禁止他们出售非进口的商品,因此这些小商贩只能从同是华人经营的批发商处购入商品再沿街兜售,受尽白眼之余也只有非常微薄的利润,生活极为简朴,唯一的娱乐是在附近的啤酒屋内打麻将和下中国象棋。由于只有很少数人能够说德语,这一华人群体与当地人的接触少之又少,成为对柏林人而言无声而神秘的一个群体。[⑤]

①　温州华侨华人研究所:《温州华侨史》,北京:今日中国出版社,1999年,第87页。

②　李长傅:《中国殖民史》,上海:上海科学技术文献出版社,2014年,第227页。

③　惠民公司招工档(五),转引自陈三井:《华工与欧战》,长沙:岳麓书社,2013年,第6页。

④　Schreiben des Auswärtigen Amtes//Akten des Auswärtigen Amtes, Politisches Archiv, 17A, Bd.5,转引自 Yü-Dembski, Dagmar:Chinesen in Berlin, 2007:22.

⑤　当时的浙江人在欧洲移民群体中大部分还没有足够的资本积累,只能从事小商贩行为。少部分有经济实力的华人则可以开设商店,从事进出口贸易。当时有这种经济实力的主要是广东、福建和山东人。浙江人只有少数人做批发商,且多为属于第二层次的转批发商。柏林在20世纪20年代有浙江籍批发商林南勋从事批发生意,将货物批发给德国各地的流动商贩,甚至还有奥地利、捷克斯洛伐克等国的流动商贩。参见徐鹤森:《民国浙江华侨史》,北京:中国社会科学出版社,2009年,第89-91页。

# 第二节　民国时期的德国华人移民

　　第一次世界大战爆发后,协约国中以法国为主的国家首先在中国招募华工到欧洲工作及助战。为掩藏招工与参战有关的目的,1916 年法国派陆军部代表陶履德上校(Colonel Truptil)以农学技师身份与中国交通银行组成的惠民公司签订合同,开始在中国招募华工赴法国。合同规定,华工需服务 5 年,且无权解除合约,而法国政府则在一年以后有权解雇。合同中还规定,华工每日需工作十小时,每周七日无休,另有一些不平等条款,将华工严加束缚,身份等同于奴工。[①] 俄国和英国紧随法国其后,也开始在华招募华工,英国在 1916 年年底由英商天津仁记公司代表英政府与山东烟台交涉员商定招工合同,除工作期限由五年修改为三年之外,其余条款和法国与惠民公司签订的合同大同小异。据可考资料统计,法国经由天津、香港、浦口、青岛等地的惠民公司共招募到华工 31656 人,此外经由以香港利民公司为代表的其他招工公司募到工人 4000 人左右。俄国政府主要在东三省招募华工,通过华商义成公司招募华工 20000 至 30000 人。[②] 对于整个一战期间英、法、俄三国在华招募华工的总人数,存在不同的记载。据陈三井考证,华工应募到盟军工作的总人数在 17.5 万人至 20 万人之间,其中英政府招募华工最多,约为 10 万人。欧洲所募华工绝大多数为华北的山东省的,其次为直隶、河南、江苏、安徽、湖北、湖南、江西、广东和广西壮族自治区等省区的,年龄多在 20 岁至 40 岁之间,正值壮年。绝大多数华工文化程度很低,甚至目不识丁,仅有约 400 位受过大学专门教育的学生应征充任翻译。[③] 据法国军部档案,一战期间被招募至法国工作的华工共计 14 万人,其中 2 万人在战后留在法国。[④] 若此数属实,则一战期间法、英两国的华工数量至少在 30 万人以上。在一战期间被招募至法、英、俄三国的华工主要在

---

① 《中国劳工运动史》第一册,第 109 页,转引自陈三井:《华工与欧战》,长沙:岳麓书社,2013 年,第 17 页。
② 陈三井:《华工与欧战》,长沙:岳麓书社,2013 年,第 25－27 页。
③ 陈三井:《华工与欧战》,长沙:岳麓书社,2013 年,第 30－33 页。
④ 陈里特:《中国海外移民史》,太原:山西人民出版社,2014 年,第 33 页。

后方或战前担任伐木、运输、挖掘战壕等后勤工作,[1]绝大部分工作兢兢业业,不惧艰辛,受到盟军普遍好评,在战场死亡的数以千计,因其总人数之巨,对于协约国最后获得战争的胜利做出了不可忽视的贡献。战后这些华工大多依照合同获遣回国,也有少部分留在当地娶妻成家,成为老一辈旅欧华侨。据《中国劳工运动史》[2]所载,英国陆军部函复民国伦敦使馆,称总共遣回华工 91452 人,战场死亡 1949人,回国途中病死 73 人。法国和俄国所招募的华工回国人数具体已不可考,有称1919 年至 1922 年大约 11 万华工被陆续从法国遣回中国,近 2 万人在法国阵亡、失踪、累死或病死。[3] 据 1937 年《申报》所载,战后滞留法国的劳工有千人左右,多娶了法国当地妻子,生儿育女,在当地以一技之长维持生计。[4] 另据 1935 年歌梅驿华工联谊会的调查,当时在法国境内留有华人 10600 人,其中 900 多人与法国妇女结婚。而被招募到西伯利亚的华工由于俄国并没有官方人数统计,所以无法知道具体数量。有研究称,自 1906 年至 1910 年间,入俄国境内的中国人数量有 55 万人之多,归国者 40 万人,差数 15 万人则留在当地经商,或从事仆役及体力劳动。[5] 因并非官方统计,这一数字只能供参考。

除了民国时期被招募至欧洲的华北地区华工,一直到第二次世界大战爆发之前,浙江青田人都是华人在欧洲海外移民的重要地域群体。且除少部分同样为招募华工[6]外,基本为小商贩和手工业者。关于 20 世纪二三十年代欧洲的青田人之多,在邹韬奋 1922 年《在法的青田人》一文中记载,青田人"陆陆续续冒险出洋的渐多,不到十年,竟布满了全欧! 最多的时候有三四万人,现在也还有两万人左右,在巴黎一地就

---

① 据一战华工翻译官徐开第后人回忆:"华工亦从事阵亡盟军战士埋葬工作,死者没有棺材,只用毛毯裹住尸体,在地上挖一个洞,埋葬于地穴之中。……华工伤亡病死者,遵照中国习俗,用棺木埋葬,上扦一个牌写明姓名死期或华工别致码。"见叶星球,江敬世:《法国一战老华工纪实》,巴黎:巴黎太平洋通出版社,2010 年,第 86 - 87 页。

② 转引自陈三井:《华工与欧战》,长沙:岳麓书社,2013 年,第 140 - 141 页。

③ 叶星球,江敬世:《法国一战老华工纪实》,巴黎:巴黎太平洋通出版社,2010 年,第 77 页。

④ 转引自陈三井:《华工与欧战》,长沙:岳麓书社,2013 年,第 140 - 141 页。

⑤ 陈里特:《中国海外移民史》,太原:山西人民出版社,2014 年,第 29 页。其依据为 1926年莫斯科中华旅俄救国会之估计。

⑥ 关于青田人参加欧洲华工招募的历史,可参考法国老华侨青田人叶清元的口述:"1917 年年底,我满十七岁,正值第一次世界大战……当年正好碰上英法两国到中国招募劳工,赴欧参战。浙江青田是一个贫穷的小山城,天灾人祸,人们无法谋生,我们一批青年听到这个消息觉得是条生路,一哄而上去报了名。凡去报名的,几乎全部录用,后来我才知道,这次赴欧的劳工一共有十多万人。"(叶星球,江敬世:《法国一战老华工纪实》,巴黎:巴黎太平洋通出版社,2010 年,第 69 页。)

有两千人"①。由于故乡资源匮乏,人多耕地少,青田人形成了一种独有的闯天下精神,成为近代中国欧洲海外移民中重要的先行者,部分获利还乡的青田华侨带回了资金和闯荡世界的经验,对浙江南部的其他地区如温州、瑞安、文成等地形成了强烈的辐射效应,再加上1929年至1930年间的特大自然灾害导致农业歉收,1931年日本侵略者发动"九一八"事变,国家陷于风雨飘摇之中,致使许多青年人纷纷奔赴国外谋生,到30年代中期达到了高峰。② 浙江青田县华侨历史陈列馆的数据显示,1920年至1929年仅从青田县一地出国的有据可查的华侨就达到5298人,1930年至1939年为2462人。③ 至于以青田移民为代表的浙南移民移居欧洲者的具体数量则无统一说法,由于这一群体基本都是非法移民,再加上当时战乱等因素,事实上的移民人数难以具体查证。可供参考的说法是文成县一地1911年至1948年移居欧洲的可考人数共386人,其中以1927年至1936年最多,共306人。文成华侨在欧洲的最重要移居地分别为法国、意大利与荷兰。④ 对于当时的浙江移民而言,德国并非移民的直接目的地,移民大多是从其他欧洲国家陆续迁移而来的。

民国时期的在德华人主要聚集在两个德国大城市:柏林和汉堡。柏林的华人聚集地又分为两处:一是靠近今天柏林东部的火车东站(Ostbahnhof),位于安德里亚斯街(Andreasstraße)、朗格街(Langestraße)、马库斯街(Markusstraße)和克劳特街(Krautstraße)的围合区域,这里曾在20世纪30年代有超过200名华人居住,形成了被当时媒体称为"黄色地带"的华人聚居区。⑤ 对于柏林的富裕阶层而言,这一带是社会底层的贫民窟。聚集于此的华人主要为小商贩、曾经的船舶锅炉工和装煤工,以及少部分杂耍艺人。他们很多是非法入境的移民,不受城市管理机构的欢迎,并由于身份原因或从事的活动触犯城市管理法规而面临被驱逐出境的风险。这些华人移民居住条件恶劣,往往多人合租一个房间,大部分居住空间既无电灯也无洗手间。该区居住的大部分华人来自浙江温州和青田,乘坐火车经过莫斯科到达柏林。⑥ 该区所在的城区弗里德里希海恩(Friedrichshain)隐藏在市中心繁华地带波茨坦广场的背后,为当时柏林失业者、酒鬼最为集中的区域。在此处居住的华人商贩往往沉默低调,难

① 夏风珍:《从世界看浙南世界移民》,天津:南开大学出版社,2008年,第11页。

② 温州华侨华人研究所:《温州华侨史》,北京:今日中国出版社,1999年,第17页。

③ 夏风珍:《从世界看浙南世界移民》,天津:南开大学出版社,2008年,第10页。

④ 温州华侨华人研究所:《温州华侨史》,北京:今日中国出版社,1999年,第69-71页。

⑤ Yu-Dembski, Dagmar:Chinesen in Berlin. Berlin:Berlin Edition, 2007:20.

⑥ Yu-Dembski, Dagmar:Chinesen in Berlin. Berlin:Berlin Edition, 2007:21.

以引起他人的注意,又安静平和,从不招惹麻烦,并由于按时交租,得到了德国房东的好感。1925 年 4 月,该区曾发生过一起中国商贩被一群失业流氓抢劫的事件,事后当时的《柏林日报》(Berliner Tageblatt)刊登的法庭报道对该中国商贩给予了同情,认为抢劫的罪过完全在于抢劫者,并认为该区的中国人"和平地工作,从事贸易,经营餐馆,在里面引人注意地用筷子吃不寻常的东西以及打麻将"。《柏林环视报》(Berliner Rundschau)也曾报道此事,并将该区的中国人描述为"大部分安静和具有忍耐力的人,不喜欢酗酒,安静地做自己的事情"[1]。在 20 世纪 20 年代和 30 年代期间,在柏林居住过的中国人至少有数百人。其中在柏林警察局登记注册的中国人在 1926 年 3 月为 508 人,1926 年 12 月 487 人,1930 年为 468 人。[2]

　　汉堡的华人在 20 世纪 20 年代同样进入了数量发展迅速的年代。汉堡华人以(曾经的)水手和商人为主,到 20 世纪 20 年代已经在汉堡著名的圣保利区中的一条短街施穆克街(Schmuckstraße)形成了类似于北美华人"唐人街"的聚居区。这条街的中心设有当时北部德国 Lloyd 航运公司招募水手的一个办公室。在鼎盛时期,这条街上有多家由中国人经营的餐馆和酒吧、多家为水手提供住宿的客栈、一家烟草店、一家洗衣店,同时临近街道还有其他同样由华人经营的商店,包括出售蔬菜的店铺。施穆克街中除了住着华人移民之外,还生活着许多其他族群。华人店铺不仅面向华人移民,还面向城区中的其他族群经营,如 20 年代这里就出现了两家华人经营的咖啡馆。随着 1933 年纳粹党走上政治舞台,大举实施种族主义措施,圣保利的中国人聚居区逐渐衰落,战后已难以辨认鼎盛时的面貌。到了今天,这里仅剩下一家名为"香港"的海员客栈,还在传达着圣保利区与当年德国"唐人街"的依稀联系。[3]

　　到了第二次世界大战爆发前夕的 1936 年,居住在柏林的中国人已经达到 1600 多人,其中约 500 人为留学生。[4] 与居住在城市阴暗角落、生活朝不保夕的中国小贩和手工业者群体截然不同的是另一个中国移民群体:他们是在柏林高校学习的年轻学者,具有良好的教育背景,衣着得体,举止优雅,往往德语流利,风度翩翩。他们多居住在西部柏林的市中心地区一条名为康德的大街(Kantstraße)的附近,

　　① 　Yu-Dembski, Dagmar: Chinesen in Berlin. Berlin: Berlin Edition, 2007: 25 - 26.

　　② 　费路(Roland Felber)、胡伯坚(Ralf Hübner):《中国民主主义者和革命家在柏林(1925—1933)》//张寄谦:《中德关系史研究论集》,北京:北京大学出版社,2011 年,第 77 - 78 页,第 93 页。

　　③ 　Amenda, Lars: China in Hamburg. Hamburg: Ellert & Richter Verlag, 2011.

　　④ 　Yu-Dembski, Dagmar: Chinesen in Berlin. Berlin: Berlin Edition, 2007: 64.

并以这条街为中心聚集在一起就餐或开展社交活动。这条街南边仅百米之遥的另一条平行大街就是柏林著名的商业大街选帝侯大街（Kurfürstendamm），选帝侯大街也是当时的民国政府驻德国领事馆所在地，那里是官费所派学生常去的地点。康德大街以北步行 15 分钟，即可到达柏林高等技术大学（创立于 1884 年，今天的柏林工业大学）和柏林造型艺术大学（创立于 1696 年，今天的柏林艺术大学）。其中柏林高等技术大学是学习自然和工程科学的中国留学生在柏林的主要学习地点。无论是官费还是自费，当时的柏林中国留学生大部分来自富裕家庭，在柏林生活无忧，居住条件往往与当地的中产阶级家庭学生看齐。

以柏林留学生为代表的中国留学生群体在很大程度上影响和塑造了当时德国人对中国人的族群印象，他们作为一个古老文化的载体受到当时人们的"高度尊重"[①]。第三章将从始于近代的中国学生留德热潮开始，对这一群体在德国的发展历程进行梳理。

# 第三节　被遗忘的历史：纳粹时期的德国华人

自纳粹党在 1933 年在德国上台执政后，一直到 1945 年第二次世界大战结束，少数因为种种原因留在德国的华人经历了悲惨而屈辱的特殊年月。其中不少人留在德国的原因是与德国女子已经结婚生子，而这一点正是最为纳粹种族主义者所不能容忍的所谓"混血婚姻"。这一时期的德国华人遭到了纳粹的何种对待？德国的华人社群在同时期经历了怎样的变化？这段历史在战后很长一段时间内鲜有人知晓，成了一段几乎被遗忘的历史。近年来经过一些德国研究者的发掘，这段历史才得以重新出现在我们的眼前。

从 1936 年起，以寻找不合法的"货币"和"其他东西"为由，纳粹在汉堡开始了针对外来族群的有组织的搜查和逮捕行动。1938 年 10 月 13 日，16 名盖世太保联合数名海关人员搜查了华人聚集的圣保利施穆克街，搜查重点为华人经营的餐馆和商店，逮捕了 69 名华人，并将其带回了盖世太保大本营。[②] 1944 年 5 月 13 日，盖世太保在柏林发动了所谓的"逮捕中国人行动"（Chinesenaktion），将圣保利区中

---

①　Yu-Dembski, Dagmar：Chinesen in Berlin. Berlin：Berlin Edition, 2007：26.

②　Amenda, Lars：China in Hamburg. Hamburg：Ellert & Richter Verlag, 2011：71.

困人聚集地点和街上的所有中国人共计 129 人全部逮捕，并投入盖世太保位于富尔施布特(Fuhlsbüttel)的监狱。同年有少部分中国人被释放，其余数量在 60 至 80 人之间的中国人被投放至威廉斯堡(Wilhelmsburg)的集中营。被关押的中国人在这里遭受了非人的折磨。一位名为 Chin Kuei Hsien 的华人被关押在集中营里长达 17 周，他曾这样形容集中营里的生活："我们 5 点就必须起床，喝完咖啡后随时待命。我们必须在广场上站大约一个小时。大概 7 点钟开始干活。我们在威廉斯堡的一家工厂干活，那是一家曾发生爆炸的炼油厂，我们必须清理废墟。"①集中营里的拳打脚踢是家常便饭，被关押者甚至在冰天雪地中被罚裸体站在户外。根据战后英国的一份研究显示，集中营里一共有 17 位中国人失去了性命。② 在战争结束前夕从集中营被释放的中国人中，多人在战后经过法律途径要求国家赔偿，他们在诉讼书中表达了自己的愤怒和失望之情。"我在德国生活多年，在这里从未触犯过法律。我做了所有政府要求我做的事。……当我在 1944 年 5 月被捕的时候，除了种族主义根本不可能有别的原因。""我从 1937 年就住在德国，一直以来从未犯过任何差错。……我在 1944 年 5 月 13 日和许多同胞还有其他种族的人们一起在圣保利的塔尔街(Talstraße)被捕。在富尔施布特监狱被审问的时候，我们被以间谍和党派成员的理由提审。为什么？我从未和这些打过任何交道。为什么人们对我殴打、虐待、侮辱？为什么人们在我被关押的时候掠去了我的物品和我的财产？"③但由于前纳粹当事人否认逮捕与种族主义相关和种种其他原因，在纳粹集中营受尽侮辱的中国同胞的国家赔偿要求遭到了德国政府的拒绝。由于当时新中国刚刚成立，百废待兴，还未建立与德意志联邦共和国的外交关系，因此当事华人没有祖国作后援，只能单打独斗，结果令人痛惜。这段历史也在中德交往历史上一度被研究者遗忘。

1941 年，随着轴心国同盟的形成，希特勒政府中断和南京国民政府的外交关系，转而承认汪精卫成立的日伪政权。大批公派留学生不得不返回中国，即使是自费留学生的处境也由于社会大环境的恶化、资金和信件传递通道的阻隔变得困难重重。与留学生相比，华人移民中的小商贩因为进货通道已经几乎全部中断，处境

①　Amenda, Lars：China in Hamburg. Hamburg：Ellert & Richter Verlag，2011：76f. 引文由本书作者译为中文。

②　Amenda, Lars：China in Hamburg. Hamburg：Ellert & Richter Verlag，2011：78.

③　Amenda, Lars：China in Hamburg. Hamburg：Ellert & Richter Verlag，2011：80. 引文由本书作者译为中文。

更为艰难。从同年起,开始有中国人被送进纳粹的集中营。[①] 纳粹的另一打击对象为走街串巷售卖小商品的华人商贩,这一群体主要以浙江青田人为主,他们的社会关系极为封闭,也几乎不与圣保利聚居区的以广东籍水手为主的华人群体有往来,被德国人称为"带行李的中国人"(Kofferchinesen)。针对这一小商贩群体,纳粹"帝国内政部"于1938年签署命令,要求采取"特别严厉"的措施以阻止他们从海路或者陆路进入德国。[②]

战争年月中的中德联姻是纳粹时期华人移民在德国处境的一个缩影。近现代华人在德国娶外籍妻子的例子并不少见,最早到达德国的冯氏二人均在德国与当地女子结婚生子,现代著名画家林风眠于1923年在柏林留学期间遇到了奥地利籍的妻子并与之结合。但在种族主义横行的纳粹时期,中德婚姻成为不受欢迎的行为,无法办理合法的婚姻手续。1938年"帝国内政部"的一项公告就明确指出,与德国妇女处于伴侣关系或者生出非婚生子女的中国男性必须在被"没收居留许可"后驱逐出境。[③] 1941年位于柏林的中国驻德领事馆在给要求与中国男性结合的德国妇女回信时称:"根据经验,秘密警察会反对这样的结合。还要指出的是,秘密警察在德国妇女和中国人之间存在亲密关系的情况下会插手。"[④]尽管纳粹政权在法律上没有正式明文禁止"混血婚姻",但在实际中对中德婚姻一直予以拒绝,理由是"德国妇女一般会丧失德国国籍,到最后还会丧失她的民族属性"[⑤]。1945年战争结束之时,留在柏林的200多名中国人中,约40人是留学生,其余为商贩。他们中很大一部分都有德国伴侣,并在她们的帮助下在战争时期幸存下来。期间诞生的中德家庭的子女有部分"秘密出生"[⑥],他们往往有着在童年隐瞒身世、东躲西藏的经历。直到二战结束之时,在德国的华人仅余500人左右,其中近半在柏林。[⑦] 到1950年为止,

---

① Yu-Dembski, Dagmar: Chinesen in Berlin. Berlin: Berlin Edition, 2007:72 - 73.

② Amenda, Lars: China in Hamburg. Hamburg: Ellert & Richter Verlag, 2011:73.

③ Amenda, Lars: China in Hamburg. Hamburg: Ellert & Richter Verlag, 2011:73.

④ Yu-Dembski, Dagmar: Chinesen in Berlin. Berlin: Berlin Edition, 2007:74. 引文原文为德语,由本书作者译为中文。

⑤ Grohman, Hermann: Rassische Auslese. In: Neues Volk. 11(1943), H.1, 16. 转引自[德] Yu-Dembski, Dagmar: Chinesen in Berlin. Berlin: Berlin Edition, 2007:75. 引文原文为德语,由本书作者译为中文。

⑥ Amenda, Lars: China in Hamburg. Hamburg: Ellert & Richter Verlag, 2011:73.

⑦ Yu-Dembski, Dagmar: Chinesen in Berlin. Berlin: Berlin Edition, 2007:80.

共有 80 位中国人携带德国妻子回到了中国,他们多为以留学生身份来德者。[①]

近年来积极研究中国人在德历史的德国学者余德美(Dagmar Yu-Dembski)的父亲也是 20 世纪三四十年代在德留学的中国学生之一。她在培养过著名桥梁学家李国豪等工程学家的达姆施塔特工业大学(TU Darmstadt),也是其父亲的母校的档案馆里,发现了一段纳粹时期令人唏嘘的中国留学生往事。从 1920 年至 1945 年,共有 73 名中国学生在该校注册就读工程专业。在纳粹统治德国期间,该校的中国学生大批返回中国,仅剩少数几名学生仍留在大学继续学业。1941 年 3 月 10 日,中国学生杨思危(Yang Hsi-Hwei,音译)在上交了自己的博士论文后,当天晚上就被其朋友彼得(Peter G.)连开两枪夺去了生命。根据档案,杨思危 1914 年出生在当时的平壤,为人非常勤勉,无论是朋友、同事还是房东都对其"正直、敏感、内敛、进取和聪敏"[②]的人品赞誉有加。1939 年年底,他认识了一位年仅 16 岁的德国少女丽萝(Lilo G.)。1940 年 1 月,杨取得了达姆施塔特工业大学化学专业硕士学位,同年开始与丽萝的父母熟络,并时常在一起打牌。尽管从杨的朋友和丽萝家庭的朋友处都证实了二人当时确实互生情愫,但根据当时州法院的判词,杨和丽萝始终维持着"体面而礼貌的友谊",关系"从未越界"。当时他们很快就被风言风语笼罩,除了丽萝还未成年外,杨的中国人身份也给了流言最大的生存空间,外间甚至谣传丽萝未婚怀上了中国人的孩子。在纳粹时期的种族论大环境下,不仅日耳曼民族与犹太民族之间的通婚被视为破坏"德国血统"和"德国骄傲"的不法行为,中国人与德国人之间的婚姻也为纳粹政府所不容。不仅杨思危的处境变得艰难,丽萝的父母也感受到了前所未有的压力。1940 年 9 月,丽萝和母亲因为与杨的关系被盖世太保问话。在这样的压力下,丽萝的父亲渐渐变得越来越敏感,最终与女儿起了严重的争执并禁止她再与杨来往。丽萝在痛苦中于 1941 年 2 月服用安眠药自杀身亡。丽萝的父亲彼得最后在暴怒下将杨叫到家中,二人大吵一架后,他用手枪将杨杀死。这一案件在达姆施塔特这个小城中轰动一时,凶手彼得的律师在当时的辩词中认为,杨对于自己的死是负有一定责任的,因为"以他的聪明、教育水平和年龄来看,他本该考虑到种族的不同,自己与丽萝之间如果存在婚姻关系是不好

---

① Yu-Dembski, Dagmar: Chinesen in Berlin. Berlin: Berlin Edition, 2007: 80, 86.

② Yu-Dembski, Dagmar: Chinesische Ingenieurstudenten-Studium an de Technischen Hochschule Darmstadt 1921—1945//Levy, Katja (ed.): Deutsch-Chinesische Beziehungen. Berlin: LIT, 2011: 115.

的,并且这样的婚姻中诞生的孩子必须长期承受两种完全不同的遗传关系的痛苦"[①]。尽管凶手彼得要求判处自己死刑,法庭最后仅判他有期徒刑 7 年。彼得 2 年后在狱中自杀身亡。纳粹统治期间,少数如杨思危这样因各种原因留在德国的华人犹如乱世飘萍,在恶劣的社会环境下无法左右自己的命运,令人扼腕痛惜。

# 第四节 华人移民形象与其文化印迹

近现代移居欧洲的华人华侨在时代的大变革中,既经历过中国国内帝制被推翻、外强侵略、军阀割据、国家内忧外患的困境,也经历了爆发两次世界大战的欧洲大地的战乱与动荡。从 19 世纪到新中国建立,欧洲的华人移民以南京国民政府在 1927 年的建立为分界线,经历了两次大的浪潮。这一时期的欧洲华人华侨由于移民路径和背景的大相径庭,可以分为两个截然不同的群体[②]:一个是以水手、雇佣华工、商贩、手工业者为代表的华人华侨群体,他们绝大多数教育水平低下甚至目不识丁,由于贫穷、战乱等原因离乡别井,闯荡欧洲。为了养家糊口,在欧洲的移民生活常常困顿难言,更由于教育水平低下,语言文化不通,尝尽寄人篱下的辛酸。另一个群体则是在国内受过良好(启蒙)教育,或官费资助或自费前往欧洲主要大国留学的精英群体。这一群体中群英辈出,既有后来科学界的泰山北斗,也有为中国革命运动奔走奋斗、日后对中国政治经济社会领域产生巨大影响的人士。两个群体均在欧洲的华人移民史上刻下了独特的烙印,除了给移居国留下了与中国移民文化相关的文化印迹之外,也塑造了当时移居国对中国人的形象和对中国的了解。

20 世纪 30 年代旅欧华侨的生活之艰苦,从邹韬奋《萍踪寄语》中的记载可见一斑。"他们生活的俭苦,实在是欧洲人所莫名其妙,认为是非人类所办得到的!现在巴黎的里昂车站附近有几条龌龊卑陋的小巷,便是他们丛集之处。他们往往合租一个大房间,中间摆一张小桌子,其余的地板上就是铺满着的地铺。穷苦和龌龊往往是

---

① Yu-Dembski, Dagmar: Chinesische Ingenieurstudenten-Studium an de Technischen Hochschule Darmstadt 1921—1945//Levy, Katja (ed.): Deutsch-Chinesische Beziehungen. Berlin: LIT, 2011: 116. 引文由本书作者译为中文。

② 从 17 世纪开始也有一些有记录的零星宗教留学生,由于其数量和知名度均无法和这一分类中的另两类移民相比,因此不作为一个单独群体进行分类。

结不解缘的好朋友，这班苦人儿生活的龌龊，衣服的褴褛，是无足怪的，于是这些地方的法国人都避之若蛇蝎，结果成了法国的‘唐人街’”，更有甚者，由于华人小商贩教育程度和经济能力低下，难以保护自己，“不懂话（指当地的外国语）、不识字，不知道警察所的规章，动辄被外国的警察驱逐毒打，他们受着痛苦，还莫名其妙！当然更说不到有谁出来说话，有谁出来保护！呜呼中国人！这是犬马不如的我们的中国人啊！”[①]不仅在法国，在欧洲其他主要国家的华人小商贩，也时常要面对所在国人们的冷眼和鄙视，生命和安全往往得不到保障，更有不少不幸者则在战乱中遇难身亡。

近现代德国的华人聚集区域，一个是北部重要港口汉堡，另一个则是留学生最为聚集的首都柏林。汉堡的华人区域在鼎盛时期曾在今天的市中心圣保利区形成了一条非官方的唐人街，遍布华人餐馆和旅店。纳粹德国时期，大量汉堡的华人被非法逮捕，家产被没收，甚至被关押进纳粹集中营，遭受非人的折磨。柏林的华人则主要聚集在两个地区，一个是柏林东部靠近波茨坦广场的弗里德里希哈恩(Friedrichshain)区，主要为以浙江青田人和温州人为主的中国小商贩聚集区，这一区域生存环境恶劣，酒鬼、失业者众多，中国商贩多为非法入境者，靠沿街兜售小商品谋生，身份和生存来源都没有保障。另一个区域则与之形成了“一个天上、一个地下”的对比，位于临近西部柏林商业中心选帝侯大街的康德大街沿线，这里主要聚集了在柏林攻读大学的中国留学生。这些留学生依靠政府奖学金或者家庭资助，往往生活无忧，出入于中国餐馆，衣着入时，生活作风精致西化，与当地人保持着礼貌的往来。1923年在康德大街130b号开业的一家中国餐馆“天津饭店”成了当时中国学生相聚的热门地点，甚至吸引了媒体的报道。在德国人的眼里，这里出现的中国人“大多带着角边眼镜，留着梳向脑后的背头”[②]，他们中的很多人形象考究，举止礼貌优雅。在中国学生留学德国的20世纪“黄金二十年代”中，中国留学生给普通德国人留下了良好的族群形象，他们当中与德国女子结合为异国夫妻甚至成为较为普遍的现象。

正如李明欢所言：“每个移民身上都烙着一定的文化标记，积淀着与生俱来的经验与记忆，因此，人口的跨国迁移，必然涉及不同文化的碰撞。”[③]一种往往为人所忽视的、移民在移居国的文化印记是文化互动过程中形成的语言交融现象。相

① 邹韬奋：《萍踪寄语》，北京：北京师范大学出版社，2014年，第58－59页。

② Yu-Dembski, Dagmar: Chinesen in Berlin. Berlin: Berlin Edition, 2007:29.

③ 李明欢：《国际移民学研究：范畴、框架及意义》，《厦门大学学报》(哲学社会科学版)2005年第3期，第49页。

对于人际间交流,跨语际交流也是族群跨文化交流的重要组成部分。经过历史上不同文化交流而形成的新语言现象是语言作为文化载体的重要组成部分,它反映了文化载体互动的历史,并成为文化交融的重要标志。

例如 20 世纪 30 年代的荷兰,由于经济大萧条的原因,一批华侨海员失业,生活无以为继。经过一位荷兰神父多思(Doess)指点后,一些华人失业海员开始制作长十厘米,宽五厘米,厚半厘米的花生糖,用透明纸包好后在市中心叫卖。由于花生糖符合荷兰人的口味,且物美价廉,很快就带动了更多的海员开始转卖花生糖。一时间,大街小巷都有中国人售卖花生糖的身影,以至于"卖花生糖人"一词甚至进入了荷兰语字典①,这些中国人被当时的荷兰人称为"花生糖中国人"②。花生糖也由此成为华人华侨在荷兰留下的独特文化印记。

同时,语言作为文化中个体社会化的重要手段,影响着语言使用者对本土文化和他者文化的感知和认识。从这一意义上讲,德语中的中文来源词现象就是中德文化交流的佐证。经过考证,现代德语中的中文外来词至少有 167 个,其中出现时间为 19 世纪至 20 世纪上半叶的 25 个外来词带有明显的方言背景。从语言交流和融合的角度看,早期进入德语的中文外来词发音多源自粤方言,主要通过英语进入德语和其他欧洲语言。从 19 世纪中后期开始的早期华人移民潮主要来自粤、闽等南部沿海省份,主要移民流向地为北美和东南亚。早期的北美华人移民在当地留下的文化印记不仅体现在早期华工留下的遗迹上,也同时留在了当地的语言中。这些文化印记通过语言的转借在 19、20 世纪进入德语(表 2-2)以及其他欧洲语言,成为今天了解早期华人移民来源以及当时中西方贸易及文化交往领域的一个渠道,也成为早期华人移民在迁入国语言文化所留下印迹的明证。如 19 世纪末由北美中餐馆华人发明的"炒杂碎"(Chopsuey)③一词在 20 世纪初的德国各华人餐馆均有供应,甚至成为菜单上必不可少的菜式(见图 2-2)。这个对国内中国人而言非常陌生的词汇却在其出现后的一百多年内,在西方广泛传播,乃至进入了大多数西方语言,成为固化于大部分西方语言中的中文来源词,成为西方人熟悉的中国文化符号,也成为华人移民带来的跨语际互动成果的明证。

---

① 温州华侨华人研究所:《青田华侨史》,北京:今日中国出版社,1999 年,第 89 页。

② 中新网:《荷兰教授:大航海时代荷兰船上已有中国水手》,2014-11-27。http://news.ifeng.com/a/20141127/42587302_0.shtml。

③ 初期在各西方语言中拼法并不统一,在德语中也出现了各种变体。

表 2-2 现代德语中具有方言来源的中文外来词①

| 中文外来词 | 含义 | 来源方言 |
| --- | --- | --- |
| Chopsuey / Chop-suey | 炒杂碎（菜名） | 粤方言 |
| Chow-Mein | 炒面 | 粤方言 |
| Dim-Sum | 点心 | 粤方言 |
| Hienfong-Essenz | 一种外涂药油 | 粤方言 |
| Hong | （商）行 | 粤方言 |
| Kalanchoe | 伽蓝菜 | 粤方言 |
| Ketschup/ Catschup | 茄汁 / 番茄酱 | 粤方言 |
| Kumquat | 柑橘 / 金橘 | 粤方言 |
| Limequat | 莱姆金橘（杂交金橘品种） | 粤方言 |
| Litschi / Litchi | 荔枝 | 粤方言 |
| Longan | 龙眼（桂圆） | 粤方言 |
| Longanpflaume | 龙眼（桂圆） | 粤方言 |
| Loquat | 芦橘 | 粤方言 |
| Orange-Pekoe | 白毫（茶）等级名 | 粤方言 |
| Pekoe | 白毫（茶） | 粤方言 |
| Petong | 白铜 | 粤方言 |
| Sampan | 舢板（一种小艇） | 粤方言 |
| Souchong | 小种（红茶） | 粤方言 |
| Souchongtee | 小种（红茶） | 粤方言 |
| Taifun | 大风 / 台风 | 粤方言 |
| Taipan | 大班 / 代办 | 粤方言 |
| Tee | 茶 | 闽方言 |
| Wok | 镬 / 锅 | 粤方言 |
| Sifu | 师父 | 粤方言 |
| Wingchun | 咏春拳 | 粤方言 |

① 刘悦：《当代德语中的中文外来词及其发展趋势》，《浙江大学学报（人文社会科学版）》2013 年第 4 期，第 132—133 页。经重新整理。

图 2-2　1930 年汉堡圣保利区一家华人经营的餐馆以"炒杂碎"为特色菜肴①

二战结束以后,德意志联邦共和国由于加入西方阵营,获得了美国马歇尔战后重建计划的资助,迎来了经济崛起及飞速增长期。华人移民在德国的形象一度进入了新的阶段。以柏林为例,战后一些由曾经的留学生开设的中国餐馆因时应势,以优雅的品位和独特的魅力给传统中国餐馆以及中国人的形象带来了一股新的气象。其中代表者为 1957 年在西柏林市中心开张的"香港酒吧"和 20 世纪 70 年代开张的"泰东酒楼"。"香港酒吧"经营者 Hak-Ming Yue 来自广东,1936 年来德国,先后在达姆施塔特和柏林学习并获得工学硕士学位,因没有找到合适的工作转而开设一家名为"岭南"的中餐馆,后来开设了在柏林大受欢迎的"香港酒吧"。酒吧的风格一改传统中餐馆的纯中式风格,极为别致、优雅及国际化,其装潢手笔出自

① 来源:Amenda, Lars:China in Hamburg. Hamburg:Ellert & Richter Verlag, 2011:54.

来自上海、曾师从德国建筑大师 Hans Scharoun 的 Chen Kuen Lee 之手。酒吧内设爵士舞池,20 世纪 60 年代一度成为城中名流喜爱光顾的地方,也常常吸引大批市民围在门口观看。随着 1961 年东德建造柏林墙,东西柏林对峙,政治气氛紧张,很多西柏林企业向西部德国搬迁,西柏林的餐馆服务业也受到冲击,"香港酒吧"于 1967 年关闭。1970 年,Hak-Ming Yue 在选帝侯大街上重新开设了"香港餐厅",该餐厅也成了很长一段时间内西部柏林的知名餐厅,经营者 Hak-Ming Yue 也被地方报纸冠以"中国首领"和"来自广东的为人友善的百万富翁"之称。[①] 同期开张的位于市中心布达佩斯大街的"泰东酒楼",经营者 Hsiao Tianwen 的女儿 Susanne Hsiao 曾为电影明星,后来嫁给了柏林当时最著名的明星和主持人哈拉德·容克(Harald Juhnke),后者的知名度也在当时使得"泰东酒楼"在柏林广为人知,成为热门的聚会地点。由于商业规划改建,"泰东酒楼"旧址已不复存在,但直到 2010 年前后,容克为"泰东酒楼"所做的举筷品尝烤鸭的大幅广告一直都在市中心繁华地带矗立,成为西柏林市中心的著名一景。

---

① Yu-Dembski, Dagmar: Chinesen in Berlin. Berlin: Berlin Edition, 2007: 89ff.

# 第三章　近现代留德学人群体

## 第一节　第一次中国留德学生潮

如从学界公认的"近代留学第一人"容闳赴美留学的 1847 年为始端,近代中国以学习某种专门知识和专业技能为目的的留学西方历史至今已有逾 170 年。实际上,以学习基督教为目的,由在中国活动的传教士和教会送至欧洲学习神学的中国留学生史则更久远。最早可考证的赴欧洲攻读神学的中国人为 1645 年赴罗马的广东人郑玛诺。意大利(主要在那不勒斯东方书院和罗马传教部书院)和法国是最主要的宗教留学生去向地。据刘集林等考证,1840 年鸦片战争爆发前,可查证的留学欧洲的宗教学生有 96 人,1861 年至 1887 年,赴欧洲宗教留学生共 23 人。[①] 刘集林所用史料中并未发现留德宗教学生的踪迹。而德国学者 Thomas Harnisch 的统计与此稍有出入,认为 1650 年至 1900 年间在欧洲共有 313 名中国学生留学,其中包括 113 名宗教留学生(包括 1650 年以后在那不勒斯东方书院攻读神学的 106 名)和 200 名非宗教留学生(包括洋务运动时期清政府派送至欧洲的军事留学生)。[②]

近年来发掘的新史料发现,中国近代可查证的最早的留德学生应该是 1867 年到达柏林的广东籍基督教新教教徒陈观海。根据广东人陈观海的后人陈志强考证,陈观海是近代最早到达德国的中国留学生。陈观海(1851—1920),广东归善县

---

① 刘集林,等:《中国留学通史:晚清篇》,广州:广东教育出版社,2010 年,第 25 页。

② Harnisch, Thomas: Chinesische Studierende in Deutschland von 1860 bis 1945. Hamburg, 1999:39,64.

荷坳村(今属深圳市龙岗区)人。19 世纪 10 年代英国占领香港后,基督教各差会纷纷派出传教士到中国传教。基督教信义宗也于 1847 年派出牧师来华,在香港、归善、宝安、东莞等地开展传教活动。陈观海的父母就是当地最早的基督徒之一。1867 年 10 月,陈观海十六岁时,教会巴陵会(Berliner Mission)经过选拔决定派遣陈观海到德国学习神学。1867 年 10 月 13 日,陈观海乘坐德国运货帆船从黄埔港出发,在海上历时 120 天,到达美国纽约,再乘船经德国汉堡港转赴柏林,最后进入巴陵会神学院(Seminar der Berliner Mission)①学习,从而成为有迹可查的近代中国最早的赴德留学生②。1872 年陈观海转到了巴冕神学院(Barmer Seminar)继续学习。1874 年秋,陈观海回国后成为基督教信义宗的首位华人牧师。得益于留德期间所受的神学和语言学方面的训练,他回国后先后在广东省内教会、教会学校及山东省的胶济铁路、巡抚署及两广总督署等部门从事教育和语言工作。其妻梁琼羡幼时也由香港教会送至德国读书,她在德国与陈观海相识,后结为夫妻。陈志强认为,陈观海和梁琼羡二人应该是近代中国最早的一对夫妻留学生。③

　　中国晚清的官派赴德乃至赴欧留学活动的开始与晚清以曾国藩、李鸿章为首的洋务派派遣军事留学生密切相关。1871 年通过普法战争统一德意志的普鲁士王国成为清政府学习军事技术和武器装备的欧洲国家首选对象,德国在清廷的眼中是"泰西陆军之精,推德意志国为最"④,而"德国近年发奋雄为,其军政修明,船械精利,实与英俄各邦对峙。而该国距华较远,并无边界毗连,亦无传教及贩卖洋药等事"⑤,是清政府学德风气的重要考量。19 世纪 70 年代后,德国军人多来华占据了从地方到中央各式军队的教习位置,也大大促进了中国人对德国军事教育的了解。在对德国中国留学生历史的研究中,一般认为光绪二年(1876)由李鸿章选

---

① 陈志强(2004)一文中称为巴陵神道大学,此处采用杜卫华(2014)的说法。

② 这里认同杜卫华(2014)一文的说法。陈观海留德期间虽然没有进入传统意义上的德国大学学习,但在神学院受到了系统的包括多种语言文字在内的神学教育,因此可以被算入留学生行列。

③ 陈志强:《近代中国最早到德国的留学生陈观海》,《羊城今古》2004 年第 4 期:第 41 - 47 页。史学界一般认为,中国近代女子留学的第一人为 1864 年出生于浙江宁波基督教牧师家庭,1870 年起在日本接受初等和中等教育,1881 年前往美国留学的金雅妹。

④ 朱寿朋编:《光绪朝东华录》(四),北京:中华书局,1958 年,第 3777 页。转引自刘集林,等:《中国留学通史:晚清篇》,广州:广东教育出版社,2010 年,第 132 页。

⑤ 《卞长胜等赴德国学习片》(光绪二年三月初四日),转引自刘集林,等:《中国留学通史:晚清篇》,广州:广东教育出版社,2010 年,第 132 页。

派到德国学军事的卞长胜等 7 名武弁[①]是近代中国最早到德国的正式留学生。[②]
卞长胜等 7 人赴德时年龄均在二三十岁,曾跟随德国克虏伯公司聘请的德国都司
李劢协(Lemayer)学习炮法,均为李鸿章精心挑选。李鸿章派遣首批赴德军事留
学生的理由在于,"西洋水陆兵法及学堂造就人才之道,条理精严,迥非中土所
及"[③],而 7 名武弁的赴德之行在他看来是"小试其端",意在投石问路,以图后效。
后来由于种种原因,七人中的卞长胜等三人不到两年便被调回国,余下查连标等四
人在斯邦道[④]步兵营完成了受训,直至 1879 年学习期满。四人中的杨德明后在德国
因病就医不治,回国身故;王得胜在德国学习时间最长,直到 1881 年才最终学成回
国,并被委任统带李鸿章的亲兵营。首批军事留德学生虽未达到李鸿章的预期,但也
为清政府派遣留欧学生开了先路。1889 年,由李鸿章创办的北洋武备学堂再选拔 5
名学生赴德国柏林进行为期一年的军事学习,其中就包括后来在北洋军阀时期的皖
系风云人物段祺瑞。清末赴德军事留学生中的代表人物回国后多作为新式军事人才
得到重用。他们将德国陆军的先进理念和军事训练方法引入清军,一定程度上推动
了清政府军队的现代化进程。在 1877 年至 1886 年间,清政府还从福州船政学堂和
北洋水师(第三批)向欧洲派遣了四批共 88 名海军留学生,主要留学地点为英国和法
国,开创了近代中国留学生赴欧洲其他主要国家留学的先河。其中第二批 10 人中有
陈伯璋、陈才瑞两人赴德学习鱼雷,陈伯璋在德因自费购买鱼雷试药负债过多自杀身
亡,陈才瑞 1885 年学成回国。[⑤] 首批海政留学生中最为知名的是原名严宗光的留
英学生严复,其所学科目为驾驶。严复回国后翻译了大量西方哲学和政治典籍,最
重要的译作为《天演论》《原富》《群学肄言》《群己权界论》《法意》《社会通诠》《穆勒
名学》和《名学浅说》等,成为近代中国最著名的翻译家和传播西方学说的启蒙思想
家。他引入的欧洲进化论、天赋人权论、民约论、分权论传播了西方学说和思想,在
民众中引起极大反响,为推动近代中国社会变革起到了非常重要的作用。

洋务运动期间,清政府派遣赴欧官费留学、教会派送到欧洲学习以及自费留学

---

① 分别为:卞长胜、朱耀彩、王得胜、查连标、袁雨春、刘芳圃、杨德明。

② 杜卫华:《德文档案中的中国留德第一人》,《江苏师范大学学报》(哲学社会科学版)2014
年第 6 期,第 7 页。

③ 《复郭筠仙星使》,见《李文忠公全集朋僚函稿》卷 17,第 7 页。转引自刘集林,等:《中国
留学通史:晚清篇》,广州:广东教育出版社,2010 年,第 133 页。

④ 应为 Spandau 区,位于柏林的西部。

⑤ 参见刘集林,等:《中国留学通史:晚清篇》,广州:广东教育出版社,2010 年。

成为清末的三种主要留学形式。1000 年 3 月，在柏林和北京同时设立了名为"中德交流委员会"的机构，该机构于 1910 年更名为"德亚社会交流委员会"，以推动中国年轻学者留学德国。① 洋务运动期间，曾经留学德国的名人有"生在南洋、学在西洋、仕在北洋"的辜鸿铭。辜鸿铭祖籍中国福建泉州，1857 年生于南洋马来半岛西北的槟榔屿，父亲为中国人，母亲国籍不可考，但根据零星记载和按辜鸿铭的相貌推测，应为金发碧眼的西人。辜鸿铭的父亲在一家英国人经营的橡胶园任总管。1867 年，辜鸿铭在 10 岁时被橡胶园主人带到欧洲学习，1873 年进入英国爱丁堡大学，后获文学硕士学位，1877 年进入德国莱比锡大学，后获土木工程学士学位。1880 年，他结束 14 年留学生涯回到马来西亚槟城，1885 年前往中国，后任教于北京大学。辜鸿铭精通中西文化，一生著述颇丰，最大成就为将儒家文化用英文向西方读者进行了译介和推广，在当时的欧洲引起了巨大反响。

清政府在中日甲午海战落败后，维新时期的中国留欧学生数量较之洋务运动时期有了较大规模的减少。直至进入 20 世纪，在清政府推行新政的晚清最后十余年间，中国人赴欧洲留学的热情再次被燃起，形成了近现代第一次中国学生留学欧洲的热潮。据刘集林等统计，这一时期的留欧中国学生人数超过千人。② 这次留学热潮的参与者既有政府公费派生，也有自费留学生。赴欧留学的原因主要为：动机上受到清政府对学成有优等凭证回华之优秀学生赏给进士举人各项出身政策的激励；清政府同时要求各省选派学生留学西洋，鼓励人才舍日本而去往西欧学习实科知识；时人有眼光清醒者明白，日本明治维新之后的国力强盛在于学习西洋的优点，要复制日本的成功之路则必须寻求科技进步之源头。根据已知史料统计，1900 年至 1910 年十年间通过公费（官费）赴欧洲留学的人数达 1000 人以上。

表 3-1 中记录的留学生数量应未尽其数，考虑到仍有一些自费留学生难以被完全统计，则实际数量还会多于 1001 这一数字。1927 年汉堡出版的《中国学生俱乐部成立 25 年年鉴》记录，1902 年"中国留德学生俱乐部"成立之时拥有 20 位成员③，但这一数字均未在表 3-1 中有所印证。根据表 3-1 的统计，这段时期留

---

① 费路（Roland Felber），胡伯坚（Ralf Hübner）：《中国民主主义者和革命家在柏林（1900—1924）》//张寄谦：《中德关系史研究论集》，北京：北京大学出版社，2011 年，第 64 页。

② 刘集林，等：《中国留学通史·晚清篇》，广州：广东教育出版社，2010 年，第 276 页。

③ 费路（Roland Felber），胡伯坚（Ralf Hübner）：《中国民主主义者和革命家在柏林（1900—1924）》//张寄谦：《中德关系史研究论集》，北京：北京大学出版社，2011 年，第 63 页。

学德国的人数为 83 人,实际数字应超过此数。有德国学者统计,1911 年辛亥革命前夕,在德国学习的中国人达到 114 人,其中 87 人为公费生,27 人为自费生。[①] 北洋政府期间的官费生分为中央政府和地方各省出资两种,据史料记载,1914 年至 1915 年官费留德学生的所在学科中,以工程科学最为重要,其次为法学和军事。[②] 具体如表 3-2 所示。

表 3-1 1900—1910 年中国赴欧留学生数量[③]

(单位:人)

| 年份 | 英 | 法 | 德 | 比 | 俄 | 奥 | 瑞 | 欧洲/西洋 | 总计 |
|---|---|---|---|---|---|---|---|---|---|
| 1900 | 4 | | | | | | | | 4 |
| 1901 | 3 | 20(包括自费) | | | | | | | 23 |
| 1902 | 2 | | | | | | | | 2 |
| 1903 | 8 | | 18 | 24 | 12(10名幼童) | | | 16(西洋) | 78 |
| 1904 | 29 | 26 | 22 | 59 | | | | 20(欧美)、5(英、俄、德、法) | 161 |
| 1905 | 5 | 8 | | 107 | | 1(旋留英) | | 95(欧洲) | 216 |
| 1906 | 18 | 5 | 5 | 8 | 32 | | | | 68 |
| 1907 | 43 | 21 | 1 | | | | | | 65 |
| 1908 | 180 | 27 | 37 | 52 | 8 | 41 | 3 | | 348 |
| 1909 | 23 | | | | | | | | 23 |
| 1910 | | | | | | 13 | | | 13 |
| 总计 | 315 | 107 | 83 | 250 | 52 | 55 | 3 | 136 | 1001 |

---

[①] Harnisch, Thomas: Chinesische Studierende in Deutschland von 1860 bis 1945. Hamburg:1999,88f.

[②] 陈学恂,田正平:《中国近代留学教育史资料汇编》,上海:上海教育出版社,1991 年,第 691 页及以后。

[③] 来源:刘集林,等:《中国留学通史:晚清篇》,广州:广东教育出版社,2010 年,第 286 页。

表 3-2　1914—1915 年中国官费留德学生数量及所在学科①

（单位：人）

| 奖学金来源 | 法学 | 人文科学 | 工程科学 | 自然科学 | 军事 | 农业 |
|---|---|---|---|---|---|---|
| 教育部 | | 1 | 1 | 1 | | |
| 交通部 | 2 | | | | | |
| 军部 | | | | | 3 | |
| 奉天省 | | | 2 | | | |
| 福建省 | | | 1 | | | |
| 广东省 | 1 | | | | | |
| 河南省 | | | | | | 1 |
| 湖北省 | | | 2 | | | |
| 湖南省 | | | | 1 | | |
| 江苏省 | | | 4 | | | |
| 山东省 | | | 2 | | | |
| 四川省 | 1 | | 3 | | | |
| 浙江省 | | 1 | | | | |
| 总计 | 4 | 2 | 15 | 2 | 3 | 1 |

　　这一时期的留德学生中涌现了不少在中国现代历史上占有一席之地的人物，如教育家马君武、历史学家陈寅恪、教育家蔡元培、交通史学家张星烺等。一些留学生并不以拿到学位为留学的首要目标，另一些则取道日本再前往欧洲求学。

　　据统计，这一时期的留欧学生中获得博士学位的有 6 位，全部为留德学生，如表 3-3 所示。

---

　　① 来源：Meng, Hong：Das Auslandsstudium, von Chinesen in Deutschland（1861—2001）. Frankfurt am Main：Peter Lang, 2005：80.

表 3-3　1900—1911 年留欧学生获得博士学位者名录[1]

| 姓名 | 毕业学校及时间 | 专业 | 学位 |
|---|---|---|---|
| 李赋基 | 德国波恩大学 1907 年 | 物理学 | 博士 |
| 马德润 | 德国柏林大学 1907 年 | 政治学 | 博士 |
| 周毅卿 | 德国莱比锡大学 1909 年 | 政治学 | 博士 |
| 周泽春 | 德国柏林大学 1909 年 | 政治学 | 博士 |
| 周慕西 | 德国柏林大学 1911 年 | 哲学 | 博士 |
| 吴金科 | 德国柏林大学 1911 年 | 化学 | 博士 |

　　这一时期的中国国内正在经历巨大的社会变革,以留日学生为主体的留学生团体积极投身爱国救亡行动,传播革命思想。随着 1905 年 8 月 20 日中国同盟会在东京成立,以救中国于危亡,推翻清政府统治为目的的中国革命进入了新的时期。直至 1911 年辛亥革命最终成功,留欧学生中许多人加入了同盟会,或通过捐款和从事革命宣传等方式支持同盟会,在革命的进程中起到了不可或缺的作用。在同盟会中担任主要领导集团成员和重要职员的留德学生代表为马君武和蔡元培。

　　马君武于 1881 年生于广西桂林,1902 年赴日留学,期间结识孙中山,后于 1907 年至 1911 年转赴德国学习矿物冶金专业,辛亥革命爆发后回国,并在 1913 年再次回到柏林入柏林工业大学攻读博士学位。[2] 马君武是中国同盟会章程八

---

　　① 资料来源:刘集林,等:《中国留学通史·晚清篇》,广州:广东教育出版社,2010 年,第 298 页。由本书作者整理。

　　② 由于历史原因,关于马君武在柏林何所大学取得何种学科博士学位的说法并不统一,如叶隽(2005)称马君武获得了柏林工业大学工学博士学位(59 页),又称马君武"治农学而获博士学位"(85 页)。刘真所编《中国留学教育史料》记载马君武以"马和"的名字分别于 1907 年和 1910 年以官费留学生身份入读"柏林专科大学"的"化学"专业与"柏林矿务大学"的"矿务"专业,事实上两大学的指代均应为柏林工业大学。还有零星说法称马君武入读柏林大学(今柏林洪堡大学)获工学博士学位。根据档案显示,马君武在第一次赴德时入读的学校曾被称为柏林皇家技术学校,为柏林工业大学的前身,因此马氏两次入读的德国大学均为同一所。马君武在 1913 年二次革命失败后,重入柏林工业大学(当时称柏林高等技术学校)攻读博士,并于 1915 年取得工学博士学位,博士论文题目为"中国与日本丝绸的物理及化学特性比较研究"。另早在 1907 年就已有中国学生李福基在德国波恩大学取得博士学位,故一些与马君武有关的文章将其称为"现代以来留德博士第一人"实为谬误,但马君武的确应称为"中国获得德国工学博士的第一人"。

位起草人之一,并在辛亥革命后参加了《临时政府组织大纲》的起草,在 1912 年成立的以孙中山为首的南京临时政府领导班子中担任实业次长一职。1927 年他回到广西,于梧州创办广西大学,广开培养人才之路,成为民国时期著名的教育家。

蔡元培,浙江绍兴人,1868 年出生,曾为前清翰林,1907 年被翰林院选送赴德留学,但因清政府经费拮据,蔡元培在德国的费用为自己筹措。1907 年他随当时的清政府驻德公使孙宝琦乘火车由西伯利亚赴德。蔡元培对德国的学术文化非常推崇,认为:"救中国必以学。世界学术德最尊。"[1]他首先在柏林学习到了 1908 年夏季,主要攻读德语。从 1908 年至 1911 年 10 月,他在莱比锡大学文明史与世界史研究所以及中国文史研究所听课深造,在德四年期间编著了《中国伦理学史》等学术著作,1911 年辛亥革命爆发后回国。蔡元培曾任光复会会长及上海同盟会分部主盟人,在 1912 年成立的南京临时政府领导班子中担任教育总长,主持制定了中国近代教育领域的首个《大学令》及《中学令》。1916 年至 1927 年,蔡元培任北京大学校长。他主张思想自由、兼容并包,实行美育、健康教育和人格教育;他改革僵化的旧有体制,引入德国教育家威廉・冯・洪堡提倡的教学与研究融为一体的新教育观念;他倡导的教学和学习自由、研究与教学统一、重学术轻技术等理念均深深刻上了现代德国大学理念的烙印。[2] 在担任北京大学校长期间,蔡元培将北京大学改革为尊崇学术自由的大学标杆,为近代中国的教育及学术体制改革做出了卓越贡献。

一战前曾在德留学的著名留学生还有后来清华大学的著名教授、史学家、语言学家陈寅恪。陈寅恪 1890 年生于湖南长沙,出身书香门第,1902 年赴日本留学,后于 1905 年回国,1910 年自费赴欧洲留学,先后在柏林大学、瑞士苏黎世大学和法国巴黎高等政治学校就读,于 1914 年第一次世界大战爆发后回国。1921 年再次赴德国柏林大学攻读哲学和梵文。陈寅恪在德期间潜心学问,1925 年回国在清华大学执教,成为现代中国最负盛名的史学家之一。

---

[1]　转引自叶隽:《现代学术视野中的留德学人》,上海:同济大学出版社,2004 年,第 2 页。

[2]　陈洪捷:《中德之间:大学、学人与交流》,北京:北京大学出版社,2010 年。

# 第二节　第二次中国留德学生潮

第一次世界大战结束后,北洋政府时期的中国掀起了第二次留学德国的热潮。此次留学潮比起第一次人数更广,也涌现了更多在民国时在政治经济领域和学术界做出过突出贡献的留德学生。这一次留德热潮诞生的背景为中德两国在一战后签订了新的邦交协定《中德协约》,德国政府同意接受中国留学生并提供奖学金。同时由于德国一战后通货膨胀严重,货币贬值,外国留学生在德国的生活成本大幅下降。并且北洋政府从国家建设的角度也鼓励青年学生留德深造,这都为大量年轻的中国学生涌向德国求学提供了具有推动性的社会条件。

北洋政府在这一时期内颁布的有关管理办法和规章制度也起到了规范和促进留学教育的作用。1913 年北洋政府教育部颁布了《经理欧洲留学生事务暂行规程》,主要内容包括:(1)取消清末分驻各国管理学生的监督,由教育部特派一名经理员负责管理在欧洲各国的留学生。(2)经理员要对留学各国学生的经费进行管理,学费每三个月发放一次,无特殊情况学费不得预支。(3)留欧学生每月学费为:留英生 16 英镑,留法生 600 法郎,留德生 320 马克[①],留比生 400 法郎。(4)经理员于学年初、学年终主要报告次年官费生应毕业人数。(5)经理员应根据教育总长的命令随时调查、报告留学生的成绩,留学生所在学校情况及有关学术事项。[②] 北洋政府之后在 1915 年颁布《管理留欧事务规程》,1916 年颁布《管理留美学生事务规程》,1918 年颁布《留日官自费学生奖励章程》。1924 年颁布的《管理自费留学生规程》对自费留学生事务进行了较为详尽的规定:(1)自费留学生必须具备如下资格之一:中等以上学校毕业者,办理教育事务二年以上者。(2)自费留学生均需领取留学证书,并于抵达留学国后向驻在该国办理学务机关呈验报到,要随时将留学情形呈报该管理机关。(3)凡教育部认为合格之自费生,毕业回国后,与公费生享受同等待遇。(4)自费生在学习期间,考试成绩优异者,由管理机关报告教育部,经查核后给予褒

---

① 根据季羡林《留德十年》(外语教学与研究出版社,2009 年,第 9 页)所述,1935 年时官费留德学生每月领取费用已为 800 马克。

② 元清,等:《中国留学通史·民国卷》,广州:广东教育出版社,2010 年,第 10 页。

奖,以示优异。①

　　在这样的背景下,北洋政府时期(1912—1928)无论是公费还是自费的留德学生,数量都有了显著上升。中国留德学生潮进入了所谓的"黄金二十年代"。② 据中国学者统计,从 1921 年至 1925 年,共派遣留德官费留学生 127 人,仅 1922 年派出的官费留学生就达到 88 人,在德自费生共计 112 人。③ 而据德国汉学家 Harnisch 的统计,1920 年在德国高校注册的中国学生为 61 人,1921 年为 78 人,1922 年为 103 人,1923 年上升为 122 人,1924 年又下降为 103 人,1925 年和 1926年分别为 48 人和 37 人。④ 留德学潮在 1923 年至 1924 年达到高潮,"最多时仅柏林一地就有近千名中国留学生"⑤,1923 年德国驻北京使馆的一份官方文书称,当时在德国有 1000 名左右的中国留学生,但其中很大一部分为学习语言或为进入高校学习做准备者,真正在高校注册专业学习的只有大约 300 人。⑥ 尽管如此,1923年前后,德国由于通货膨胀的原因生活成本骤降,成为留学欧洲的中国学生热门的目的国度,是不争的事实。

　　这一时期的留欧热潮中,不得不提的还有中国留德学生中的革命先行者。1922 年 2 月,同为留法勤工俭学的青年学生张申府、刘清扬和后来成为新中国总理的周恩来乘车从巴黎到达柏林,积极筹集柏林的中国共产党组织活动,并在柏林成立了党支部。1922 年 10 月,时年 36 岁的国民革命将领朱德以留学生的身份抵达柏林,并在同年 11 月加入中国共产党。在柏林期间,朱德积极学习德语,并开始研读马克思、恩格斯的著作,观察德国资本主义发展的情况。柏林的大街小巷均留下了他的足迹。⑦ 1923 年 5 月,朱德前往哥廷根大学学习科学和哲学。1925 年年

----

　　① 元清,等:《中国留学通史:民国卷》,广州:广东教育出版社,2010 年,第 9 页。

　　② Meng, Hong: Das Auslandsstudium von Chinesen in Deutschland (1861—2001). Frankfurt am Main:Peter Lang,2005:91.

　　③ 林子勋主编:《中国留学教育史(1847—1975)》,台北:华冈出版有限公司,1976 年,第 442～443页。转引自元清,等:《中国留学通史:民国卷》,广州:广东教育出版社,2010 年,第 92 页。

　　④ Harnisch, Thomas:Chinesische Studierende in Deutschland von 1860 bis 1945. Hamburg, 1999:203.

　　⑤ 叶隽:《现代学术视野中的留德学人》,上海:同济大学出版社,2004 年,第 7 页。

　　⑥ Harnisch, Thomas: Chinesische Studierende in Deutschland von 1860 bis 1945. Hamburg, 1999:203.

　　⑦ 费路(Roland Felber),胡伯坚(Ralf Hübner):《中国民主主义者和革命家在柏林(1900—1924)》//张寄谦:《中德关系史研究论集》,北京:北京大学出版社,2011 年,第 63－76 页。

初,他重新返回柏林,因积极从事革命活动,与德国共产党一起经常组织反对帝国主义的游行和集会,两次被德国政府逮捕并于同年被驱逐出境。根据史料显示,周恩来在 1922 年 2 月至 1923 年年初主要居住和活动地为柏林[1],他所领导的柏林党支部主要活动场所为当时华人集中的西部柏林中心地带的康德大街。周恩来和朱德的留德经历不仅对中国共产党在欧洲的发展,也对他们回国后继续推动共产主义革命有着重要的影响。

1925 年以后,随着德国的通货膨胀得到控制,留德学生靠奖学金支持的生活成本骤升,留德人数经历了一段时间的锐减,从 1925 年的 200 多人下降到 1929 年的 100 多人,直至 1930 年以后重新回升,1934 年达到 400 多人,1937 年甚至达到 700 人。[2] 德国汉学家 Harnisch 的统计更为具体:1924 年、1925 年、1926 年初次在德国注册入学的中国留学生数量分别下降为 103 人、48 人和 37 人。[3]

1928 年以后的国民政府时期,国民政府继续规范留学生选派的章程,注重理工科学生的留学派遣。一方面蒋介石具有亲德倾向,[4]另一方面德国政府出于加强对华影响的目的,大力吸引精英学生赴德留学,鼓励官方背景的德国学术交换处(DAAD)[5]与中国高校进行学生互换,再加上德国工业帝国联盟(包括西门子公司)、德国帝国铁路、柏林大学外国研究所以及各类中国研究会均积极推动中国学生留德,[6]两方面推拉因素共同作用之下,留德学生群体在 20 世纪 30 年代再次迎来了数量上的高潮。

著名语言学家、曾于 1935 年至 1945 年留学德国十年的季羡林先生曾这样描写当时出国留学的情形:"当时要想出国,无非走两条路:一条是私费,一条是官费。前者只有富商、大贾、高官、显宦的子女才能办到。后者又有两种:一种是全国性质

---

① 根据德国研究者余德美考证,周恩来在柏林时租住在 Kaiseralle 54a 的一家名为 Loeck 的家庭里,这条街在二战后改称 Bundesallee。参见:Yu-Dembski, Dagmar: Chinesen in Berlin. Berlin: Berlin Edition, 2007: 43.

② 叶隽:《现代学术视野中的留德学人》,上海:同济大学出版社,2004 年,第 7 页。

③ Harnisch, Thomas: Chinesische Studierende in Deutschland von 1860 bis 1945. Hamburg, 1999: 203.

④ 麦劲生:《留德科技精英、兵工署和南京政府的军事现代化》,《上海大学学报》(社会科学版)2006 年第 3 期。

⑤ 今称德意志学术交流中心。

⑥ 费路(Roland Felber),胡伯坚(Ralf Hübner):《中国民主主义者和革命家在柏林(1925—1933)》//张寄谦:《中德关系史研究论集》,北京:北京大学出版社,2011 年,第 93 页。

的官费，比如留英庚款、留美庚款之类；一种是各省办的。二者都要经过考试。这两种官费人数都极端少，只有一两个。在芸芸学子中，走这条路，比骆驼钻针眼还要困难。"①季羡林本人则是因为母校清华大学与德国学术交流处的研究生互换协议，获得了一个由德国高校支付食宿费的非官费也非纯自费出国的机会。

1937年《兴介日报》发表的《我国留德学生之状况》一文称，从1929年至1938年，民国中央政府共派出721名公费生留德，人数仅居于留法学生之后。在德中国学生人数也经历了较快的增长，从1934年的约400人增加到1936年的约500人，再到1937年的约700人。②其时留德学生主要学习的专业为医学、化学、生物学、工程技术等学科，仅有约十分之一的学生学习人文社会科学学科。据统计，在1919年至1933年共有265名留德学生获得博士学位，其中人文社科领域仅有40名，其余225人均为医学、自然及工程科学博士。③

民国时期留学德国的重要目的地是柏林、慕尼黑、达姆施塔特、莱比锡等大学城，当时拥有三所著名大学——柏林大学（今天的柏林洪堡大学）、柏林工业大学和柏林艺术大学的德国首都柏林对于中国学生的吸引力最大。"当时在柏林的中国留学生，人数是相当多的。原因并不复杂。……到德国来镀的是24K金，在中国社会上声誉卓著，是抢手货。所以有条件的中国青年趋之若鹜……蒋介石、宋子文、孔祥熙、冯玉祥、戴传贤、居正，以及许许多多的国民党的大官，无不有子女或亲属在德国，而且几乎都聚集在柏林。"④当时留学柏林的学子当中，既有国民党军阀官僚的子女，也有来自社会各阶层中并无政治倾向的、从事自然科学技术学习的学生，还有一些以革命为己任，属于国民党左翼和共产党追随者的进步学人。

一份对柏林大学1898年至1945年中国留学生档案的统计显示，在此期间，柏林大学共有689名中国学生注册就读，平均就读时间为3.95个学期。中国学生注册的高峰出现在1924年夏季学期（98人）和1937年的夏季学期（112人）。⑤这一数字也与前文所述北洋政府时期的促进留学措施实施后留学生数量大幅上升相互印证。及至二战爆发，柏林大学在第二次中国学生留德潮中扮演着重要角色，尤其

---

① 季羡林：《留德十年》，北京：外语教学与研究出版社，2009年，第6页。
② 元清，等：《中国留学通史·民国卷》，广州：广东教育出版社，2010年，第4页。
③ 元清，等：《中国留学通史·民国卷》，广州：广东教育出版社，2010年，第4页。
④ 季羡林：《留德十年》，北京：外语教学与研究出版社，2009年，第41－42页。
⑤ Du, Weihua: The list of Chinese students in the Berlin University (1898—1949). Berlin: MBV, 2012:10-11.

在获得博士学位的留德学子中,毕业于柏林大学的占比相当高。[1]

有研究称,20 世纪 20 年代在柏林的中国人一度达到 1000 人以上,1902 年成立的"中国留德学生俱乐部"在 1927 年的登记会员已经达到了 500 人。[2] 最受南京国民政府时期的留德学生青睐的专业为医学、化学、生物学、工程技术、地质学等自然及工程科学。根据一份 1937 年的统计,当时在德国的 700 名中国留学生中,50％学习化学、机械和电机,40％学习医学和陆军,只有 10％学习文科。[3] 第二次留学德国热潮中的理工科学生占据绝大多数。他们中的佼佼者为著名核科学家王淦昌、何泽慧[4]以及桥梁学家李国豪。

王淦昌(1907—1998),我国著名的两弹一星元勋,生于江苏常熟,1929 年毕业于清华大学物理系。1930 年考取江苏省官费留学前往德国柏林大学攻读博士学位,1933 年获柏林大学博士学位。1934 年回国后先后在山东大学、浙江大学任物理系教授,是中国核科学的奠基人和开拓者之一,为新中国核科技的发展做出了卓越贡献。

李国豪(1913—2005),出生于广东梅州,1936 年毕业于同济大学土木系,1938 年起在德国达姆斯塔特工业大学攻读桥梁工程和结构力学,1940 年获得工学博士学位,1946 年回国,之后曾任同济大学校长,是我国著名的桥梁工程与力学专家。

综观整个南京国民政府时期,具有工科背景的留德学人加入南京政府兵工领域并担任要职的不在少数。据考证,从 1928 年 11 月国民政府军政部兵工署成立后,张群、陈仪、洪中以及曾留学德国柏林大学的俞大维等人任兵工处长,尤其从陈仪时期至俞大维时期,兵工署和附属兵工厂吸收了大批有德国教育背景的专业人才,其中包括杨继曾、胡霨、毛毅可、庄权、郑家俊、吴钦烈、江杓、刘东、张郁岚、王国章、汪洏、丁天雄、周自新、赵学颜、赵达、李式白、顾敬心、郦坤厚、周有苏、龚祖同、金广路、周芳世、张国治、周家祥、李祖冰、陈垚、刘百浩、丘玉池、姚万年、张述祖、杨树堂和陶声洋等 32 位,除了王国章、李式白、周有苏、金广路四人为同济大学毕业,

① Yuan, Tungli (Hg.):A Guide to Doctoral Dissertations by Chinese Students in Continental Europe, 1907—1962. Taipei:Chinese Cultural Research Institute, 1964. 转引自 Du, Weihua:The List of Chinese Students in the Berlin University (1898—1949). Berlin:MBV, 2012:18.

② Yü-Dembski, Dagmar:Chinesen in Berlin, 2007:27.

③ 《我国留德生之状况》,《兴介日报》,1937 年 3 月 5 日。转引自元清,等:《中国留学通史:民国卷》,广州:广东教育出版社,2010 年,第 223 页。

④ 在本章第三节有详述。

未在德国留学或取得学位之外,其余均为留德归国学人。[①] 这批学人基本上并无强大的政治背景,仅由于掌握良好的德国科技知识,而在 1925 年至 1933 年间借由兵工署的成立被南京国民政府在军工领域重用,1933 年至 1936 年,兵工署行政司、技术司司长等重要职务也基本被留德学人占据,[②]足见兵工署也因此成了留德工科学生的一大重要去向,留德科技人才也为民国时期中国兵工事业的发展做出了重大贡献。

元清等曾对新中国成立后 1955 年至 1980 年三次选出的 469 位中科院学部委员进行了统计,其中在南京国民政府时期有留德学习或进修经历的多达 38 人,占当时有留德经历的学部委员的十分之一,仅位于具有留美和留英经历的学部委员之后。加上该统计中未计算入内的中科院哲学社会科学部的学部委员季羡林先生,则该时期曾留德的学部委员数量应为 39 人,其中 24 人在德国获得了博士学位(见表 3-4)。

表 3-4　曾在 1928—1944 年间留德的中国科学院学部委员[③]

| 姓名 | 留德时间 | 留德学校 | 专业 | 备注 |
|---|---|---|---|---|
| 张德庆 | 1927—1929 | | | 工作进修 |
| 周培源 | 1928—1929 | 莱比锡大学 | 物理 | 留美物理学博士,在德从事研究 |
| 斯行健 | 1928—1933 | 柏林大学 | 古植物学 | 获博士学位 |
| 饶毓泰 | 1929—1932 | 莱比锡大学 | 物理 | 留美物理学博士,在德从事研究 |
| 张大煜 | 1929—1933 | 德累斯顿大学 | 化学 | 获博士学位 |
| 王淦昌 | 1930—1934 | 柏林大学[④] | 高能物理 | 获博士学位 |

---

① 麦劲生:《留德科技精英、兵工署和南京政府的军事现代化》,《上海大学学报》(社会科学版)2006 年第 3 期,第 103 页。

② 麦劲生:《留德科技精英、兵工署和南京政府的军事现代化》,《上海大学学报》(社会科学版)2006 年第 3 期,第 104 页。

③ 主要数据来源:元清,等:《中国留学通史:民国卷》,广州:广东教育出版社,2010 年,第 224 - 226 页。本文作者对部分学校名称进行了修正,并按留德时间进行了顺序上的调整,并加入了 1956 年 2 月被认定为中国科学院哲学社会科学部委员的季羡林资料,以及对何泽慧的毕业时间进行了修正,及对魏寿昆的毕业学校进行了修正。表中的"柏林工业大学"和"柏林高等技术大学"均指同一所大学。

④ 建立于 1809 年,最早被称为柏林大学,1949 年以后改称为柏林洪堡大学。

续表

| 姓名 | 留德时间 | 留德学校 | 专业 | 备注 |
|---|---|---|---|---|
| 谢家荣 | 1929—1931 | 弗莱堡大学 | 地质学 | 教授进修 |
| 蔡邦华 | 1930—1936 | 昆虫研究院、慕尼黑大学 | 昆虫学 | 教授进修研究 |
| 蔡翘 | 1931—1932 | 法兰克福大学 | 生理学 | 留美博士,进修 |
| 庄长恭 | 1931 | 哥廷根大学、慕尼黑大学 | 化学 | 留美化学博士、教授,在德从事研究 |
| 魏寿昆 | 1931—1935 | 德累斯顿工业大学 | 冶金学 | 获博士学位① |
| 吴学周 | 1932—1933 | 达摩城高等工业学校 | 化学 | 留美博士,在德从事研究 |
| 盛彤盛 | 1932—1938 | 柏林大学 | 医学、兽医学 | 获博士学位 |
| 李文采 | 1933—1939 | 德累斯顿工业大学 | 钢铁冶金 | 获博士学位 |
| 张青莲 | 1934—1937 | 柏林大学 | 无机化学 | 获博士学位 |
| 梁树权 | 1934—1937 | 慕尼黑大学 | 分析化学 | 获博士学位 |
| 钟惠澜 | 1934—1936 | | 医学 | |
| 乐森 | 1934—1936 | 哥廷根大学、马尔堡大学 | 地质学 | 获博士学位 |
| 李春昱 | 1934—1937 | 不详 | 地质学 | 获博士学位 |
| 龚祖同 | 1934—1938 | 柏林高等技术大学 | 应用光学 | 获特许工程师 |
| 赵宗燠 | 1935—1939 | 柏林高等技术大学 | 化工 | 获博士学位 |
| 汪猷 | 1935—1939 | 慕尼黑大学 | 有机化学 | 获博士学位 |
| 王之卓 | 1935—1939 | 柏林工业大学 | 航测学 | 获特许工程师和博士学位 |
| 季羡林 | 1935—1945 | 哥廷根大学 | 梵文 | 获博士学位 |
| 孙德和 | 1935—1943 | 柏林高等技术大学、亚琛工业大学 | 钢铁冶金 | 获博士学位 |
| 陈永龄 | 1935—1939 | 柏林高等技术大学 | 大地测量学 | 获博士学位 |
| 赵九章 | 1935—1938 | 柏林大学 | 气象学 | 获博士学位 |
| 夏坚白 | 1935—1939 | 柏林高等技术大学 | 测量学 | 获特许工程师和博士学位 |

① 周棉:《中国留学生大辞典》,南京:南京大学出版社,1999年,第450页。

续表

| 姓名 | 留德时间 | 留德学校 | 专业 | 备注 |
|---|---|---|---|---|
| 支秉彝 | 1935—1940 | 莱比锡大学 | 电信工程 | 获博士学位 |
| 何泽慧 | 1936—1940<br>1940—<br>1942—1946 | 柏林高等技术大学<br>柏林西门子弱电子实验室<br>海德堡皇家学院核物理研究所 | 核物理 | 获博士学位/工作 |
| 胡世华 | 1936—1941 | 明斯特大学 | 数学 | |
| 邢其毅 | 1936—1937 | 慕尼黑大学 | 化学 | 博士后研究 |
| 虞宏正 | 1936— | 莱比锡大学 | 胶体化学 | 教授进修 |
| 庄孝德 | 1936—1942 | 慕尼黑大学 | 胚胎学 | 获博士学位 |
| 毛鹤年 | 1936—1939 | | | 工作进修 |
| 徐士高 | 1937—1944 | 柏林高等技术大学 | 电机 | 获博士学位 |
| 靳树梁 | 1937—1938 | | | 考察德国钢铁业 |
| 李国豪 | 1938—1942 | 达姆施塔特工业大学 | 桥梁工程 | 获博士学位 |
| 张维 | 1938—1944 | 柏林高等技术大学 | 工程力学 | 获博士学位 |

尽管南京国民政府时期的留德学生中,仅有很小一部分从事人文社科的学习,但在语言文学领域与音乐艺术领域仍涌现了众多在当时熠熠生辉的杰出代表,其中最为人所熟知的有语言文学领域的季羡林、冯至,以及音乐艺术界的徐悲鸿、林风眠、宗白华和王光祈。

季羡林(1911—2009),生于山东聊城,著名语言学家、文学家。1934年在清华西洋文学系毕业后,1935年通过清华大学与德国学术交流处的交换研究生项目前往德国哥廷根大学学习印度学及梵文,1941年获得该校博士学位。1946年回国在北京大学东方语言文学系任教,1956年2月,被任命为中国科学院哲学社会科学部委员。季羡林研究领域涉猎广泛,涉及梵学、佛学、吐火罗文研究、中国文学、比较文学、文艺理论研究,为国际著名的东方学大师。

冯至(1905—1993),生于河北涿州,著名翻译家。1930年留学德国,先后就读于柏林大学、海德堡大学,1935年获得海德堡大学哲学博士学位。回国后曾任同济大学教授、中国社会科学院外国文学研究所所长,是近现代德国文学在中国的重要译介者。

徐悲鸿(1895—1953),生于江苏宜兴,1919年赴法国留学,在巴黎国立美术学校学习油画和素描。期间由于北洋政府一度中断了学费资助,徐悲鸿不得不搬到了生活成本较低的德国柏林,并在柏林造型艺术大学(Hochshule für Bildende Künste,今柏林艺术大学)注册,跟随当时的校长、知名画家阿尔图尔·康波夫(Arthur Kampf)学习油画,后者对徐悲鸿日后的现实主义风格形成起到了重要的作用。在德国期间,他和朋友一同成立了"天狗俱乐部",并勤奋地造访各大博物馆和画展,还常去柏林动物园临摹动物。徐悲鸿1926年回到法国,1927年回国。中华人民共和国成立后任中央美术学院院长,为中国现代美术教育的奠基者。

林风眠(1900—1991),生于广东梅州,1919年赴法国勤工俭学,1923年游学德国柏林,其间受到了德国表现主义流派的影响,并与奥地利女子爱丽丝·冯·罗达(Elise von Roda)结婚,1924年返回法国。1925年回国任北京艺术专科学校校长。1928年在杭州创立国立艺术院(后名中国美术学院)。

宗白华(1897—1986),生于安徽省安庆,1920年赴德国,先后在法兰克福大学和柏林大学攻读艺术哲学和美学,1921年作为发起者之一在法兰克福成立了"中德文化研究会"。1925年回国后先后在南京大学、北京大学任教,为中国现代美学研究的先行者之一。

王光祈(1891—1936),生于四川省温江,1920年赴德国学习德文和政治经济学,1923年改学音乐,1927年进入柏林大学学习音乐学,1934年获波恩大学博士学位,1936年病逝于柏林。王光祈撰写了众多向国人传播德国音乐学说的著作,也致力于将中国民族音乐和古典歌剧介绍给德国,为中德音乐交流做出了巨大贡献。

1928年到1949年的南京国民政府期间,中国赴德留学并取得博士学位的学人共计240人,德国的工程科技、自然科学、医学和人文社会学科的先进理念和技术通过他们被带回中国,为现代中国学者的科技救国、科学兴邦做出了不可磨灭的贡献。从另一个角度回顾,这种贡献同样在通过语言译介和语言交流进行的文化现象中留下了印迹。早在第一次中国留德学生潮之时,以马君武为代表的自然学科留德学人就已大量翻译德国现代科技著作。从1904年起,马君武共翻译了《平面几何学》《温斯渥斯平面几何学》《矿物学》《微分方程式》等四部德文教科书,编写了《立体几何学》《实用力学》等十多本自然科学入门教科书,进行了大量的科学普及工作。[①] 留德学

---

① 叶隽:《另一种西学——中国现代留德学人及其对德国文化的接受》,北京:北京大学出版社,2005年,第85-86页。

生中最早开始编写德汉字典的代表者为 1905 年至 1910 年在德国柏林工业大学学习机械制造的民国时期实业家、教育家宾步程,他曾编写了《中德词典》(1904)①和《德汉新词典》(1935)。马君武在 1920 年也出版了自己编写的《德华字典》。马克思主义奠基之作《资本论》的第一位中译本译者、著名经济学学者陈豹隐(原名陈启修)主要的留学经历来自日本,但他在日本留学期间修读了英语和德语,又在 1923 年至 1924 年考察西欧并在德国与朱德相识,对德语的通晓和对德国的熟悉给陈豹隐翻译《资本论》奠定了坚实的基础。在哲学领域,以蔡元培为代表的留德学人翻译并传播了大量德国哲学思想和著作,成为康德、黑格尔、尼采等德国著名哲学家在中国传播的奠基者。

　　五四运动以后,现代汉语在发展的过程中吸收了相当多的来源于西方的外来词汇。1984 年出版的《汉语外来词词典》收录了超过 1 万条词条,其中被标注为德语来源词的为 330 条。② 德国在这一领域的贡献主要来自 19 世纪末至 20 世纪上半叶,与中国赴德留学潮形成的时间相符。除了转借自英语和日语的专业词汇之外,仍有相当数量的德文词汇直接被转借进入现代汉语词汇中,如被第六版《现代汉语大词典》(2014)收录的德文来源词就有 71 个③,成为汉语专业或普通词汇的重要补充。中德语言交融主要发生在自然和工程科学领域、医学以及哲学领域。其中直接从德语转借入中文的词汇有海洛因、毛瑟枪、格罗申④、克房伯大炮、柴油、容克、狂飙突进、马克思主义、马克思列宁主义、马克思主义者、共产党、工人阶级、资本家、资产阶级、康采恩、包豪斯、德标、卡纸、现象学、盖世太保、纳粹、闪电战、社会市场经济、时代精神、维特热、幼儿园等。加上从其他语言转借入自然工程科学领域的词汇如凡士林、欧姆、赫兹、伦琴、高斯、韦伯、石英、铀;哲学领域的词汇如社会主义、素质、生产力、契机、范畴、世界观、偶然、理念、剩余价值、扬弃;生物医学领域的词汇如细胞、预后、当量、阿尔兹海默症、导出、盲肠、牵引、糖尿病;社会文化领

---

① 根据马君武 1920 年《德华字典》序言所说,当时在中国共有两部德汉双语词典,一部为在山东的德国传教士所写,另一部则是宾步程所著。

② 刘正埮,等编:《汉语外来词词典》,上海:辞书出版社,1984 年。

③ Liu, Yue, Guo, Yi: Germanismen in der modernen chinesischen Sprache. Deutsche Sprache, 2017(1):85.

④ 一种德国货币名。

域的词汇如恺撒、培根、扑克、沙龙、华尔兹、白兰地、的士、小夜曲、啤酒、骑士，[①]近现代德国在科学技术哲学文化领域的贡献通过当时以留学生为代表的中国知识分子的译介传入中国，在中国现代化进程中的科技领域和哲学政治体系话语形成中，同样留下了鲜明的"德国印迹"。

　　1931年9月18日，日本悍然发动"九一八"事变，开始了对中国长达八年的侵略战争。另一边在德国，纳粹党1933年上台后大肆实施种族主义和军国主义政策，1939年9月1日挑起第二次世界大战。近现代中国学生赴德留学潮从30年代末开始迅速陷入低潮，直至归于平寂（见图3-1）。据统计，1931年日本入侵中国之后，作为抗议，当时在日的6000名中国留学生几乎全部回国，而到1938年5月为止，当时中国在欧洲和美国求学的约4000名学生中，也有超过一半的学生返回中国。与此同时，战争的加剧也中断了中国留学生出国的步伐，1936年尚有约1000人获得出国留学许可，这一数字在1937年急剧下降为366人，次年更剧降至92人，而1939年几乎已无中国学生再获得政府的出国许可。[②] 至此，自19世纪开始，以李鸿章派遣军事留学生为标志的中国近现代留德学生历史正式结束。

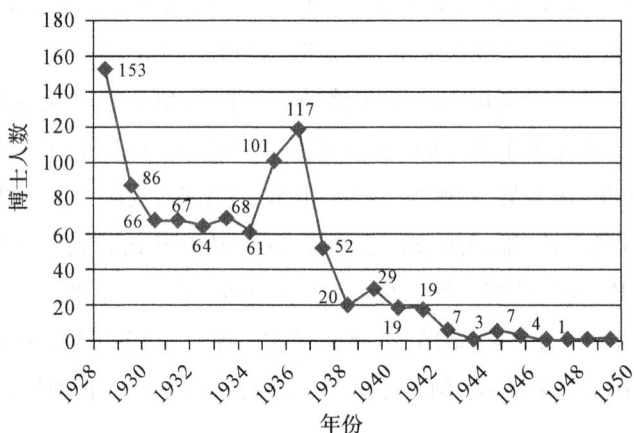

**图 3-1　1928—1948 年取得德国博士学位的中国留学生数量变化**[③]

　　① 更详细的分类及词频统计见 Liu, Yue, Guo, Yi: Germanismen in der modernen chinesischen Sprache. Deutsche Sprache, 2017(1).

　　② Meng, Hong: Das Auslandsstudium von Chinesen in Deutschland（1861—2001）. Frankfurt am Main: Peter Lang, 2005: 115.

　　③ 来源: Meng, Hong: Das Auslandsstudium von Chinesen in Deutschland（1861—2001）. Frankfurt am Main: Peter Lang, 2005: 118.

## 第三节　历史的缩影:柏林工业大学的中国学生

　　由于历史的特殊性,中华民国成立后亟须救国兴邦的现代科技人才,众多知名的留德工科学生回国后曾担任中央、地方政府或教育要职,其中从柏林工业大学(下文简称柏林工大)学成回国的最具代表性。由于专业背景的原因,他们中的很多人成了中国现代科技领域发展的中坚力量。除了担任中央或地方政府要职之外,他们中不少还创办大学或担任大学校长,通过引入现代教育理念,创办现代教育机构,为现代中国的高等教育事业发展留下了难以磨灭的足迹,成为名副其实的"留学德国的校长一代"①。除曾担任民国政府教育总长及广西大学校长的马君武之外,校长一代中知名的留德学人还有宾步程(1880—1943,就读于柏林工业大学机械制造专业,曾任湖南公立工业高等专门学校校长)、顾孟余(1888—1972),原名兆熊,在柏林工业大学学习电气工程及机械制造,曾任国立中央大学校长)、阮尚介(1888—?,在柏林工业大学学习机械制造,曾任同济大学校长)、李仪祉(1882—1938,原名李协,曾在20世纪初在柏林工业大学学习土木工程,曾任西北大学校长)、朱家骅(1893—1963,曾在德国柏林工业大学学习矿业,后取得柏林大学哲学博士,曾任南京大学校长)、胡庶华(1886—1968,在柏林工业大学学习钢铁冶金,回国后曾任重庆大学、同济大学、湖南大学校长)、周均时(1887—1949,在柏林工业大学攻读机械工程,回国后曾担任同济大学、上海吴淞商船专科学校校长)等。

　　柏林工业大学(Technische Universität Berlin)的历史可以追溯到1770年建立的柏林皇家矿山学院(Königliche Bergakademie zu Berlin)。此后由普鲁士王国建立的知名教育机构还有1799年建立的柏林皇家建筑学院(Königliche Bauakademie zu Berlin)以及1821年建立的柏林皇家纺织学院(Königliche Gewebeakademie zu Berlin)。1879年柏林皇家建筑学院与柏林皇家纺织学院合并成为柏林皇家高等技术大学

---

　　①　Harnisch, Thomas: Chinesische Studenten in Deutschland. Geschichte und Wirkung ihrer Studienaufenthalte in den Jahren von 1860 bis 1945. Hamburg: Institut für Asienkunde, 1999: 94.

（Kögliche Technische Hochschule zu Berlin）①。1916 年,柏林皇家矿山学院被并入柏林皇家高等技术大学。19 世纪的德国正经历工业革命时期,对工程技术人才的需求高涨,这促使该校成为首批 1899 年由德国皇帝威廉二世批准,获得博士学位授予权的普鲁士高校之一。直至 20 世纪 30 年代纳粹上台,柏林皇家高等技术大学在德国近现代工业发展历史中都有着辉煌的历史,发挥了重要的作用,涌现了卡尔·博世（Carl Bosch）、弗里茨·哈勃（Fritz Haber）、古斯塔夫·赫兹（Gustav Hertz）、尤金·保罗·韦格纳（Eugene Paul Wigner）、沃尔夫冈·保罗（Wolfgang Paul）、乔治·德·赫维思（George de Hevesy）、丹尼斯·嘉勃（Dennis Gabor）和恩斯特·鲁斯卡（Ernst Ruska）等多位诺贝尔奖获得者。在经历了纳粹时代对犹太教师及学生的歧视,迫使大批犹太学者流亡海外的黑暗一页,以及学校主楼在二战中被炸毁之后,1946 年柏林皇家高等技术大学重建,并更名为柏林工业大学（Technische Untersität Berlin）。柏林工业大学不仅是德国第一所工科综合大学,也是德国第一所引入人文学科进行通才教育的工科大学。②

在 20 世纪 20 年代,中国留德学人最为集中的城市无疑是柏林。当时柏林的三所大学柏林大学、柏林高等技术大学和柏林造型艺术大学中,以人文社会学科和医学见长的柏林大学和强于自然和工程学科的柏林高等技术大学为绝大多数留德学子的求学选择。据统计,1913 年柏林的中国留学生中有 28 人在柏林大学就读,20 人在柏林工大就读,即可见一斑。③ 柏林工大留德学人中走出了当时许多知名的理工科专业毕业生,其中很大一部分获得了当时在中国享有盛誉的工学博士

---

① 根据马君武博士论文所附的自述,他 1907 年至 1911 年第一次在柏林求学时所入学校名称为柏林皇家技术学院（Mahoe, Künwoll 1915: Vergleichende Untersuchung über die physikalischen und chemischen Eigenschaften der chinesischen und japanischen seiden. Unveröffentlichte Dissertation an der Königlichen Technischen Hochschule zu Berlin.）,但在 1907 年由清政府出使德国大臣荫昌所呈报名录中,马君武（马和）就读学校被登记为"柏林矿务大学"（王焕琛编:《留学教育——中国留学教育史料》,台北:台湾编译馆,1980 年,第 640 页）,即为学校变革及名称不同一之原因。由于历史原因,该校的简称柏林高等技术学院（TH Berlin）在中国近现代留德学人档案中名称并不统一,有"柏林工科大学""柏林矿务大学""柏林工艺大学""柏林专科大学""柏林工业大学""柏林技术大学"等各种。

② 柏林工业大学网页"历史":http://www.tu-berlin.de/menue/ueber_die_tu_berlin/profil_geschichte/geschichte/,2017 - 03 - 02。

③ Harnisch, Thomas: Chinesische Studierende in Deutschland von 1860 bis 1945. Hamburg: 1999,170.

学位。柏林工大最早录取的一批中国学生为 1905 年 10 月注册就读机械工程的宾步程、善明、陆显璜和黄时澄，其中后来曾任粤汉铁路机械工程师和金陵兵工厂厂长的宾步程应为第一位拿到硕士学位的中国学生。柏林工大位于柏林西部市中心，毗邻著名的选帝侯大道，在二战中主楼被炮火所毁。其绝大部分学籍档案（包括建校开始直至 1930 年的所有学生学籍档案）被及时转移至地下室后得以幸存。但 1930 年至 1935 年的绝大部分，以及 1935 年直至战争结束的档案则已经无踪迹可循。近年来尽管有不少著述发掘了部分在近现代柏林中国学人的珍贵史料，这所重要高校的许多珍贵资料却仍迟迟未见天日。本书作者在柏林工大校档案馆中找到了二战后遗存的学生学籍档案，整理出 1906 年至 1930 年间中国注册学生的信息，并在下文中予以还原，以管中窥豹的方式审视这一段在近现代中国赴德留学领域具有代表性的历史。由于当时德国对外来人名和地名的拼写方式并无统一标准，因此名录中的拼写方式随意性非常大，存在同一个地名也会出现多个拼写方式的问题。限于客观条件，下文的资料整理（即表 3-5）仅旨在展示一所代表性德国高校内中国学生的群像，故在此并不对所有学生的名字进行考证，仅对可以确定的中国学生名字进行注释。同时需要指出的是，学籍名录中的学生是在柏林工大中心管理处注册的攻读普通学位的学生，攻读博士的学生在各个院所独立登记，因此不在表 3-5 统计之列。因柏林工业大学为二战后的名称，表 3-5 所用校名为其曾用名"柏林高等技术大学"（Technische Hochschule Berlin）。①

---

① 按注册日期先后排列，表 3-6 同。

表 3-5　1905—1918 年在柏林高等技术大学注册入学的中国学生名录①

| | 姓 | 名 | 生日② | 出生地③ | 注册日期 | 注册学期 | 专业 | 是否毕业 |
|---|---|---|---|---|---|---|---|---|
| 1 | Bin | Butscheng④ | 01.12.1880 | Hunan（湖南） | 03.10.1905 | 10 | 机械工程 | 是 |
| 2 | Schang | Ming⑤ | 19.02.1882 | Hupeh（湖北） | 03.10.1905 | 1 | 机械工程 | |
| 3 | Lok | Singwang⑥ | 10.08.1880 | Sanshui 广东（三水？） | 26.10.1906 | 10 | 船舶制造 | |
| 4 | Gou | Dschauh-sung⑦ | 26.09.1888/ 18.10.1910 | Wuanping（直隶宛平）⑧ | 26.10.1906/ 18.10.1910 | 5/3 | 电气工程/ 机械工程 | 是/是 |
| 5 | Huang | Seeching⑨ | 21.08.1882 | Kanton（广东） | 24.10.1906 | | 机械工程 | 是 |
| 6 | Tschen | Fang-Schui⑩ | 03.03.1878 | Tengtscheng | 15.04.1907 | 9 | 机械工程 | 是 |
| 7 | Tsing | Kwong-Jan⑪ | 15.05.1882 | Fangue（广东） | 20.04.1907 | 10 | 机械工程 | |

---

①　数据来源：柏林工业大学档案馆，由本书作者整理成表。

②　本表和表 3-6 的原始信息按照德文习惯记录，格式为"日.月.年"，注册日期同。

③　由于当时的学籍记录全部由人手进行，一些手写字迹由于年代久远或字迹潦草已难以辨认，再加上对中国地名的拼写法并无统一标准，仅凭学生自己口述，且乡音不一，因此有很多学生的籍贯尚待确定。手写字迹确认的困难同样适用于人名。表中学生的中文姓名和籍贯一部分参见王焕琛编：《留学教育——中国留学教育史料》，台北：台湾编译馆，1980 年，第 640 - 653 页。该《史料》中所注学校名称、专业名称和柏林工业大学学籍资料多有出入，遇此情况以柏林工业大学学籍登记为准。

④　宾步程，湖南人，官费留学生。为当时任湖广总督的端方奏派首批赴美、德、俄三国留学生中 8 名赴德留学生之一。见陈学恂，田正平：《中国近代教育史资料汇编：留学教育》，1991 年，第 278 页。

⑤　善明，湖北人，官费留学生。为端方奏派首批赴美、德、俄三国留学生中 8 名赴德留学生之一。见陈学恂，田正平：《中国近代教育史资料汇编：留学教育》，1991 年，第 278 页。

⑥　陆显璜，广东人，官费留学生。中文名字出处为王焕琛编：《留学教育——中国留学教育史料》，台北：台湾编译馆，1980 年，第 640 - 653 页。中文名字出处适用于整个表 3-5。

⑦　顾兆熊（1888—1972），顾孟余原名，籍贯直隶，官费留学生。曾任国民政府铁道部部长。

⑧　原登记册中不可清晰辨认出籍贯者，参见王焕琛编：《留学教育——中国留学教育史料》"留学德国"篇名录，台北：台湾编译馆，1980 年，第 640 - 653 页。

⑨　黄时澄（1882—？），广东人，官费留学生。

⑩　陈芳瑞（1878—？），安徽人，官费留学生。

⑪　曾广尧（1882—？），广东人，官费留学生。回国后曾任北京大学德文系教授。

续表

| | 姓 | 名 | 生日 | 出生地 | 注册日期 | 注册学期 | 专业 | 是否毕业 |
|---|---|---|---|---|---|---|---|---|
| 8 | Mahoe | Künwoll① | | Guangxi（广西） | 08.10.1907 | — | 冶金 | 是 |
| 9 | Sche | Djiuschieng② | | Tientsin（天津） | 23.10.1907 | 2 | 矿山 | |
| 10 | Sung | Erh-lien | 22.03.1886 | Tientsai | 24.04.1908 | 2 | 冶金 | |
| 11 | Lin | Hsien-Sin③ | 15.08.1884 | Foo-Clow（应为福州） | 24.04.1908 | 6 | 机械工程 | 是 |
| 12 | Chien | Fangtu④ | 01.05.1884 | Taschangtschou（常州？） | 24.04.1908 | 6 | 矿山 | |
| 13 | Chang | Chao-Kan⑤ | 06.04.1882 | Fotschau（福州） | 25.04.1908 | 6 | 机械工程 | 是 |
| 14 | Feng | Kia-Yül⑥ | 26.10.1888 | Hokien（福建） | 25.04.1908 | 3 | 冶金 | |
| 15 | Tschao | Pao-kiang⑦ | 16.07.1887 | Wuchang（武昌） | 02.10.1908 | 1 | 冶金 | 是 |
| 16 | Li | Yüngchen | 24.10.1887 | Siang Jung | 24.10.1908 | 1 | 冶金 | |
| 17 | Yuan | Schangdjie⑧ | 15.10.1888 | Kiangsu（江苏） | 02.11.1908 | 10 | 建筑 | |
| 18 | Hu | Thin-Heng | 17.02.1883 | Ningpo（宁波） | 22.04.1909 | 13 | 电气工程 | 是 |
| 19 | Yü | Yinguan⑨ | 08.11.1890 | Aehni（安徽） | 18.10.1909 | 7 | 化学 | 是 |
| 20 | Li | Hsieh⑩ | 18.10.1909/16.08.1881 | Pucheng（陕西） | 18.10.1909/14.04.1913 | 7 | 土木工程 | 是 |

---

① 马君武(1881—1940)，广西桂林人，中国同盟会章程八位起草人之一，曾担任南京临时政府实业部次长、中华民国国会参议员、北洋政府司法总长及教育总长、广西大学校长。马君武在 1913 年再次以"马和"的名字入柏林工业大学攻读工学博士(对于生日及再回德国就读博士的日期说明参见马君武博士学位论文后自述的生平简历)。

② 史久庆(? —?)，直隶人，官费留学生。

③ 林献炘(1884—?)，福建人，官费留学生。

④ 应为钱方度(1884—?)，江苏人，自费留学生。

⑤ 常朝幹(1882—?)，福建人，官费留学生。

⑥ 冯家遇(1888—1953)，天津人，为时任中华民国副总统冯国璋第三子。

⑦ 曹宝江(1887—?)，湖北人，官费留学生。

⑧ 阮尚介(1888—?)，江苏人，自费留学生。

⑨ 余荫元(1890—?)，安徽人，自费留学生。

⑩ 李协(1881—1938)，又名李仪祉，陕西人，官费留学生。著名水利学家，中国第一所水利工程高等学府南京河海工程专门学校创办者。曾任民国政府陕西省水利局局长、陕西省教育厅厅长、西北大学校长、陕西省建设厅厅长。

续表

| | 姓 | 名 | 生日 | 出生地 | 注册日期 | 注册学期 | 专业 | 是否毕业 |
|---|---|---|---|---|---|---|---|---|
| 21 | Yü | Daischon① | 06.11.1885 | Chaikiang（浙江） | 08.04.1910 | 5 | 化学 | |
| 22 | Peh | Schutong② | 24.12.1880 | Kiangsu（江苏） | 08.04.1910 | 10 | 建筑 | 是 |
| 23 | Chen | Che-Ta③ | 07.08.1889 | Kanton（广东） | 17.10.1910 | 9 | 土木工程 | |
| 24 | Hsü | Ti-hsiong④ | 20.04.1885 | Kiangsu（江苏） | 17.10.1910 | 1 | 土木工程 | 是 |
| 25 | Wu | Pe-Dje⑤ | 12.11.1890 | Kanton（广东） | 17.10.1910 | 11 | 土木工程 | 是 |
| 26 | Liu | Wen Hsien⑥ | 08.10.1885 | Tschangschan（山东） | 25.10.1910 | 10 | 土木工程 | 是 |
| 27 | Schie | Schau-Scheng | 一.一.1889 | Lutchuo | 15.10.1912 | 10 | 机械工程 | 是 |
| 28 | Yeh | Kun | 30.11.1891 | Fukon | 17.10.1912 | 9 | 机械工程 | 是 |
| 29 | Wong | Young | 19.02.1889 | Soochow（苏州） | 18.10.1912 | 2 | 电气工程 | 是 |
| 30 | Chen | Feng-chien | 01.10.1893 | Chengtu（成都） | 15.04.1914 | 3 | 钢铁冶金 | 是 |
| 31 | Tschou | Liu-Tschun⑦ | 19.09.1887 | Chungking（重庆） | 15.04.1914 | 11 | 机械工程 | 是 |
| 32 | Li | Djin Dsung⑧ | 10.06.1892 | Futschau（福州） | 16.11.1914 | 9 | 冶金/机械工程 | 是 |

---

① 俞大纯（1885—1941），浙江人，自费留学生。20 世纪 30 年代曾任国民政府交通部陇海铁路局局长。

② 贝寿同（1880—1945），江苏人，官费留学生。回国后曾任职北洋政府司法部和国民政府司法行政部。为著名华裔建筑师贝聿铭的从叔祖。

③ 陈之达（1889—?），广东高要人，官费留学生。中国著名物理学家吴大猷的叔父。回国后参加辛亥革命，一次在研制炸弹时发生意外爆炸，当场牺牲，葬于广州黄花岗附近。来源：吴知难：《高要文史》第一辑，转自高要政协：《高要文史精编 2009》，http://gyzxw.gov.cn/open.asp? id＝262&bkid＝55。

④ 徐惕祥（1885—?），江苏人，官费留学生。

⑤ 吴配基（1890—1917），广东人，官费留学生。

⑥ 刘文显（1885—?），山东人，官费留学生。

⑦ 周均时（1887—1949），四川人，原名周烈忠，应为官费留学生，为朱德在柏林时期好友，回国后曾担任昆明同济大学、上海吴淞商船专科学校校长，1949 年被国民党枪杀于中美特种技术合作所第一看守所白公馆。

⑧ 李景从（1892—?），福建人。

续表

| | 姓 | 名 | 生 日 | 出生地 | 注册日期 | 注册学期 | 专业 | 是否毕业 |
|---|---|---|---|---|---|---|---|---|
| 33 | Liao | Fuh-Tung | 24.01.1885 | Futschau（福州） | 23.04.1913/<br>17.11.1914 | 1 | 化学/冶金 | 是 |
| 34 | Lo | Funglin | 25.01.1897 | Szechuan（四川） | 28.01.1915 | 6 | 电气工程/<br>机械工程 | 是 |
| 35 | Liau | Fudschung① | 04.07.1895 | Szetschuan（四川） | 07.05.1915 | 5 | 机械工程 | 是 |
| 36 | Mao | Niko② | 03.09.1892 | Taichow（江苏泰州?） | 06.10.1916 | 13 | 机械工程 | |
| 37 | Wang | Kang | 03.09.1890 | Taichow（江苏泰州?） | 18.10.1916 | 12 | 土木工程 | 是 |
| 38 | Lo | Jäsen | 15.11.1892 | Kashing | 03.11.1916 | 9 | 矿山 | |
| 39 | Hu | Schuhua③ | 13.08.1889 | Hunan（湖南） | 03.11.1916 | 8 | 钢铁冶金 | |
| 40 | Yang | Modjie | 06.12.1890 | Hunan（湖南） | 04.11.1916 | 9 | 矿山 | |
| 41 | Huang | Kiang Chuan | 13.10.1893 | Foochow（福州） | 08.11.1916 | 3 | 矿山 | |
| 42 | Huang | Kiang-Jing | 30.07.1892 | Foochow（福州） | 08.11.1916 | 3 | 矿山 | |
| 43 | Chu | Chia-Hua④ | 15.05.1893 | Huchowfu<br>（浙江湖州府） | 08.11.1916 | 3 | 矿山 | |
| 44 | Dai | En Ki | 08.03.1891 | Hongkong（香港） | 10.11.1916 | 11 | 矿山 | |
| 45 | Yang | Chüan-Chung | 24.10.1882 | Mukden（沈阳） | 01.05.1918 | 7 | 电气工程 | 是 |
| 46 | Yang | Yü-Chen | 24.02.1888 | Mukden（沈阳） | 01.05.1918 | 3 | 机械工程 | 是 |

---

① 廖馥君（1895—1971），四川人，同国后曾执教于同济大学及北京对外贸易学院（今对外经贸大学）德语系。

② 疑为毛毅可（1892—?），曾入南京国民政府兵工署工作。

③ 胡庶华（1886—1968），湖南人，在柏林期间与朱家骅熟悉，回国后曾任重庆大学、同济大学、湖南大学校长。

④ 朱家骅（1893—1963），浙江人，自费留学生。朱家骅为中国现代著名的教育家、地质学家，曾任国立中央大学（今南京大学）校长、南京国民政府教育部部长、交通部部长、浙江省政府主席等职务。朱家骅为 20 世纪 20 至 40 年代中德交流的重要人物，并借由自己在高等教育和文化界的影响力，聚集并引进了一大批留德学人回国效力，形成了一个具有相当影响力的"留德学人社群"（麦劲生：《朱家骅与民国初年留德学人群体的形成》，《第三届近代中国与世界国际学术研讨会论文集·第三卷：文化—思想》，北京：社会科学文献出版社，2010 年）。

根据统计,从 1905 年至 1918 年,在柏林工业大学注册入学的中国学生有 46
人,入学时年龄最小者 18 岁,最大者 36 岁,平均年龄 23 岁。就读时间最短者 1 个
学期,最长者 13 个学期,平均就读 6.1 个学期,28 人取得毕业学位(其中 3 人获得
两个专业学位),约占总人数的 61%(见图 3-2)。在中国学生普遍在赴德前不谙德
语,而德国传统学位毕业条件苛刻的情况下,这一毕业比例已非常高。从可确定的
籍贯看,最早留学柏林工业大学的中国留学生主要来自福建、广东、江苏、浙江、四
川和湖南,籍贯分布从一个侧面确证了这一时期官费学生的主要资助省分布。[①]
值得一提的是,在填写自己的宗教背景时,46 位学生中除了少部分为佛教/无信仰
外,大多数(34 人)填写了"儒家/孔子"(Konfuzianismus/Konfuzius),非常明显地
表明了这一时期中国学生对自己中华文化传统身份的认同。在专业分布上,最受
欢迎的专业依次是:机械工程(16)、矿山(8)、土木工程(6)、电气工程(5)、冶金(5)、
化学(3)、钢铁冶金(2)、船舶制造(2)、建筑(1)。

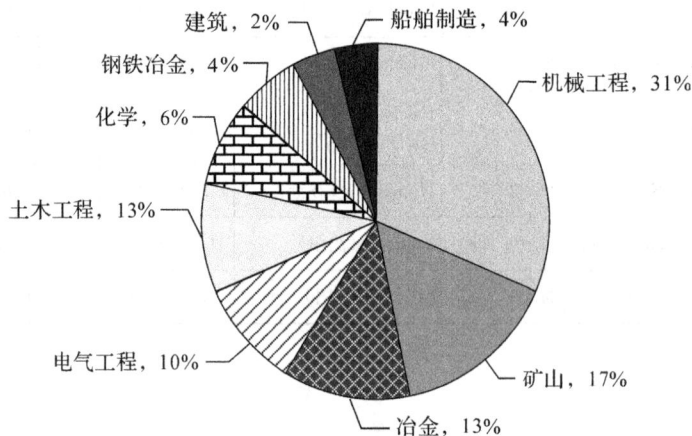

**图 3-2　1905—1918 年柏林高等技术大学(柏林工业大学)入学的中国学生专业分布[②][③]**

由于 1930 年以后的学生档案基本被毁,1935 年以后的外国人学籍信息与德
国人学籍信息分开登记,外国人部分已荡然无存,因此柏林工业大学的中国学生
(非博士生)学籍资料只能截至 1930 年夏季学期(见表 3-6)。30 年代入学柏林工
业大学的中国留学生学籍资料惜基本已毁于战火。根据 1919 年至 1930 年的学生

---

①　参见表 3-2。

②　46 名学生共就读 49 个专业,其中三人双专业。

③　数据来源:柏林工业大学档案馆,由本书作者整理。

名录,这一时期首次在柏林工业大学注册入学的中国学生有 135 人,入学时年龄最小者 18 岁,最大者 31 岁,平均年龄 23 岁。从可确定的籍贯看,这一时期留学柏林工业大学的中国留学生主要来自上海、广东、江苏、北京和浙江。值得注意的是,在 1918 年以前均无来自中国两大城市北京和上海的学生,而 1919 年以后两地学生呈现有规模的增长。其中上海学生增长非常迅速,达到 20 人,北京学生为 7 人(均为 1921 年以后赴德)。

**表 3-6  1919—1930 年在柏林高等专科大学注册入学的中国学生名录①**

| | 姓 | 名 | 生 日 | 出生地 | 注册日期 | 就读学期 | 专业 | 是否毕业 |
|---|---|---|---|---|---|---|---|---|
| 1 | Yang | Kung-Dschau | 28.11.1898 | Hunan-Schangscha (湖南长沙?) | 30.07.1919 | 7 | 矿山 | |
| 2 | Li | Tsu-Hsien | 07.07.1901 | Ningpo(宁波) | 02.03.1920 | 1 | 化学 | 是 |
| 3 | Li | Tsu Ten | 04.08.1900 | Ningpo(宁波) | 14.10.1920 | 9 | 矿山 | 是 |
| 4 | Ho | J. | 15.02.1893 | Wai hai wai(威海卫) | 19.10.1920 | 0 | 船舶制造 | |
| 5 | Lu | Hsün When | 09.07.1899 | Sinjek Konan | 25.10.1920 | 6 | 矿山 | |
| 6 | Tschen | Kia-Seng | 19.11.1897 | Hunan(湖南) | 27.10.1920 | 9 | 机械工程 | |
| 7 | Lo | Tsingbin | 03.11.1898 | Canton(广东) | 30.10.1920 | 4 | 土木工程 | 是 |
| 8 | Mong | Hsin-Yü | 09.02.1900 | Ou Tching | 01.11.1920 | 1 | 化学 | 是 |
| 9 | Li | Tsu Chi | 22.02.1901 | Ningpo(宁波) | 04.11.1920 | | 机械工程 | 是 |
| 10 | Huang | J. | 01.01.1891 | Kiangsu(江苏) | 07.01.1921 | 3 | 机械工程 | 是 |
| 11 | Cheng | Shu-huai | 09.10.1899 | Huazpeh(华北?) | 02.05.1921 | | 化学 | |
| 12 | Kiang | Piao | 28.10.1900 | Shanghai(上海) | 04.05.1921 | 3 | 机械工程 | |
| 13 | Wu | Ping | 01.08.1900 | Kan-Tsie | 07.05.1921 | 2 | 化学 | |
| 14 | Tscheng | Te Koai | 19.06.1900 | Ming-Ho | 12.05.1921 | 1 | 机械工程 | |
| 15 | Wang | Sheng | 21.10.1898 | Tung-Heise | 12.05.1921 | 2 | 电气工程 | |
| 16 | Chow | Choa-Wu | 31.12.1896 | Changsha-Hunan (湖南长沙) | 12.05.1921 | 2 | 电气工程 | |
| 17 | Thon | King Gnor | 06.01.1900 | Fuutschau(福州) | 22.05.1921 | 9 | 化学 | |
| 18 | Chan | Hsuch-Schich② | 12.07.1898 | Hsuch-Schich | 27.05.1921 | 2 | 化学 | 是 |
| 19 | Chow | Tan Tsing | 05.06.1901 | Tschü Ming | 01.11.1921 | 9 | 电气工程 | 是 |

① 数据来源:柏林工业大学档案馆,由本书作者整理成表。
② 似为陈柱一(1898—?),浙江临安人,后曾在同济大学工作。

**续表**

| | 姓 | 名 | 生日 | 出生地 | 注册日期 | 就读学期 | 专业 | 是否毕业 |
|---|---|---|---|---|---|---|---|---|
| 20 | Koo | The Shang① | 30.05.1900 | Kiangsu(江苏) | 03.11.1921 | 4 | 机械工程 | 是 |
| 21 | Ni | Moh | 16.10.1901 | Shanghai(上海) | 05.11.1921 | 1 | 化学 | 是 |
| 22 | Tsung | Chu Vee | 16.07.1901 | Shanghai(上海) | 05.11.1921 | 5 | 机械工程 | 是 |
| 23 | Mo | Jung | 13.01.1898 | Anchi(浙江安吉?) | 26.11.1921 | 5 | 机械工程 | 是 |
| 24 | Hu | Schu Chi | 05.07.1895 | Taiwoki | 26.11.1921 | 2 | 土木工程 | |
| 25 | Chi | Bin Kue | 15.03.1901 | Fukien(福建) | 28.11.1921 | 6 | 机械工程 | |
| 26 | Tou | Hsue-Fu | 05.01.1895 | Canton(广东) | 08.12.1921 | 6 | 机械工程 | 是 |
| 27 | Tsin | Wen-Dsau② | 24.08.1895 | Shantung(山东) | 08.12.1921 | 3 | 机械工程 | |
| 28 | Kwan | Moo Cha | 14.04.1902 | Kiangsu(江苏) | 22.04.1922 | 3 | 电气工程 | |
| 29 | Lu③ | Amendo | -.02.1899 | Changshu(江苏常熟?) | 22.04.1922 | 7 | 电气工程 | |
| 30 | Chan | Yin | 24.08.1898 | Kiangsu(江苏) | 22.04.1922 | 6 | 机械工程 | |
| 31 | Yung | Yao hsing | 27.02.1902 | Wusih(江苏无锡?) | 27.04.1922 | 16 | 机械工程 | |
| 32 | Liu | Ankon | 06.10.1900 | Yüenchuan | 05.05.1922 | 2 | 土木工程 | |
| 33 | Liu | Moni | 03.09.1895 | Shanghai(上海) | 05.05.1922 | 2 | 土木工程 | |
| 34 | Li | Chiso | 26.10.1894 | Weichow(广东惠州?) | 15.05.1922 | 5 | 机械工程 | 是 |
| 35 | Chang | Tsu-Yao | 06.03.1899 | Ningpo(浙江宁波) | 15.05.1922 | 1 | 建筑 | 是 |
| 36 | Wang | Jo Hsi | 18.01.1895 | Kiangsu(江苏) | 26.05.1922 | 1 | 机械工程 | 是 |
| 37 | Tsha | Ti-Ming | 11.06.1904 | Shanghai(上海) | 21.10.1922 | 12 | 化学 | |
| 38 | Yüng | Huang | 22.04.1902 | Linyang | 21.10.1922 | 1 | 矿山 | 是 |
| 39 | Wang | Juchi | 17.10.1901 | Shanghai(上海) | 24.10.1922 | 13 | 化学 | |
| 40 | Bo | Qui | 21.04.1901 | Kiang | 28.10.1922 | 5 | 矿山 | |
| 41 | Tang | Ying | 06.11.1901 | Shanghai(上海) | 30.10.1922 | 9 | 建筑 | |
| 42 | Hu | Heine Georg | 03.03.1902 | Peking(北京) | 07.11.1922 | 2 | 机械工程 | 是 |
| 43 | Liu | Chong Chang | 23.08.1900 | Shanghai(上海) | 10.11.1922 | 1 | 机械工程 | |

① 应为何德萱(1900—?)，为被俞大维招募至兵工领域服务的留德学生之一。

② 秦文藻(1895—?)，山东安邱人。

③ 应为陆君和(1899—?)，江苏常熟人，曾入南京国民政府兵署工作。

续表

| | 姓 | 名 | 生日 | 出生地 | 注册日期 | 就读学期 | 专业 | 是否毕业 |
|---|---|---|---|---|---|---|---|---|
| 44 | Pao | Orlando | 14.05.1902 | Shanghai(上海) | 08.01.1923 | 9 | 电气工程 | |
| 45 | Zi | Oliver | 13.09.1901 | Chekiang(浙江) | 08.01.1923 | 9 | 电气工程 | |
| 46 | Chen | Tsumi | 16.10.1904 | Shanghai(上海) | 04.04.1923 | 7 | 土木工程 | |
| 47 | Yü | Da-Dzen | 07.12.1898 | Fuling | 04.04.1923 | 2 | 矿山 | |
| 48 | Tan | Wenting | 16.10.1896 | Canton(广东) | 09.04.1923 | 1 | 土木工程 | 是 |
| 49 | Ou Tang | Wei-i | 06.02.1904 | Cingling | 11.04.1923 | 11 | 土木工程 | |
| 50 | Li | Tschau Lin | 27.06.1898 | Kuangtung(广东) | 13.04.1923 | 2 | 船舶制造 | 是 |
| 51 | Tang | Fug-San | 12.03.1899 | Fukien(福建) | 13.04.1923 | 2 | 化学 | 是 |
| 52 | Gin | Shin-cho | 22.10.1896 | Kanton(广东) | 16.04.1923 | 2 | 土木工程 | 是 |
| 53 | Chien | Chu | 19.05.1903 | Huchow(浙江湖州?) | 17.04.1923 | 9 | 矿山 | |
| 54 | Yang | Chikeng① | 08.11.1898 | Anchin(安徽安庆?) | 01.05.1923 | 5 | 机械工程 | |
| 55 | Teng | Shi chang② | 07.06.1897 | Canton(广东) | 07.05.1923 | 1 | 机械工程 | |
| 56 | Chang | Myoeh-Ling | 12.05.1899 | Shanghai(上海) | 11.05.1923 | 3 | 电气工程 | |
| 57 | Tsin | Wen Bin③ | 03.03.1892 | Schantung(山东) | 14.05.1923 | 4 | 电气工程 | 是 |
| 58 | Yung | Chumhsing | 05.03.1904 | Kiangsu(江苏) | 18.05.1923 | 11 | 电气工程 | |
| 59 | Kwong | Sham Chi | 07.09.1901 | Perth | 28.05.1923 | 1 | 化学 | 是 |
| 60 | Whang | Siar-Hong | 03.11.1901 | Swatow | 28.05.1923 | 11 | 化学 | |
| 61 | Hu | Hsuel-Yuan | 14.09.1902 | Szetschman | 29.05.1923 | 4 | 化学 | |

① 似为杨继曾(1898—？)。据麦劲生(《留德科技精英、兵工署和南京政府的军事现代化》，《上海大学学报(社会科学版)》2006年第3期,第103页)考证,杨继曾于1926年毕业于柏林工业大学,曾任兵工署行政司司长、制造司司长、副署长、署长。另杨继曾为安徽人,此处籍贯似为安庆,也对得上。

② 邓士章(1897—1967),广东人,1923年任广东兵工厂工程师,次年加入国民党,曾任黄埔军校筹备委员、军械处中校处长。1925年任广东兵工厂厂长。1926年任广东国民政府军政部少将参议,并随军北伐。1932年起,先后任南京国民政府军政部兵工委员兼检查科科长、中央修械厂厂长、兵工局驻港办事处兵工委员。来源:周棉:《中国留学生大辞典》,南京:南京大学出版社,1999年。

③ 秦文彬(1892—？),山东安邱人。与1921年12月8日注册的秦文藻似为兄弟。

续表

| | 姓 | 名 | 生日 | 出生地 | 注册日期 | 就读学期 | 专业 | 是否毕业 |
|---|---|---|---|---|---|---|---|---|
| 62 | Ting | Tien Jung① | 15.08.1903 | Yügan | 31.05.1923 | 1 | 化学 | 是 |
| 63 | Zing | King | 09.12.1903 | Shanghai | 01.06.1923 | 4 | 化学 | 是 |
| 64 | Wang | Kien-Re | 18.06.1900 | Nungtschau | 04.10.1923 | 一 | 冶金? | |
| 65 | Chan | Tschang-Choo | 18.03.1903 | Shanghai(上海) | 05.10.1923 | 10 | 机械工程 | |
| 66 | Yuen | Monghung | 07.05.1905 | Pecon | 12.10.1923 | 8 | 土木工程 | |
| 67 | Wang | Jen Sian | 09.09.1898 | Lio Yang(辽阳?) | 15.10.1923 | 4 | 机械制造 | 是 |
| 68 | Lü | Chih-Wha | 03.10.1901 | Niping | 19.10.1923 | 2 | 化学 | |
| 69 | Du | Schin Kwei | 26.09.1900 | Ningpo(宁波) | 26.10.1923 | 6 | 建筑 | |
| 70 | Luan | Berlin | 24.03.1893 | Tengchowfu | 27.10.1923 | 1 | 电气工程 | |
| 71 | Hu | Walter | 02.01.1904 | Menyang | 31.10.1923 | 5 | 矿山 | 是 |
| 72 | Hsien | Schonying | 29.03.1901 | Shansi(陕西) | 02.11.1923 | 3 | 矿山 | |
| 73 | Tan | Willy | 15.02.1895 | Shanghai(上海) | 03.11.1923 | 5 | 机械工程 | |
| 74 | Tschean | Ki | 18.11.1891 | Hunan(湖南) | 05.11.1923 | 1 | 建筑 | |
| 75 | Tsu | Tao Kun | 15.07.1895 | Lunyang | 12.11.1923 | 1 | 机械工程 | 是 |
| 76 | Li | Jen-Kieon | 03.06.1902 | Ning-Juen(宁远?) | 15.11.1923 | 3 | 化学 | 是 |
| 77 | Yü | Tung-Jün | 15.04.1902 | Canton(广东) | 19.11.1923 | 3 | 化学 | |
| 78 | Lin | Tai-chen | 10.08.1897 | Chungking(重庆) | 24.04.1924 | 1 | 土木工程 | |
| 79 | Yip | Chuk-Lam | 27.06.1901 | Jaishan | 05.05.1924 | 11 | 机械工程 | |
| 80 | Dschang | Ko-Wie | 21.01.1900 | So-Son | 12.05.1924 | 1 | 土木工程 | |
| 81 | Liu | Cien Jeh | 02.10.1902 | Fukien(福建) | 15.05.1924 | 11 | 机械工程 | |
| 82 | Ku | Ching Kang | 15.05.1901 | Kneichow | 06.06.1924 | 4 | 电气工程 | |
| 83 | Chao | Schuiling | 02.05.1905 | Schanshu | 01.10.1924 | 11 | 土木工程 | |
| 84 | Wu | Tschangki | 25.10.1902 | Peking(北京) | 07.10.1924 | 4 | 机械工程 | 是 |
| 85 | Yang | Ching | 22.07.1903 | Fo-Nin | 13.10.1924 | 8 | ? | |

① 应为丁天雄(1903—?),1928 年至 1929 年间加入兵工署。根据麦劲生(《留德科技精英、兵工署和南京政府的军事现代化》,《上海大学学报(社会科学版)》2006 年第 3 期,第 104 页)的说法,丁天雄在勃来劳斯(Brauenschweig,今天译为布伦瑞克)就读,与其在柏林工业大学仅注册 1 个学期相吻合。

续表

| | 姓 | 名 | 生日 | 出生地 | 注册日期 | 就读学期 | 专业 | 是否毕业 |
|---|---|---|---|---|---|---|---|---|
| 86 | Dschon | Fanoj Schi① | 05.09.1901 | Haimen(浙江海门?) | 14.10.1924 | 11 | 机械工程 | |
| 87 | Lin | Su Jü | 21.04.1903 | Shanghai(上海) | 16.10.1924 | 4 | ? | 是 |
| 88 | Hsing | Dschi Tscheng | 22.06.1900 | Peking(北京) | 27.10.1924 | 4 | 电气工程 | 是 |
| 89 | Chisang | Sin Zoo | 26.08.1904 | Changchow (江苏常州?) | 29.10.1924 | 7 | 电气工程 | |
| 90 | Chang | Mao Lin | 07.04.1898 | Anchien(安徽安庆?) | 23.10.1924 | 0 | 机械工程 | |
| 91 | Loo | Sin-Chow | 03.02.1903 | Hangshien-Chekiang(浙江) | 04.11.1924 | 3 | 电气工程 | |
| 92 | Tong | Fu Schun | 13.04.1900 | Kantien | 05.11.1924 | 1 | 化学 | |
| 93 | Shen | Cheng | 28.02.1901 | Kashing(浙江嘉兴?) | 15.11.1924/ 02.11.1925 | 2/9 | 通用科学 | 是 |
| 94 | Tschang | Tschouin Ki | 24.06.1899 | Pugi | 18.11.1924 | 5 | 机械工程 | |
| 95 | Pei | Wu-Cheng | 06.10.1904 | Mukden(沈阳) | 14.04.1925 | 3 | 电气工程 | 是 |
| 96 | Poon Wan | Hei Böhne | 25.01.1904 | China(中国) | 25.04.1925 | 11 | 矿山 | |
| 97 | Dschu | Guan Tzei | 21.10.1900 | Si-Tschuan(四川) | 15.05.1925 | 1 | 土木工程 | 是 |
| 98 | Huang | Hsien-bao | 06.01.1899 | Nanking(南京) | 19.05.1925 | 11 | 土木工程 | |
| 99 | Yen | Chuchang | 24.05.1904 | Shanghai(上海) | 14.10.1925 | 2 | 建筑 | 是 |
| 100 | Tsai | Juse | 02.04.1898 | Chansi | 20.10.1925 | 5 | 矿山 | |
| 101 | Hsü | Hai-Yü | 18.07.1902 | Chausi-Dutan | 29.10.1925 | 2 | 机械工程 | |
| 102 | Kiang | Tah | 25.04.1896 | Kiangsu(江苏) | 09.12.1925 | 1 | 机械工程 | |
| 103 | Chang | Hung Ju | 16.08.1898 | Faku(沈阳法库?) | 13.04.1926 | 9 | 矿山 | |
| 104 | Yang | Chun-Yüan | 11.02.1901 | Faku(沈阳法库?) | 19.04.1926 | 7 | 机械工程 | |
| 105 | Tschung | Dschon Ju | 21.10.1894 | Anhui(安徽) | 30.04.1926 | 5 | 化学 | 是 |
| 106 | Wang | Schi Lien | 13.07.1901 | Kwangtung(广东) | 04.10.1926 | 6 | 电气工程 | |
| 107 | Wang | Tsung-Shung | 01.05.1901 | Stuchow(江苏苏州?) | 05.10.1926 | 1 | 电气工程 | 是 |
| 108 | Yon | Ke Weng | 02.07.1907 | Kenthi | 06.10.1926 | 8 | 电气工程 | |

① 应为周芳世(1903—?),在南京政府期间加入兵工署。

**续表**

| | 姓 | 名 | 生日 | 出生地 | 注册日期 | 就读学期 | 专业 | 是否毕业 |
|---|---|---|---|---|---|---|---|---|
| 109 | Hsien | Chung Hsi | 29.08.1902 | Shansi(陕西) | 16.10.1926 | 4 | 机械工程 | |
| 110 | Li | Tiän-Kui | 10.11.1902 | Canton(广东) | 10.11.1926 | 8 | 土木工程 | |
| 111 | Tao | Shin-Kin | 11.08.1904 | Yulin(广西玉林?) | 07.12.1926 | 5 | 矿山 | 是 |
| 112 | Shen | Chemen | 12.01.1902 | Shanghai(上海) | 19.01.1927 | 2 | 化学 | |
| 113 | Sung | Linfang | 28.04.1905 | Shanghai(上海) | 02.03.1927 | 2 | 电气工程 | |
| 114 | Lao | Dung-lai | 22.09.1899 | Tung-Krun | 01.10.1927 | 4 | 机械工程 | |
| 115 | Tsai | S. K. | 27.12.1905 | Peking(北京) | 14.10.1927 | 6 | 电气工程 | |
| 116 | Chin | Tung Ping/ Georg | 15.05.1908 | Peking(北京) | 18.10.1927 | 0 | 电气工程 | |
| 117 | Dscheng | Guan-Hsiung | 11.08.1908 | Ningpo(宁波) | 24.10.1927 | 6 | 电气工程 | |
| 118 | Jen | Dia Kun | 10.09.1909 | Kiangsu(江苏) | 26.10.1927 | 6 | 电气工程 | |
| 119 | Cheng | Kia-Siang | 09.08.1907 | Peking(北京) | 27.11.1927 | 5 | 机械工程 | |
| 120 | Wang | Thomson | 10.06.1898 | Tchonfu | 10.12.1927 | 6 | 电气工程 | |
| 121 | Chin | Ankoku | 01.05.190 | "Formosa"(日据台湾) | 27.04.1928 | 3 | 电气工程 | |
| 122 | Tschen | Yim Sung | 02.10.1903 | Szechwan | 23.05.1928 | 1 | 机械工程 | 是 |
| 123 | Fu | Hewei-Chuen | 22.05.1902 | Hsuan-Han | 29.10.1928 | 2 | 矿山 | 是 |
| 124 | Li | Dsu-bing | 02.01.1909 | Shanghai(上海) | 06.11.1928 | 4 | 电气工程 | |
| 125 | Huang | Chang-Tong | 18.11.1906 | Jung-Jen-Kwangoi | 13.04.1929 | 2 | 矿山 | |
| 126 | Cheng | Hsue Chih | 26.06.1903 | Chung-Shaw | 15.05.1929 | 3 | 化学 | |
| 127 | Chia | Ming Chin | 18.03.1906 | Shansi Wau-Chuan(陕西) | 15.10.1929 | 2 | 电气工程 | 是 |
| 128 | Yang | Sik Chin | 09.02.1904 | Kuangsi(广西) | 21.10.1929 | 1 | 航空 | 是 |
| 129 | Li | Cheng-Yuan | 28.12.1904 | Zu-Tsching | 01.11.1929 | 2 | 土木工程 | |
| 130 | Leng | Siu Fai | 07.11.1909 | Canton(广东) | 01.11.1929 | 2 | 土木工程 | |
| 131 | Yän | Tjing Ling | 20.07.1907 | Shanghai(上海) | 01.11.1929 | 2 | 电气工程 | 是 |
| 132 | Wang | Tao | 18.03.1903 | Kiangsu(江苏) | 29.11.1929 | 2 | 矿山 | |
| 133 | Dseng | Guang-Lang | 29.10.1907 | Kanton(广东) | 27.12.1929 | 2 | 矿山 | |
| 134 | Wang | Nan-Yüan | 14.04.1906 | Tschen-Deian | 26.04.1930 | 1 | 通用科学 | 是 |
| 135 | Chi | Jakob-Hsi | 09.02.1909 | Peking(北京) | 21.05.1930 | 1 | 船舶制造 | |

　　在 1919 年至 1930 年注册就读柏林工业大学的学生中,就读时间最短者 0 个学期(仅注册未就读),最长者 16 个学期,平均就读 4.2 个学期,比 1905 年至 1918 年的数据减少了近 2 个学期。取得毕业学位的 54 人,占总人数的 41%,比起 1905 年至 1918 年的情况有了明显的下降。这一时期的柏林留学生中有着复杂的背景组成,既有一心求学取得学位的公派学子,也有家境富裕的自费留学生,更有以留学为掩护从事爱国革命的政党人士。另外,20 世纪中期北洋政府曾一度中断奖学金,也是一些留学生被迫离开德国的原因。综上所述,这一时期的毕业比例大为下降是一系列时代背景因素共同作用的结果。在宗教背景信息栏中,135 位学生中登记了宗教信息的有 33 人,其中仅有 18 人自我标签为"儒家",9 人登记为基督教或天主教徒,5 人登记为佛教徒,另有 10 人登记为"无(宗教)信仰"。这一认同的变迁也从侧面反映了五四运动以后中国年轻学子在中西碰撞中文化身份心理上的变化,也印证了一些同时代资料对这一时期留德学生生活方式"西化"的描述。在专业分布上,最受欢迎的专业依次是:机械工程(38)、电气工程(30)、化学(22)、矿山(17)、土木工程(16)、建筑(5)、船舶制造(3)、通用科学(2)、航空(1)及冶金(1)。

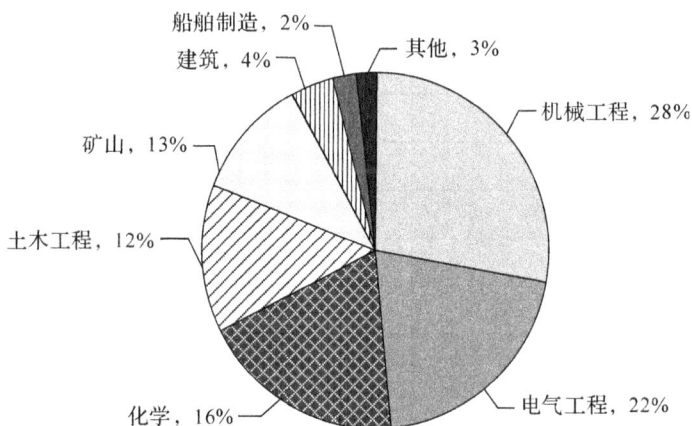

**图 3-3　1919—1930 年柏林高等技术大学入学的中国学生专业分布**[①]

　　除了 181 名(1905 年至 1918 年 46 人,1919 年至 1930 年 135 人)注册正式专业学习的中国学生,1905 年至 1927 年的档案记录中,还有 39 名中国籍学生登记为旁听生。名录如表 3-7 所示:

---

　　① 来源:柏林工业大学档案馆,由本书作者整理。

表 3-7　1905—1927 年柏林高等技术大学中国旁听生名录①

| | 姓 | 名 | | 姓 | 名 |
|---|---|---|---|---|---|
| 1 | Chow | Shaoking | 21 | Mao | Niko |
| 2 | Gin | Shin-Cho | 22 | Pao | Orlando |
| 3 | Hu | Schienying | 23 | Pei | Wu-Cheng |
| 4 | Lan | Shin-Chiek | 24 | Shen | Cheman |
| 5 | Lee | Ching-lu | 25 | Su | Ying Wong |
| 6 | Li | Newton J. | 26 | Tan | Willy |
| 7 | Li | Tsu-Wu | 27 | Tang | Fu Schun |
| 8 | Li | Jen Kieon | 28 | Teng | Shi chang |
| 9 | Liau | Fuja | 29 | Tong | Fu Shun |
| 10 | Lin | Cien Yeh | 30 | Tsai | S. K. |
| 11 | Lin | Hinosung | 31 | Tschu | Lin-Gen |
| 12 | Lin | Schien Hin | 32 | Tsui | Djing-Yung |
| 13 | Lin | Su Yü | 33 | Tung | Poming |
| 14 | Lin | Tai Chen | 34 | Wang | Jen-Sian |
| 15 | Liu | Ankon | 35 | Wang | Kang |
| 16 | Liu | Cien Jeh | 36 | Wang | Pao-Ho |
| 17 | Lo | Funglin | 37 | Wang | Tao |
| 18 | Loo | Sin-Chow | 38 | Wang | Thomson |
| 19 | Lu | Chenng Nen | 39 | Zi | Oliver |
| 20 | Lü | Chih-Wha | | | |

　　尽管 1935 年之后的中国学生入学学籍信息已无法追寻,仍有部分院系零星幸存的档案留存下来,向我们展示着当年留德学子的足迹,以及他们在大时代动荡中的生活轨迹。在柏林工业大学零星仅存的纳粹时期的少量学生证原件中,仅有一张中国面孔(见图 3-4)。这是一位名叫 Cheng Pei-Hsin(程佩馨,音译)的女学生,其 1908 年 11 月 22 日生于湖南衡山,于 1938 年 4 月 28 日在柏林工业大学正式注

---

① 　数据来源:柏林工业大学档案馆,由本书作者整理。旁听生的信息登记非常简单,仅有名字,没有籍贯、专业等信息。

册,学号为 1047,专业为化学(博士就读)。当时德国纳粹党已经上台,在学生证的学费缴纳凭证上到处可见纳粹的徽章。她从 1938 年夏季学期入学后一直到 1941/1942 年冬季学期最后一次缴纳学费,加上最后一个学期申请的"休假"(Urlaub),一共在柏林工业大学学习了 10 个学期。在欧洲战事正酣、日本侵略者仍横行中华大地的 1942 年,这位时年 34 岁、面容清秀、神情刚毅的女学生,以休假方式暂时告别了大学。

在柏林工业大学另外存档的硕果仅存的几份中国博士研究所答辩档案中,笔者极为巧合地找到了程佩馨的博士学位申请资料,从而得知了她在离开德国前令人惋惜的故事。从资料中得知,程佩馨从 1925 年 9 月至 1931 年间就读于国立北平大学应用化专业,并于 1931 年取得硕士学位。1932 年至 1937 年她在上海"中央研究院工程所"任研究助理。1937 年 11 月起她在柏林工业大学就读,并在 1940 年 5 月成功转为博士研究生。她在 1942 年 4 月 27 日递交了题为"对低温下无铅和无硼釉料的研究"(Beitrag zur Kenntnis der blei-und borfreien Glasuren für niedrige Temparturen)的博士论文。根据当时化学专业的博士学位章程,她需要通过两门副专业考试,其中的第二副专业考试中,她以"良好"成绩通过,但在同一天举行的第一副专业考试中,她却因多次"回答错误"没能通过考试,从而遗憾地失去了当年 7 月博士毕业的机会。根据考试章程,她还有一次补考的机会。从学生证信息看,她申请了休假,应该是离开了德国,但并未注销学籍,必定抱有回来继续学业的想法。事实上,她一直到 1945 年战争结束也没有再回来注册。

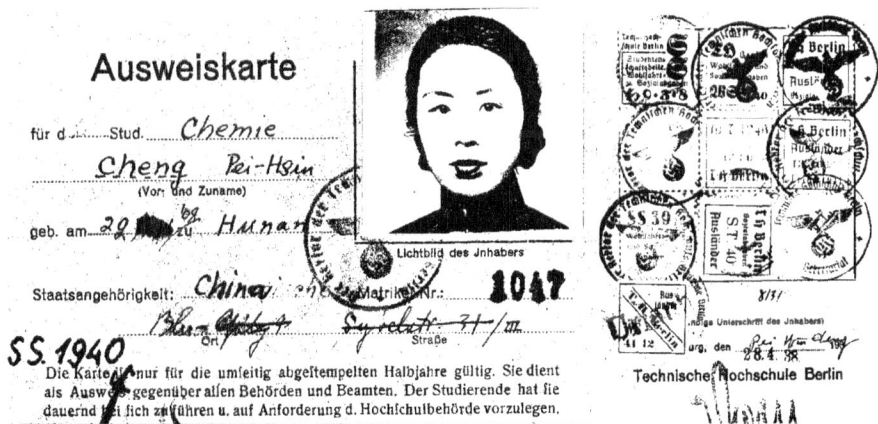

图 3-4 纳粹时期柏林工业大学学生程佩馨的学生证①

① 来源:柏林工业大学档案馆,高校历史资料编号 709,第 5 号。左为正面,右为背面。

在她的导师所写的博士论文评语中，最后一段话令人印象深刻："我个人想提醒关注的是，尽管对她的丈夫和两名年幼的孩子有着如此难过的担忧，并且面临着语言①上的困难，程女士还是以令人钦佩的耐力和韧性完成了工作。"②在考试失利、德国和中国正处于战乱和动荡的白热化境地的时刻，她在此时回国，是否难以排解心中郁闷，又急于为了与家中幼子和丈夫团聚？她在离开德国回到中国的路上究竟有着什么样的遭遇？她的所学是否如她所愿最终找到了报国之路？或者，她的故事是否就像千千万万在当时遍布世界各国的华人一样永远淹没在了时代的巨流中？程佩馨的故事很可能已无法再追溯，但这张面庞和她的眼神却在笔者脑海中久久萦绕。无论是贩夫走卒还是天之骄子，当时的留德华人群体均无一例外地面临着人生的艰难抉择。一些人幸运地在战争岁月中幸存下来（如同样在柏林工业大学就读并获得博士学位的何泽慧和毕业于哥廷根大学的季羡林），回国以后报国有门，成为新中国建设的栋梁；更多的他们的同龄人却已经化为了史料中的数字，尘封了曾经鲜活的面孔，令人感慨不已。

与这位湖南女学生同一时期在柏林工业大学求学的还有另一位被誉为"中国的居里夫人"、我国著名的核物理学家何泽慧先生。何泽慧（1914—2011），我国著名女核物理学家，是两弹一星元勋钱三强的夫人。她生于江苏苏州，1936年在清华大学物理系毕业后，到德国柏林高等技术大学③军工技术系④攻读弹道学方向的博士学位，1940年获工学博士学位，为当时该校军工技术系毕业的唯一的女性外国博士。⑤ 1942年，她到海德堡威廉皇家学院核物理研究所工作。第二次世界大战爆发后滞留德国，1946年到法国巴黎与钱三强结为夫妻，期间二人在居里夫妇的实验室共同发现了铀的三分裂和四分裂现象，引起国际科学界的巨大反响。1948年二人一同回国。何泽慧是中科院近代物理研究所的创建者之一，也是中国原子能物理事业的重要开创者。图3-5这张由院系保存的珍贵的博士学位证书就

---

① 注：指德语。

② 柏林工业大学档案，高校历史资料编号301，第9号。

③ 当时仍称为柏林高等技术大学，1946后改称柏林工业大学。

④ 该系存在于1933年至1945年，在纳粹时期培养了许多军工专业人才，战后被取消。

⑤ 根据本书作者在柏林工业大学档案室找到的资料显示，何泽慧博士于1940年6月7日获得博士学位。由于地处柏林市中心，柏林工业大学学生档案被毁严重，军工系（Wehrtechnische Falkultät）仅剩下少数几份博士毕业证书存底，其中就有何泽慧先生的，不能不说是一件幸事。

是何泽慧(注册名 Ho Zah-Wei)当年在柏林期间研究能力出类拔萃的明证。证书显示,何泽慧的名为"一种借助光电扣动扳机的弹速测量"①的博士论文于 1940 年 6 月 7 日通过博士答辩,获得工学博士头衔。

**图 3-5　何泽慧先生在柏林工业大学获得工学博士学位的证书②**

档案中还找到了另一位优秀中国学生的硕士学位和博士学位证书,在此一并展示原状。图 3-6 是一位名为 Jan Hui-Yuan(严辉元,音译)的辽宁籍学生,他于 1939 年 9 月获得了工程学硕士学位。仅仅在 1 年半以后,他就在 1941 年 5 月 14 日以优异成绩又获得了矿山及冶金系授予的工程学博士学位,其博士论文为《镁—锰和镁—锰—铈合金的再结晶曲线图》。③

事实上,整个 20 世纪 30 年代,尤其在纳粹德国时期,从柏林工业大学走出了众多工程学的中国博士。上面的 Jan Hui-Yuan 博士仅为其中佼佼者的一位代表,而他的学位证书同样因为幸运地未在战争中损毁,使我们今天仍得以一见原貌。在中华人民共和国成立后 1955—1980 年入选中国科学院的 469 名学部委员中,有 6 人就是在 1936 年至 1944 年间在柏林工业大学获得博士学位的。他们分别是赵

---

　　①　原文为德语,由本书作者译为中文。

　　②　来源:柏林工业大学档案馆,军工技术系,未编号。证书主要信息为:何泽慧博士证书,1940 年 6 月 7 日。

　　③　原文为德语,由本书作者译为中文。

宗燠(1939)、陈永龄(1939)、夏坚白(1939)、何泽慧(1940)、徐士高(1944)和张维(1944)。[①] 即使在战争时期,当年的这些留学先驱也没有忘却自己的使命,而是更为发奋图强,成为科技兴邦的实践者和引领者。他们的故事和人生轨迹也成为研究近现代中国留德学人历史和群像的重要佐证。

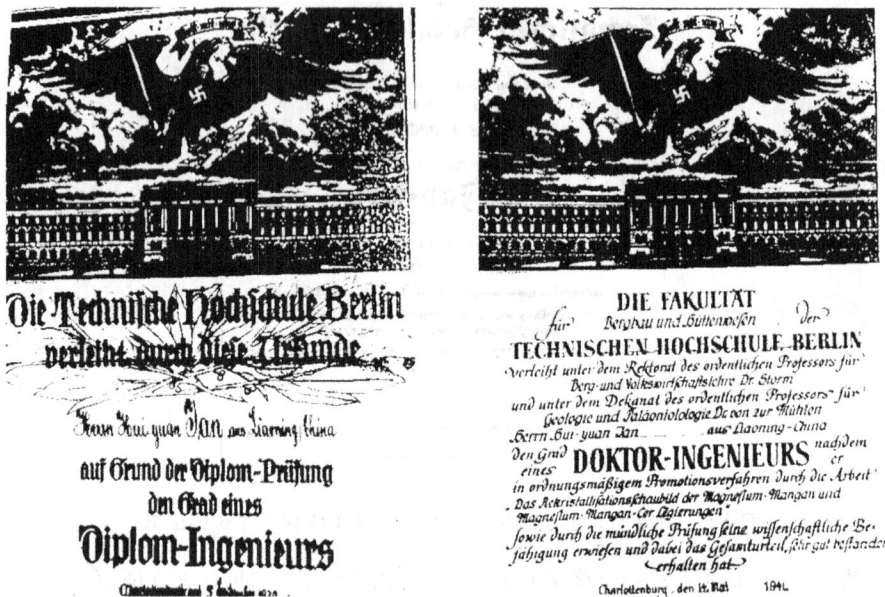

图 3-6　毕业于柏林工业大学的严辉元的硕士和博士学位证书[②]

---

① 详见表 3-4。

② 来源:柏林工业大学档案馆,高校历史资料编号 709,第 486 号。

# 第四章　当代德国华人新移民

## 第一节　改革开放后的新移民潮及欧洲的华人新移民

1949 年中华人民共和国成立后,主要由于国内政治环境的变化以及对外政策的收紧,从中国移民海外的活动经历了较长时间的停滞。国内的对外贸易主要通过香港进行,出国人员基本上限于公务出国。近现代以来持续的中国海外移民行为基于政治原因经历了急剧的转折。1966 年至 1976 年"文化大革命"期间,大陆居民移居海外的现象几乎完全中断。直到 1978 年中国改革开放政策实施后,有规模的对外移民才重新出现,这一新的有规模对外移民潮一般被认为是第三次中国海外移民潮。改革开放后,对外新移民群体的目的国家也从传统的移民流向地拓展至欧洲大陆几乎所有国家、南美洲和非洲大陆等新地区。一方面,传统的移民流向地北美洲在大陆对外移民潮停滞的时候仍不间断地接收我国香港和台湾等地区的移民,并在改革开放后继续成为大陆新移民的重要迁入地区。与此同时,另一些传统移民的流向地东南亚国家如印度尼西亚、马来西亚和新加坡等,由于当地的政治环境在某些特定历史时期不利于当地的华裔移民发展,对大陆新移民群体不再具有吸引力,失去了其作为中国海外移民曾经最重要的移民目的地的地位。

在第三次移民潮的新参与者中,最具代表性的是来自新兴移民大省浙江省的移民,其中很大一部分移民的移居动机与近现代的劳工输出多为躲避战乱和贫困不同,新一代移民主要为了追求更好的生活和"迅速致富"的愿景。① 改革开放后,与老一代华人华侨相比,新移民及其后代呈现出高学历、高技能、高参政意识的特点,改变了传统华人华侨社会的构成,并影响着海外华人社会的未来。欧洲是改革开放后中国新移民的主要迁移目的地之一,而浙江籍移民无论从规模上还是从特色上都构成了这一新移民潮流的重要地缘群体,他们在西欧各国的华人新移民群体中所占比重甚至远超半数。

20世纪后半叶出现的第三次中国海外移民潮是1978年中华人民共和国实施改革开放之后的产物。有关中国海外新移民的问题也成了中国侨务工作的新领域和侨务研究的新热点。第三次中国海外移民潮的参与者一般被认定为"中国新移民",泛指在1978年以后从中国(包括大陆、台湾、香港和澳门)向外移民,并在国外居留至少一年,无论其是否保留中国国籍的华人。② 这一定义尤其对华人新移民主要流向地欧洲的海外华人研究具有重要意义。事实上,在学界讨论中,改革开放政策是否是中国移民流的转折点仍旧有争议,因为虽然来自中国大陆的海外移民潮在新中国成立后直至改革开放前丧失了连贯性,但来自我国香港和台湾(在20世纪50年代和60年代主要迁移至美国、大洋洲和英国)的移民潮却没有受到影响。本书认为,由于移民路径和流向的复杂性,在分析移民区域的主要目标时,应该辩证地、有针对性地采用对中国"新移民"的定义。针对以德国为移居国的移民群体而言,应采用宋全成的定义,并基于目前德国华人绝大多数为改革开放后来自中国大陆的特点,将侧重点放在以中国大陆为来源地的新移民群体上。

对于改革开放后新移民潮的具体规模,学界已进行了大量调研和分析,为我们掌握这一群体的数量提供了大致能够相互印证的实证基础。根据国务院侨办的一项调查,从1978年至2008年的30年间,移民海外的中国人数量超过1000万。③ 另据联合国经济和社会事务部的统计,中国内地在海外的移民第一代人数从1990年的约408.6万人增长到了2000年的549.4万人,10年间的增幅达到34.5%。④

① Li, Minghuan:"To get rich quickly in Europe!" Reflections on migration motivation in Wenzhou//Hong Liu (ed.):The Chinese Overseas. London/New York:Routledge,2006.

② 宋全成:《欧洲的中国新移民:规模特征的社会学分析》,《山东大学学报》(哲学社会科学版)2011年第2期,第144页。

③ 庄国土:《世界华侨华人数量和分布的历史变化》,《世界历史》2011年第5期,第13页。

④ 王辉耀、苗绿:《海外华侨华人专业人士报告》(2014),北京:社会科学文献出版社,2014年,第166页。

据朱慧玲的研究统计,自 20 世纪 70 年代至 21 世纪初,移居发达国家的新华侨、华人和华人再移民共计 400 万~500 万人,其中来自中国大陆的新移民超过 170 万人,去向为美国的有 50 万人,去向为加拿大的有 20 万人,去向为澳大利亚的有 10 万~20 万人,去向为欧洲的有 70 多万人,去向为日本的有 17 万人。中国大陆之外的华人移民包括香港外迁移民 75 万人,台湾外迁移民近百万人,印支三国华人再移民约 70 万人。① 从中可见,改革开放后 30 年内的中国大陆新移民最重要的迁入地为欧洲,占总移出人口的 40% 以上。自 20 世纪 80 年代开始,欧洲一直是中国海外新移民重要的流向地。随着中欧贸易关系加强,许多欧洲大陆国家中——特别是法国、意大利、荷兰、德国以及后来的西班牙——来自中国大陆的新移民数量持续上升。据宋全成统计,在 1978 年之后,截至 2008 年年底,移居欧洲的中国新移民人数在 260 万和 320 万之间,其中 170 万住在意大利、西班牙和法国。② 李明欢对中国新移民各主要流向地进行了更为细致的基于移入国官方数据的统计,截至 2011 年的主要结论有:美国 1970 年至 2007 年新增的华人移民大约为 200 万人,加拿大 1971 年至 2006 年新增来自中国境内(包括台湾和香港)的华人共计 733370 人,澳大利亚 2006 年的中国新移民大约有 30 万人,同年新西兰的中国新移民总计有 7.5 万人左右,英国截至 2007 年的华人新移民数量大约为 36 万人,意大利 2006 年的中国新移民及其家属将近 15 万人,西班牙 2008 年的中国新移民及其家属超过 12 万人,法国 2005 年的中国新移民(包括入籍与未入籍,不包括印支华裔)总数约为 15 万人,亚洲的日本和新加坡到 21 世纪初分别接纳中国新移民 30 多万人和约 50 万人。③ 宋全成则考虑到非法移民的数量,并参考欧洲华侨华人社团的数据,对各大欧洲华人移民移入国在 2014 年的华人总人数进行了估算,结论为法国 80 万~100 万人、英国 50 万~60 万人、俄罗斯 30 万~35 万人、意大利 28 万~30 万人、荷兰 16 万~20 万人、西班牙 16 万~18 万人、德国 15 万~

---

① 朱慧玲:《21 世纪上半叶发达国家华侨华人社会的发展态势》,《华侨华人历史研究》2002 年第 2 期。

② 宋全成:《欧洲的中国新移民:规模特征的社会学分析》,《山东大学学报》(哲学社会科学版)2011 年第 2 期,第 144 页。

③ 李明欢:《国际移民政策研究》,厦门:厦门大学出版社,2011 年,第 284-286 页。李明欢的统计中尚无来自德国的数据,将在本章内予以补充完整。

18万人。①

　　受限于一些国家对移民的统计标准并不统一,从目前已知的新移民主要迁入国家数据中,无法挖掘出更为具体的信息。如在涉及华人移民的统计数字中,无法判断其中来自中国大陆的新移民群体的具体数量,也无法确认以留学为目的的"留学移民"群体是否被所在国家列入移民数据统计,以及已入籍移民(及其入籍后代)的数量,同时无法确认大量非法移民的真实数量。无论官方统计机构还是研究学者的数据,仍有较大的差异存在。基于中国海外新移民数量一直保持着较快的增速,针对这一群体的统计数据需要不间断进行更新。根据欧洲统计局(Eurostat)2015年的统计(见表4-1),欧盟28国中中国公民数量最多的7个国家分别为英国、法国、荷兰、德国、意大利、奥地利和西班牙。数据仅限于合法的、未入籍的华人移民(及其后代),同时不包括来自香港和台湾地区的华人移民。因此该数据并不能覆盖中国在欧移民群体的全部规模。

表 4-1　中国公民数量最多的欧盟国家(2015 年)②

| 国家 | 中国公民数量/万人 | 占所在国人口比例 |
| --- | --- | --- |
| 英国 | 25 | 0.42% |
| 法国 | 22.5 | 0.38% |
| 荷兰 | 12.75 | 0.82% |
| 德国 | 10 | 0.12% |
| 意大利 | 7 | 0.12% |
| 奥地利 | 4.1 | 0.51% |
| 西班牙 | 3.5 | 0.09% |
| 比利时 | 2.3 | 0.23% |
| 瑞典 | 1.28 | 0.14% |

　　① 宋全成:《欧洲中国海外移民的规模、特征、问题与前景》//王辉耀主编:《国际人才蓝皮书:中国国际移民报告2014》,北京:社会科学文献出版社,2014年,第194-195页。

　　② 来源:Eurostat:Migration and Citizenship Database 2015.

从近年来中国公民在欧盟国家的居留许可的原因分布可以看出(见表 4-2),英国是中国新移民在欧洲最为青睐的目的地之一,它尤其在教育领域有着非常显著的吸引力。意大利和西班牙则由于移民环境相对较为宽松,针对家庭团聚的居留许可数量在欧盟国家中位居前列,同时,意大利向中国公民发放的工作居留许可数量为所有欧盟国家之最。德国由于执行相对较为严苛的移民政策,针对家庭团聚的居留许可数量有限,但其特点是在教育领域和工作领域发放的居留许可数量均位居欧盟国家的前三名,这在某种程度上反映了德国吸引高素质的留学生和较高层次的移民群体的政策导向。

表 4-2　中国公民在欧盟国家内居留许可及原因分布(2013 年)[①]

| 排名 | 国家 | 数量 | 占 28 个欧盟国家颁发的总居留许可比例 |
|---|---|---|---|
| 居留许可总计 | | | |
| 1 | 英国 | 72949 | 44.06% |
| 2 | 意大利 | 19967 | 12.06% |
| 3 | 法国 | 16409 | 9.91% |
| 4 | 德国 | 13654 | 8.25% |
| | 其他 | 42590 | 25.72% |
| | 总共 | 165569 | 100% |
| 家庭原因 | | | |
| 1 | 意大利 | 9 114 | 26.52% |
| 2 | 西班牙 | 6 887 | 20.04% |
| 3 | 英国 | 3 550 | 10.33% |
| 4 | 法国 | 3 020 | 8.79% |
| | 其他 | 11 800 | 34.33% |
| | 总共 | 34 371 | 100% |

①　来源:Knerr, Béatrice:Chinesen in Europe:from the 17th century to present day. An overview//Knerr, Béatrice,Fan, Jieping(ed.):Chinese Diasporas in Europe. History, Challenges, and Prospects. Kassel:Kassel University Press,2015:13.原表数据来源为欧洲统计局。

**续表**

| 排名 | 国家 | 数量 | 占28个欧盟国家颁发的总居留许可比例 |
|---|---|---|---|
| 教育原因 | | | |
| 1 | 英国 | 63 550 | 64.07% |
| 2 | 法国 | 10 454 | 10.54% |
| 3 | 德国 | 7 945 | 8.01% |
| 4 | 意大利 | 4 636 | 4.67% |
| | 其他 | 12 603 | 12.71% |
| | 总共 | 99 188 | 100% |
| 工作原因 | | | |
| 1 | 意大利 | 5 530 | 24.02% |
| 2 | 英国 | 3 062 | 13.30% |
| 3 | 德国 | 2 761 | 11.99% |
| 4 | 西班牙 | 1 902 | 8.26% |
| | 其他 | 9 772 | 42.44% |
| | 总共 | 23 027 | 100% |

　　1978年以后的新移民浪潮一方面是中国实行改革开放的产物,另一方面也反过来促成了新时代下合法移民政治框架条件的形成。除了改革开放政策,新移民潮形成的原因同时还在于一系列的结构性影响因素。首先,技术的快速进步和经济全球化加快了国际劳动力的迁移;其次,国际移民链的发展在国际移民浪潮的持续中扮演了重要角色,并成为自1978年开始的中国大陆新移民迁移的重要路径;最后,随着中国的经济发展,一些先富起来的富裕阶层拥有了足以支撑自己从事全球化商业活动,或离境寻求更有吸引力的工作前景的经济实力。与先前的移民潮相比,这些因素增强了对潜在移民动机的刺激。投资移民也成了近年来中国高收入富裕阶层首选的海外移民方式。此外,中国外部的因素也起到了作用,例如迁移目的国的移民政策经历了重大变化,或移民输出国或目的国移民政策为非法移民

合法化提供了可能性。① 这些因素都刺激了新移民移居海外工作、生活的决定形成，并为其在海外的合法创业、生活奠定了法律基础。②

改革开放后移居海外的新移民浪潮的重要特点是移民动机、模式和路径的多样性。从移民动机来看，新移民潮最重要的一个特征是"自愿移民"（voluntary emigrant）成为移民群体中的最重要组成部分。近现代以来的传统移民无论出于何种动机移民海外，基本上都受到时代的大变革背景的直接影响，无论是天灾、贫穷、战乱，还是人多地少、资源枯竭，绝大多数老一代移民都是被迫离乡背井，将出国作为摆脱贫穷、保障生计、应对家乡资源短缺的方式。他们以青春赌未来，运气好者衣锦还乡，一般人靠海外所得寄回家乡养家糊口，运气差者客死他乡，永绝回乡之路。时代的飘摇注定了传统华侨的出国之路绝非自愿，而是不得已的选择。改革开放后的第三次移民潮中，参与者在国内的生存环境早已今非昔比，其出国的主要动机也变为了追求更好的资源、事业和个人生活，更有甚者是为（子女）追求更好的教育资源和投资环境，甚至仅仅为了逃避中国大陆实行的计划生育政策，成为"生育移民"。移民路径的多样化明显地体现在投资性移民和休闲性迁移在总体对外移民数量中比重的增加上。但与此同时，以难民身份进入迁入国并寻求获得正式移民及劳工身份的新移民也从未间断。③

从移民模式而言，移居欧洲的中国大陆新移民，以温州和青田移民最为典型。一方面，旧有的连锁移民模式（chain migration）继续，这一模式也是中国老侨乡模式的延续。每一代移民海外的人都成为侨乡"走出去"文化的流动实践者，他们在站稳脚跟后帮助家族成员和同乡抵达自己的移民目的地，并在当地紧密合作，共同发展。另一方面，出现了新的家庭作坊"模块"，由自己和最能信赖的核心人际资源圈子满足最基本的劳动力需求和最低限度的资本需要。④

---

① 庄国土、张晶盈认为，推动中国大陆人口移民海外的政策因素主要有两方面：一是开放和鼓励留学的政策，二是地方政府鼓励对外移民，一些地方官员甚至默认非法移民。见庄国土，张晶盈：《中国新移民的类型和分布》，《社会科学》2012年第12期，第5页。

② Li Minghuan: "To get rich quickly in Europe!" Reflections on migration motivation in Wenzhou//Hong Liu (ed.): The Chinese Overseas. London/New York: Routledge, 2006.

③ 李明欢：《国际移民政策研究》，厦门：厦门大学出版社，2011年，第274页。根据李明欢的追踪调查，大多数以难民身份进入迁入国的中国新移民属于以寻求庇护为手段，以实现移民身份合法化为真正目的的情况。

④ 孔飞力：《他者中的华人：中国近现代移民史》，李明欢，译，南京：江苏人民出版社，2016年，第361-362页。这一模块运作的代表模式为潮汕人和温州人的"做会"。

从新移民的背景而言,新移民的平均教育程度与过去相比有显著提高,同时,高技术移民在工作移民中的比例也继续提高,出现了所谓的移民"精英趋势"。这一趋势的出现也很大程度上扭转了移居国社会对华人移民的群体印象。[1] 同时,20世纪80年代至21世纪初,以海外留学生为代表的高层次人才外流也是新移民潮的一个重要特点。根据中国教育部统计,从1978年至2002年年底,中国大陆共有58万多人出国留学,其中85%～90%为自费留学生,留学目的地主要为北美、欧洲和澳大利亚。这一庞大的留学人群中,最终回国的只有15万多人,大多数为公费出国留学者。[2]

进入21世纪以来,新移民的目的地和移民类型都更加多样化。以下几种类型的人群迁移更加普遍:寻求海外工作机会的技术性人才、旨在提高自身国际竞争力的留学生——包括公费和自费、从事海外商业投资的商人等。[3] 新移民中,特别是高技术职业人才表现出明显增加的能力和社会自信。[4] 许多新移民在出国前受到过良好的教育,不少人有着较强的外语能力,能更好地融入所在国社会。许多人出国前已经掌握的职业技能使他们能获得较为体面的海外职业,拥有更为自信的社会地位。新移民还展现出更强烈的融入当地社会的愿望,并比传统移民在政治参与领域表现得更为活跃。

从新移民的家庭特征而言,改革开放后的新移民潮中,一些人的身份与前两次移民潮相比有了新的标签。近现代赴欧移民潮中,经历二次世界大战留在欧洲的部分老一代侨民经过几十年的艰苦努力,积累了一定的财富和实业规模,他们的第二代多通过家庭团聚方式移居海外接管第一代移民的财富和事业。与第一、二次移民潮中赴欧移民不携带妻儿,以海外挣得的钱寄回家乡养家糊口,心中长存衣锦

[1] 第二次世界大战结束以后至20世纪70年代末,欧洲的华人移民以两类群体为代表,一类是劳工移民及从事小商业活动的家庭团聚移民,另一类是冷战开始后来自亚洲中南半岛地区的华人华裔难民,他们属于再迁移民群体。从移民类型上讲,他们属于被移入国所不希望并严格限制的移民类型。这些移民社群在很大程度上影响了移入国主流社会对华人移民的群体印象。参见宋全成:《欧洲中国海外移民的规模、特征、问题与前景》//王辉耀编:《国际人才蓝皮书:中国国际移民报告2014》,北京:社会科学文献出版社,2014年,第197页。

[2] 庄国土、张晶盈:《中国新移民的类型和分布》,《社会科学》2012年第12期,第5页。

[3] Shen, Wei:China in the global migration order—Historical perspectives and new trends. Asia Europe Journal,2010(8):26.

[4] 桂世勋:《海外华侨华人及其对祖(籍)国的贡献》//丘进主编:《华侨华人研究报告(2011)》,北京:社会科学文献出版社,2011年。

还乡梦的老一代侨民不同,新移民群体的乡土观念发生了很大的变化,"衣锦还乡"固然还是一个强烈的移民目的,但安土重迁、"落叶归根"的心态已经大为减弱。

新移民潮的参与人数远比前两次移民潮要多。在中国改革开放后出现的大陆新移民潮中,以脱贫致富的欲望、浓厚的侨乡移民文化和移民意识、被流入国的移民政策吸引为主要移民原因[①]的浙江籍移民从规模上也构成了这一新移民潮流的重要地缘群体。根据欧洲浙江华侨的主要流出地温州市公安局的有关资料,该局1982 年至 1983 年受理申请出国 5469 人,批准发照 4508 人,1984 年至 1994 年批准发照人数则迅速攀升到了 71048 人。[②] 如算上异地申请和非法移民的人数,则实际同期移民海外人数应远超此数。从他们的出国途径来看,合法的移民路径为出国继承财产、协助经商、家庭团聚、探亲、劳务输出、留学进修、边境贸易、企业驻外等,非法移民路径有以探亲、旅游、考察等名义出国逾期不归,以及通过"蛇头"偷渡出国等延续或新生的非法移民方式。

# 第二节　战后德国的移民政策

德国[③]在二战结束后的外来移民潮始于 20 世纪 50 年代,并根据其移民政策的重点可以分为四个阶段。第一个阶段为主要针对被称为"客籍劳工"(Gastarbeiter)的劳动移民引入政策时期。二战结束后,德国在重建国家的过程中面临劳动力严重短缺的问题。为解决这一问题,联邦德国政府从 1955 年开始招募大批外国劳工,[④]分别与意大利(1955)、西班牙和希腊(1960)、土耳其(1961)、摩洛哥(1963)、葡萄牙(1964)、突尼斯(1965)以及南斯拉夫(1968)等国家签订了引进劳工协议。招募的外来劳工主要在工业生产企业就业,尤其是本国人不愿意承担的艰苦行业领域,以

---

① 李明欢:《欧盟国家移民政策与中国新移民》,《厦门大学学报》(哲学社会科学版)2001年第 4 期。

② 温州华侨华人研究所:《温州华侨史》,北京:今日中国出版社,1999 年,第 104 页。

③ 由于原东德(民主德国)在外来移民政策上执行相对封闭的政策,因此对战后同期德国移民政策的研究一般将原民主德国忽略。本节中的"德国"概念使用如无特别备注,均指原西德(联邦德国)。

④ 民主德国在几乎同期也引入了一定数量的协议外国工人,主要来自越南、波兰、莫桑比克、苏联、匈牙利等地,合计约 19 万人,从人数上无法与联邦德国的客籍劳工潮相比,并且民主德国的协议工人必须在工作期满后回国,也无法申请家庭成员团聚,因此几乎没有移民群体的社会融入问题。

填补由于战争导致的劳动力空缺。迅速增加的劳动力为德国 20 世纪 60 年代起出现的经济奇迹做出了巨大的贡献。最初的客籍劳工多为不携带家眷的年轻男性，但之后数十年中，不仅客籍劳工数量飞速增加，伴随客籍劳工进入德国的家庭成员也随之大幅增长，给德国的人口结构带来了深刻的影响。如 1960 年德国总居住人口中的外国人比例仅为 1.2%，1970 年这一比例已上升到 4.9%。[1]

20 世纪 60 年代末以后，来自土耳其和南斯拉夫的外籍劳工大量涌入，成了联邦德国"客籍劳工"群体中最重要的组成部分。联邦德国的招募外国劳工政策在 1973 年正式停止，但原有劳工中，愿意留下继续就业的可以申请获得长期居留和家庭成员赴德团聚许可。这一政策导致联邦德国的外国劳工数量从 1973 年的 260 万人下降到 1989 年的 160 万人，但外国人数量却从 1973 年的 397 万人上升到 1989 年的 490 万人。德国战后开始的客籍劳工招募潮，只涉及从欧洲南部国家和土耳其、南斯拉夫迁移至德国的劳动移民，除了个别从意大利和西班牙被招募至德国工作的华裔工人，基本与华人向德国的有规模迁移无关。[2]

1961 年在德国仅有 68.6 万外国人，占人口总数的 1.2%，这一数字到 1989 年已经上升为 500.7 万，占当时德国总人口的 8%。两德统一后，由于加入了前东德的数据，外国人口比例有所下降，但此后外国人口比例均维持在一个较为稳定的水平。2015 年，德国的外国人数量达到 792 万，占总人口的 9.7%。拥有德国国籍的人口中，还有大量人口有移民背景。仅 2009 年德国人口中具有移民背景的人数就已达到 800 万人，占当时总人口的 9.7%。[3] 考虑到同年的 730 万外国人数量（8.8%），具有移民背景的人口在总人口中的比例达到 19.6%，比 2005 年的 18.6% 上升了 1.0%，即几乎每五个居住在德国的人中就有一个是外国人或者具有移民背景的德国人。2009 年，德国人口中拥有移民背景的人数首次超过 1600 万人，达到 1604.8 万人。另据联邦统计局 2010 年 6 月中旬的数据，拥有移民背景的人口中最大的两个群体来自土耳其（300 万人）以及苏联国家（290 万人），其次是

---

① Butterwegge, Carolin: Von der "Gastarbeiter"—Anwerbung zum Zuwanderungsgesetz. Migrationsgeschehen und Zuwanderungspolitik in der Bundesrepublik. bpb, 2005.

② 宋全成：《欧洲移民研究——20 世纪的欧洲移民进程与欧洲移民问题化》，济南：山东大学出版社，2007 年。

③ Schäfer, Thomas, Institut für empirische Wirtschafts-und Sozialforschung, Brückner, Gunter: Soziale Homogenität der Bevölkerung bei alternativen Definitionen für Migration. Wiesbaden: Statistisches Bundesamt, 2009:1048.

前南斯拉夫和波兰(各 150 万人)、意大利(83 万人)和希腊(40 万人)。2012 年,拥有移民背景的德国人口平均年龄为 34.7 岁,而非移民背景人口的平均年龄为 45.6 岁。[①] 可以预计,这一趋势在未来还将持续下去(见表 4-3)。

表 4-3 1961—2015 年德国外国人口数量及比例[②]

| 统计时间 | 总人口 | | | 外国人口 | | | |
|---|---|---|---|---|---|---|---|
| | 总数(万人) | 男(万人) | 女(万人) | 总数(万人) | 占比(%) | 男(万人) | 女(万人) |
| 西德地区 | | | | | | | |
| 1961 - 06 - 06 | 5617.48 | 2641.34 | 2976.15 | 68.62 | 1.22 | 47.27 | 21.34 |
| 1989 - 12 - 31 | 6267.90 | 3023.64 | 3244.26 | 500.72 | 7.99 | 274.11 | 226.61 |
| 统一后的德国 | | | | | | | |
| 1990 - 12 - 31 | 7975.32 | 3850.00 | 4125.33 | 558.24 | 7.00 | 308.06 | 250.17 |
| 1995 - 12 - 31 | 8181.75 | 3982.48 | 4199.27 | 734.28 | 8.97 | 402.69 | 331.59 |
| 2000 - 12 - 31 | 8225.95 | 4015.65 | 4210.30 | 726.76 | 8.83 | 387.42 | 339.34 |
| 2005 - 12 - 31 | 8243.80 | 4034.00 | 4209.80 | 728.91 | 8.84 | 376.65 | 352.26 |
| 2010 - 12 - 31 | 8175.16 | 4011.24 | 4163.92 | 719.89 | 8.81 | 366.90 | 353.00 |
| 2015 - 12 - 31 | 8145.90 | 4002.94 | 4142.95 | 791.74 | 9.72 | 412.00 | 379.74 |

注:节选,其中 1961 年及 1989 年数据仅限于原西德地区。

据德国联邦内政部(Bundesministerium des Innern)与移民及难民局(Bundesamt für Migration und Flüchtlinge)共同发布的《2012 移民报告》[③],从 1991 年到 2012 年,正式登记的外来移民数量达到 415.7 万人,同一时间段向外移民的德国公民为 286.1 万人。从 2013 年至 2015 年,外来移民数量为 446.7 万人,同一时期向外移

---

① Bundesministerium des Innern, Bundesamt für Migration und Flüchtlinge: Migrationsbericht 2012, 2014 - 01.

② 来源:德国联邦统计局 2016《2015 人口与就业:外国人口》。Statistisches Bundesamt: Bevölkerung und Erwerbstätigkeit. Ausländische Bevölkerung 2015. Wiesbaden, 2016:26-27. 由本书作者整理。

③ Bundesministerium des Innern, Bundesamt für Migration und Flüchtlinge: Migrationsbericht 2012, 2014 - 01.

民的德国公民为 265 万人,由移民带来的人口增长为 113.9 万人。[1] 仅 2013 至 2015 年三年时间的外来移民数量就超过了之前 21 年的总和。

在战后德国移民政策的第一阶段,针对外国人的法律框架主要为 1965 年开始实行的《外国人法》(Ausländergesetz)。《外国人法》于 1965 年 4 月 28 日通过,1965 年 10 月 1 日生效,是之后长达 40 年中德意志联邦共和国针对外国人居留身份的一部专门法律。之后该法在经过 1990 年的修订和 2004 年的最后一次修订后,于 2005 年 1 月 1 日正式失效。《外国人法》将外国人定义为"并不具有德国国籍的人"[2]。该法的主要规定有:外国人在德国的居留必须获得居留许可证,居留许可证被分为居留许可(Aufenthaltserlaubnis)、居留权利(Aufenthaltsberechtigung)、居留准许(Aufenthaltsbewilligung)和居留权限(Aufenthaltsbefugnis)等四种类型。

根据该法第 18 条,如果外国人拥有居留权利或被承认为政治避难者;或拥有居留许可,在入境时与配偶已结婚,并在第一次申请居留许可时已注明;或生于联邦地区;或作为未成年人入境,拥有无期限的居留许可或居留权利,合法地在联邦地区逗留了八年以上并成年,则政府必须发给外国人的配偶居留许可。如果外国人及其配偶合法地在联邦地区共同生活了四年以上,则在夫妻式共同生活解除之后,配偶的居留许可作为独立的居留权得到延长。

根据该法第 20 条"孩子的迁入",对于政治避难者未成年未婚的孩子必须按照第 17 条签发给居留许可,如果父母中的另一方也拥有居留许可或居留权利或已死亡,并且孩子还未满 16 周岁,也必须按照第 17 条签发给居留许可。另外,如果该孩子掌握德语,或其至今所受的教育和生活的方式保障了其能适应德意志联邦共和国的生活方式,则也可以按照第 17 条签发给外国人未成年未婚的孩子居留许可。在联邦地区出生或作为未成年者入境的外国人,可以偏离第 17 条第(2)款第 3 点签发给其未成年未婚的孩子居留许可,前提是其生活不领取公益金而能得到保障。居留许可的签发不受接受奖学金、助学金及类似建立在交费基础上的公共基金的影响。

《外国人法》第 24 条对"无期限的居留许可"进行了下列规定:如果外国人满足下列条件,其居留许可可延长为无期限:

———————————

[1]　Bundesministerium des Innern, Bundesamt für Migration und Flüchtlinge: Migrationsbericht 2015,2016:30.

[2]　领事及外交机构人员以及根据该法享有迁徙自由(Freizügigkeit)的人,尤其是欧盟国家公民除外。

(1)拥有了五年以上的居留许可；

(2)是受雇者并拥有专门的工作许可；

(3)拥有其他允许他从事持久工作所需的许可证；

(4)能够以简单的方式用德语进行口头交流；

(5)自己和一起生活的家庭成员有足够的居住面积；

(6)不存在驱逐出境的理由。

如果该外国人不工作，则居留许可仅被延长，前提是其生活费用通过本人的财产或其他资金，或通过领取失业金，或至少还有六个月通过领取失业救济金得到保障。

第27条对外国人获得的"居留权利"进行了详细规定。如果外国人拥有居留许可八年以上；或三年以来拥有无期限的居留许可，并在此之前拥有居留权限；通过本人的工作、本人的财产或其他本人的资金，生活费用得到保障；至少已经60个月义务地或自愿地交了法定的退休金保险费，或有证明表示有资格从一个保险或供养机构获得类似的养老金；最近三年内未因蓄意犯罪被判处六个月以上的少教或徒刑及同等惩罚，则必须签发给外国人居留权利。

根据该法第85条对于外国人加入德国国籍的规定，16～23周岁的外国人申请加入德国国籍必须放弃现有国籍、在德国境内合法居留满8年、在德国境内上学满6年，其中至少受过4年普及教育，并未因刑事犯罪而被判过刑。根据第86条，对于1995年12月31日前在德国境内合法居留满15年的外国人，如未因刑事犯罪而被判过刑，同时有能力承担本人及需其赡养之家属的生活费而不占用社会救济金或事业救济金的长期居留外国人可以申请入籍。[①]

第二阶段的德国战后移民政策侧重点为"外来劳动力的整合"[②]，主要集中在1973年至1979年。1973年联邦德国政府停止招募客籍劳工，当时德国劳工人口中的外国人数量为260万。最初招募客籍劳工时的劳动力"轮换原则"（Rotationsprinzip）[③]在实践中并未生效，取而代之的是越来越多的客籍劳工家属

---

① 池正杰：《德国〈外国人法〉及其对中德民间交往的影响》，《德国研究》1995年第1期，第6～7页。

② Butterwegge, Carolin: Von der "Gastarbeiter"—Anwerbung zum Zuwanderungsgesetz. Migrationsgeschehen und Zuwanderungspolitik in der Bundesrepublik. bpb, 2005.

③ 指德国政府原计划中的外国青壮年劳动力到期回国后继续轮换招募新一批劳动力有限期地在德国工作。

要求获得德国家庭团聚目的居留许可进入德国。随着外来移民的数量迅速上升，移民融入问题在德国社会中受到了日益上升的关注。

第三阶段从 20 世纪 80 年代开始至 21 世纪初，这一阶段移民政策的主要特点为移民门槛提高和移民政策收紧。东欧剧变之后，许多原居住于苏联加盟国家和其他东欧国家的德国后裔大量回流。据统计，从 1988 年到 1991 年，这一回流人群的数量大约为 120 万，成为德国外来移民中数量上仅次于土耳其裔移民的第二大群体。在巨大的移民压力之下，德国政府于 20 世纪 90 年代初大幅收紧了移民政策，给新的外国移民进入德国制造了更为严格的门槛。1990 年 7 月 9 日（1991 年起正式实行），德国内政部发布了《重新调整外国人权利法》，该法包含"外国人入境和居留法""联邦哺育金法的修正"等共 15 章。其中《外国人法》对外国人进入德国、在德居留、长期居留以及入籍的规定比之前的移民法令明显收紧。1992 年 7 月起，德国开始实行《难民法》（Asylgesetz），1993 年修改了其中的避难法条文，明确了避难权的适用范围，加快了遣送出境程序的进展速度，使申请避难人数大幅下降。①

第四阶段为 21 世纪后至今的移民政策，以加强对移民的管理和促进融入、加大高层次人才引入力度为特点。这一阶段的重要法律框架变化为 2005 年 1 月 1 日起开始生效的《移民法》（Zuwanderungsgesetz），从而取代了此前针对外国人的《外国人法》。《移民法》的第一部分，也是重要组成部分为"居留法"。德国的移民政策到 21 世纪初发生新转向最直接的原因是人口结构的快速变化，总人口持续萎缩，劳动人口尤其是高技术领域的劳动力人口缺口日益增大。德国政府从 21 世纪初开始从法律框架上逐步修改《外国人法》，放宽移民限制。2004 年 7 月，新的《居留法》（全称为《关于控制限制移民和规定欧盟公民、外国人居留与融合事宜之法》）（Gesetz zur Steuerung und Begrenzung der Zuwanderung und zur Regelung des Aufenthalts und der Integration von Unionsbürgern und Ausländern，简称 Aufenthaltsgesetz）通过了联邦议院和参议院的投票，并于 2005 年 1 月 1 日正式启用，取代之前执行了 40 年的《外国人法》，成为德国外国人取得居留许可，以及德国针对外来移民的最重要法律依据。该法对外国移民获得德国工作和居留许可的有关规定，为德国的人才引进战略奠定了最重要的法律基础。新的《居留法》取消了《外国人法》中对于居留许可的四种区分，代之以"落户许可"（Niederlassungserlaubnis）和"居留许可"（Aufenthaltserlaubnis）。

① 雨春：《德国的移民策略》，《国际人才交流》2010 年第 4 期，第 12 页。

《居留法》规定,外籍高层次人才获得德国工作许可主要可以通过三种方式:一是技术移民渠道;二是针对普通外国人(包括留学生)的工作许可;三是具有投资意向的外国人可以在获得居留许可三年后获得落户许可。

《居留法》第9条规定,在满足下列条件时,外国人可以被颁发无限居留许可:

(1)拥有居留许可超过五年;

(2)生活来源得到保障;

(3)义务或者自愿缴纳至少60个月的法定医疗保险或在保险或医疗机构进行同等投保;

(4)并不存在违反公共安全或考虑其至今在各联邦州的居留情况存在的危险;

(5)如果身为雇员,其工作关系是合法的;

(6)拥有长期从事相关工作所需的其他许可;

(7)拥有足够的德语知识;

(8)拥有对德国法律及社会规定以及关系生活的基本知识;

(9)自己拥有和与之共同居住的家庭成员拥有足够的居住空间。

2006年德国政府调整了《居留法》第16条第4款的规定,外国的高校毕业生可以在毕业后申请为期1年的求职居留许可(Aufenthaltserlaubnis zur Arbeitsplatzsuche)。这一规定实施后,同年获得求职居留许可的外国人为2031人,2007年上升2856人,2008年为3753人,2009年为4418人,2010年截至10月底为4321人,呈稳步上升趋势。[1]

2009年1月1日起,德国针对技术性外来劳动力再次实行了新的规定,在《居留法》中加入了第18a条规定,即在德国接受职业教育或者大学毕业的外国人如果获得了与自己专业资质相符的工作岗位,可以无须重新签证,直接申请获得工作居留许可。《居留法》第18b条规定,毕业于德国高校的外国人如满足以下条件,则可获颁发"落户许可":

(1)持有根据该法第18、18a、19a或21条的合法居留身份达两年;

(2)拥有和其毕业文凭相匹配的工作岗位;

(3)至少缴纳24个月的法定养老保险或自愿保费或获得同等保障;

---

① Deutscher Bundestag Drucksache 17/4784: Anwort der Bundesregierung auf die Kleine Anfrage der Abgeordneten Sabine Zimmerman, Jutta Krellmann, Sevim Daǧdelen, weiterer Abgeordneter und der Fraktion DIE LINKE, 2011 - 02 - 15.

(4)满足第 9 条相关规定。

第 18c 条对此前《外国人法》中的相关规定进行了改革,规定取得了德国高校或被同等承认的外国高校毕业文凭,并且生活来源得到保障的外国人可以获得最长为 6 个月的居留许可,以寻找与其资质相匹配的工作岗位。但这一居留许可不允许直接工作。根据此前 1965 年颁布、1990 年更新、2004 年 12 月 31 日失效的《外国人法》,在德国大学毕业的外国留学生必须在获得学位后离开德国,然后在满一年期限后才能重新申请赴德国的工作签证,这在很大程度上限制了毕业于德国高校教育体制的专业人才进入德国劳动市场,同时工作许可的申请存在处理过程冗长、动辄需要等待数月的问题。新的《居留法》大幅改革了原有规定,为德国高校毕业生及具有同等学力的国外高校毕业生进入德国就业市场创造了更为便利的条件。

《居留法》第 19 条另外规定了针对高层次人群(Hochqualifizierte)的无限期居留许可(也称"落户许可",Niederlassungserlaubnis)的颁发条件:

(1)一名高层次的外国人可以在特别情况中获得无限居留许可,当联邦劳工署根据本法第 39 条同意,或根据本法第 42 条,或根据国家间协议不需要劳工署同意也可以颁发,同时该外国人不借助国家救助使融入德国的生活关系得到保障。

(2)第一款中规定的高层次人群尤其适用于

1)具有特别专门知识的科学工作者;

2)具有较高职位的教职人员或者具有较高职位的研究人员。

居留法第 19a 条为向高层次专业人才发放欧盟"蓝卡"的规定(根据欧盟 2009 年 5 月 25 日通过的 2009/50/EG 号决议,自 2012 年起正式实施)。该条规定来自非欧盟国家的外国人在从事高技术工作时可以申请欧盟蓝卡(Blaue Karte EU),条件为:申请人拥有德国或被德国承认的外国高校毕业文凭,或具备至少 5 年的相关工作经验并达到高校毕业同等水平;经过联邦劳工署同意或基于国与国之间协议则无须联邦劳工署同意;薪酬的年收入水平满足一定的基本条件,具体门槛由联邦劳动及社会福利部决定。相关的年收入门槛规定从最早的 86400 欧元一度下降为 66000 欧元。之后基于德国越来越突出的专业人才缺口问题,2010 年德国政界开始提出降低高技术移民人才获得长期居留门槛的建议,时任德国联邦教育部部长、基民盟的沙万(Anette Schavan)在 2010 年提出,需要马上降低当时规定的 66000 欧元年收入门槛,并认为长远来看甚至应该取消外来人才在取得长期居留时的收入门槛。2016 年这一门槛已调整为 49600 欧元(紧缺领域降低为 38688 欧元)。

第 21 条针对自主经营的移民,也是有投资倾向的外来移民获得居留许可的法律依据。该条规定,外国人从事自主经营获得相关居留许可需要满足的条件有:其经营意向具有经济上的意义或者满足地区需求;对当地经济可预期有积极的贡献;通过自有资产或贷款许可可以保障运营的财务需要。该条的附加条件还对申请者的情况进行了具体的规定,如 45 岁以上的申请者需要拥有相应的养老保障,获批者首先获得最长为期三年的有限居留许可,在期满后依据对其商业行为是否成功以及其家庭收入状况的评估,决定是否发放长期居留许可。

《居留法》还引入了《外国人法》中没有的"融合课程"(Integrationskurs),旨在"促进和要求在德国合法长期居住的外国人融入德意志联邦共和国的经济、文化和社会生活"。融合课程包括一个基础性的和一个拓展性的语言课程,以及普及德国法律、文化及历史知识的入门课程。根据该法第 44 条规定,第一次获得工作目的、家庭团聚目的、人道主义原因以及无限居留许可的外国人可以提出参加一次融合课程的要求。课程由政府支付费用。《居留法》还规定,在德国外国的工作许可必须由外国人事务局颁发,同时联邦劳工署参与其中。德国研究者认为,这部法律体现了德国政府在融入和移民政策方面的新思维。[①]

除了德国国内的法律框架,目前欧盟范围内针对国际移民的主要专门性法律文件为《申根一揽子协定》,包括 1985 年 6 月 14 日由比利时、卢森堡、荷兰、德国和法国共同签订的逐渐消除共同边境的《申根协定》;1990 年 6 月 19 日比利时、卢森堡、荷兰、德国和法国签订的 1985 年《申根协定》的实施条约;有关国家加入上述两个文件的议定书和协议。从 1999 年 5 月 1 日起,《申根一揽子协定》被纳入欧盟法律体系之中。《申根一揽子协定》对于欧盟内人员流动的主要适用规定为:(1)取消共同边境的检查;(2)制定穿越外部边境的条件、统一规则和检查程序;(3)统一短期境内停留的条件;(4)协调边境监督管理;(5)确定承运人责任,打击非法移民;(6)非欧盟公民从一国迁移至另一成员国需要提出声明;(7)申根国家警察享有对穿越边境行为的监视和追踪的权利;(8)加强司法合作;(9)建立申根信息系统。另外,1990 年 6 月 15 日签订、1997 年 9 月 1 日生效的《确定国家对庇护申请负有审查义务的条约》(《都柏林条约》)是欧盟成员国内申请难民庇护时所适用程序的条约。[②] 体现欧盟内部移民领域重要立法革新的欧洲理事会第 2004/38/EC 号指令

---

① Seiber, Holger, Wapler, Rüdiger: Aus dem Ausland kommen immer mehr Akademiker. In: Institut für Arbeitsmartktund Berufsforschung: IAB-Kurzbericht, 2012(21): 1-8.

② 郝鲁怡:《欧盟国际移民法律制度研究》,北京:人民出版社,2011 年,第 97-98 页。

以立法的形式确定了欧盟层面对欧盟永久居留权利的设立。享有永久居留权的主体是"满足永久居留权取得条件的欧盟公民和欧盟公民的不具有成员国国籍的家庭成员"。该指令第16条第(1)及第(2)款规定,在欧盟一成员国合法连续居留五年的欧盟公民在该国享有永久居留权。与欧盟公民连续共同合法居留达五年的家庭成员,即使不具有成员国国籍,亦享有永久居留权。[1]

一方面,德国的合法外来移民人口已经接近800万,占总人口的将近10%;另一方面,在柏林墙倒塌及东欧剧变之后,来自相邻东欧国家如波兰、捷克、匈牙利等国的相当数量的劳动力以非正规途径进入德国工作,这些非法移民的人数在21世纪初就已达到50万~110万。[2] 在这样的现实情况下,德国尽管并未实行积极的吸引外来移民(尤其是非技术性移民)政策,但实际上已经成了一个移民国家。在人口持续负增长、劳动人口比例萎缩的背景下,德国政府近年来着手调整移民政策,正视移民现状,加大促进移民社会融入与职业技能培训力度,目的在于通过移民劳动力人口的输入满足德国劳动力市场的需求。

# 第三节　第三次中国留德学生潮

第二次世界大战结束以后,德国分裂为德意志联邦共和国(西德)和德意志民主共和国(东德),两个德国分属以美国为首的西方阵营和以苏联为首的东方阵营。两个德国并存和对峙的局面直到1989年11月9日柏林墙倒塌和1990年10月3日德国重新统一才告结束。从1949年至今,中德之间的学术交流历经了中国与西德的交流全面中断、1966年至1976年的"文化大革命"等几次波折后,中国学生留学德国群体在步入21世纪前后出现了近现代以来的第三次持续至今的热潮。

从中华人民共和国成立后,到中国与德意志联邦共和国于1972年10月11日建交之前,中国赴德留学生的流向地为德意志民主共和国。这一时期的中国赴德

---

① 郝鲁怡:《欧盟国际移民法律制度研究》,北京:人民出版社,2011年,第128页。

② Stephen Castles: Guestworkers in Europe. A Resurrection? International Migration Review, Vol. 40, No. 4, 2006:760f. 转引自李明欢:《国际移民政策研究》,厦门:厦门大学出版社,2011年,第135页。

留学生为政府选派，人数不多，且保持较为稳定的幅度。从 1953 年到 1965 年，共有约 300 名中国学生被派到东德留学，这一数字为同期被派往苏联留学人数的近 30 倍。[①] 另据统计，从 1949 年到 50 年代末，共有 237 名中国公派留学生到东德留学，从 1959/1960 年度学成回国的公派留学生数据中，可以看到中国赴东德留学生的主要专业组成：日耳曼语言文学（16）、物理（10）、建筑（10）、机械制造（6）、电气工程（5）、国民经济（4）、医学（3）、航空（3）以及历史（2）。[②]"文革"开始后，中国与东德之间的学生交流中断，直到 20 世纪 80 年代后才重新发展起来。1985 年 9 月 26 日，中国与民主德国签署了《德意志民主共和国与中华人民共和国关于博士生、硕士生和本科生交流与录取协议》，两国学生交流领域获得了新的制度化框架并重回正轨。从 1987 年至两德重新统一为止，中国每年最多派遣 50 名青年留学生到东德，其中 15 人获得东德政府提供的奖学金，35 人获得中国政府提供的奖学金。[③]

随着 1978 年中国改革开放政策的实行，出国留学的政策性框架条件重新正常化。根据中国和德意志联邦共和国建交后签署的文化协定，1979 年 3 月，同济大学留德预备部正式成立，其作为国家教育部设立在同济大学的留德预备学校，主要为赴德语国家学习工作的人员进行出国前的德语和跨文化培训。[④] 1982 年德意志联邦共和国第六任总理赫尔穆特·科尔上任之后，随着科尔实施"以接近求改变"的实用主义对华政策，两国在经贸、政治、社会、文化、教育领域的合作均开启了新的篇章，一系列中德合作框架性协议被签订，中德教育交流机制平台得到建立。科尔在 1984 年向德意志联邦共和国联邦议会递交的报告中称："作为一个高度发达的工业国家之一，德意志联邦共和国做好了全面进行技术转让的准备。我们可以成为中国已有产业现代化以及新产业发展的合作伙伴。"[⑤]他还认为两国应在"政

---

① Meng, Hong: Das Auslandsstudium von Chinesen in Deutschland (1861—2001). Frankfurt am Main：Peter Lang，2005：121.

② SAPMO-BArchiv, DR 3/2791,1,转引自 Meng, Hong：Das Auslandsstudium von Chinesen in Deutschland (1861—2001). Frankfurt am Main：Peter Lang，2005：142.

③ Meng, Hong: Das Auslandsstudium von Chinesen in Deutschland (1861—2001). Frankfurt am Main：Peter Lang，2005：146.

④ 来源：同济大学留德预备部网页 http://dk.tongji.edu.cn/5586/list.htm.

⑤ Leutner, Mechthild（ed.）：Politik, Wirtschaft, Kultur：Studien zu den deutsch-chinesischen Beziehungen. Münster：LIT Verlag，1996：238. 由本书作者译为中文。

治、经济和科技文化领域进行稳定和长期的合作"。[①] 在这样的背景下,从 20 世纪 80 年代开始,除了在国家各部(如当时的德意志联邦共和国研究与技术部和中国科学技术国家委员会)层面的框架协议合作,许多德国的研究机构也开始为双边科技合作打开了大门,其中具有代表性的机构有:德意志研究联合会(DFG)、马克斯·普朗克学会、德国技术合作公司(GTZ)、卡尔·杜伊斯堡协会、德国国际合作基金会、亚历山大·冯·洪堡基金会和政党基金会等。同时期文化教育领域的交流重要事件为主要从德意志学术交流中心和洪堡基金会获得资助的中国留学生和学者开始在 20 世纪 80 年代批量赴德国进行深造和学术交流。1988 年,德意志联邦共和国开始在中国设立歌德学院分院,为中德之间的语言文化交流,尤其是中国赴德留学生的德语预备教育提供了更多的平台。

20 世纪 80 年代以留学为目的到达德国的第一批中国留学生,基本都为公派或者获得德国高校及研究机构奖学金赴德进修,很大一部分在学成后留在了德国。在十年"文化大革命"结束不久的中国,物资匮乏,百废待兴,无论从个人的物质生活条件还是从事业发展方面来说,留在发达的西方国家都对这一代留学生具有很大的诱惑力。他们也可以被认为是中国改革开放后第一批高技术移民。最先的这一批留学生中有的进入德国企业工作,有的自己创业,也有一部分转行从事餐馆、贸易等与传统非技术移民有所交集的职业。

20 世纪 90 年代,随着德国统一后总理科尔的两次访华,中德两国签署了一系列加强两国社会、文化、教育领域交流的协定,中国赴德自费留学生所需的留学保证金大幅降低,非常有效地刺激了中国自费赴德留学人数的迅速增长。从 2000 年前后开始,自费留学生成为在德中国留学人群中数量最大、发展最迅猛的群体。这一时期签订的两国政府间协议《中华人民共和国政府与德意志联邦共和国政府关于相互承认高等教育等值的协定》(2002)是中国在此领域内与西方教育发达国家签署的第一个同类政府间协定。

2005 年大联合政府上台执政后,德国总理默克尔延续了科尔和施罗德时期的对华教育交流政策,将加强德国高校和研究机构与中国研究机构的联系和提高德国对于中国留学生的吸引力视为人才战略考量的重点,并将中国留学生视为潜在

---

① Lian, Yuru: Bestimmungsfaktoren der Westeuropapolitik Chinas. Die Beziehungen der Volksrepublik China zur Bundesrepublik Deutschland in den 80er Jahren. Frankfurt a. M. [u. a.]: Lang, 1995:142.

的"宣传德国的大使",期待这一群体回国后能促进中德两国之间的合作。① 默克尔时期对促进中国赴德国留学的重要新举措将科尔时代设立的总理奖学金从此前的面向美国和俄罗斯学生拓展到中国留学生。

图 4-1 中的数据均为在德意志联邦共和国(1989 年以前)的中国留学生数量。可以看到,在经历了改革开放初期只有每年数百人的中国留德学人规模、20 世纪90 年代留学生数量的平稳增幅后,在 2000 年以前,中国留德学生数量已经达到6500 人左右的规模。这一数字在之后的两年迅速上升,年均保持了 50% 左右的快速增长,在短短数年内,中国留学生成为德国最大的外国学生群体。2007 年之后,中国留德学生数量基本保持稳定,并有轻微下降。到 2009 年,在德国高校注册就读的中国留学生已达到 26785 人(见表 4-4),同年在中国共有 72 所高校开设德语或日耳曼语言文学本科专业,学生约为 36000 人,为中国赴德留学人数的持续增长形成了一个稳定的基数。同时期的中德两国高校(包括应用技术大学)之间的校际合作超过了 500 项。②

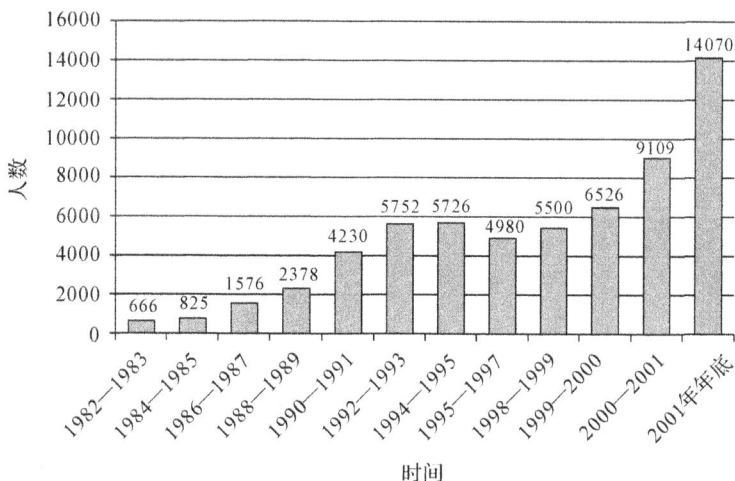

图 4-1　1982—1983 年冬季至 2001 年年底在德国高校注册的中国学生数量变化③

---

① Merkel, Angela: Rede vor der Deutschen Handelskammer am 23. Mai 2006 in Shanghai. 默克尔于 2006 年 5 月 23 日在上海的德国商贸协会演讲。

② 来源:德国外交部网站 http://www. auswaertiges-amt. de/diplo/de/Laenderinformationen/China/ Bilateral. html♯t7.

③ 来源:Meng, Hong: Das Auslandsstudium von Chinesen in Deutschland(1861—2001). Frankfurt am Main:Peter Lang,2005:174.原图数据来源于德国联邦统计局。

表 4-4　2007—2011 年在德国留学的中国学生人数①

| 指标 | 2007 年 | 2008 年 | 2009 年 | 2010 年 | 2011 年 |
|---|---|---|---|---|---|
| 人数 | 27374 | 26721 | 26785 | 26524 | 23676 |
| 占国际留学生比例 | 22.8% | 22.5% | 22.3% | 21.9% | 21.1% |

在经历了 2008 年至 2011 年较为稳定的数字发展后，近几年留学德国人群再次经历高峰期，2015/2016 年秋冬学期在德国高校就读的中国学生达到了创纪录的 32268 人（见表 4-5）。

表 4-5　2015—2016 年秋冬学期在德中国留学生数量②

| | 总计 | 男 | 女 | 首次入学 | | | 首次专业学期 | | |
|---|---|---|---|---|---|---|---|---|---|
| | | | | 总计 | 男 | 女 | 总计 | 男 | 女 |
| 中国内地 | 32268 | 16168 | 16100 | 7922 | 3650 | 4272 | 8802 | 4055 | 4747 |
| 中国香港 | 96 | 61 | 35 | 40 | 20 | 20 | 41 | 22 | 19 |

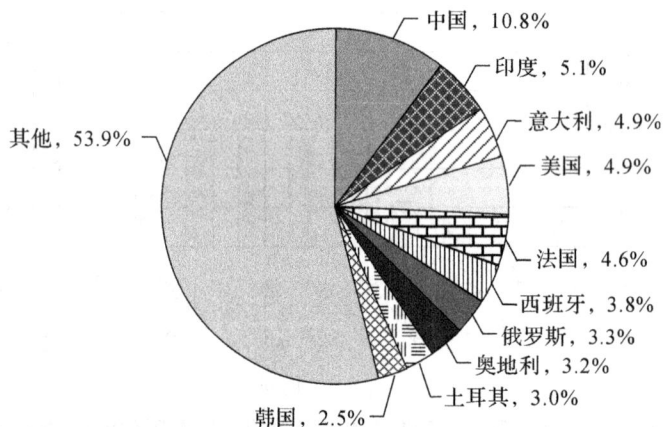

图 4-2　2015 年德国高校外国留学生来源③

中国，10.8%
印度，5.1%
意大利，4.9%
美国，4.9%
法国，4.6%
西班牙，3.8%
俄罗斯，3.3%
奥地利，3.2%
土耳其，3.0%
韩国，2.5%
其他，53.9%

---

①　来源：Immigration of International Students from Third Contries.转引自王辉耀，苗绿：《中国海归发展报告(2013)》，北京：社会科学文献出版社，2014 年，第 164 页。

②　来源：Statistisches Bundesamt: Bildung und Kultur. Studierende an Hochschulen. Wintersemester 2015/2016. Wiesbaden, 2016.经本书作者整理。

③　来源于德国联邦内政部，德国联邦移民与难民署：《德国移民报告 2015》，2016 - 12：77。

2015 年在德国新注册入学的外国大学生统计人数为 99087,从图 4-2 可见,其中最大的来源国为中国,占国际留学生总数的 10.8%。如仅考虑非欧盟的第三方国家留学生 65062 人,则中国留学生占其中的 16.5%,高居第一位,比占第二位的印度(7.8%)高出一倍多。2015/2016 学年新注册的中国学生中,最受青睐的专业为工程科学,占全部注册新生的 49.1%,其次为法学/经济和社会学(20.4%)、数学/自然科学(10.9%)、人文科学(10.2%)、艺术学(5.2%)和其他(4.3%)。[①]

近年来中德合作关系持续升温,2014 年中德发表的《关于建立中德全方位战略伙伴关系的联合声明》将两国关系升级为全方位战略合作关系。中德关系的良好发展、德国经济的良好表现带动德国劳动力市场活跃、德国工业 4.0 战略和人才战略的实施、"德国制造"和德国教育的良好声誉、德国在华企业提供良好就业前景、德国的福利国家政策免收学费等因素均为保持德国对中国留学生的吸引力提供了稳定的基础,在可以预见的未来,从改革开放后出现并在 2000 年前后形成的第三次中国留德学生潮仍将继续下去。

相比 20 世纪 80 年代出国的第一代留学生,90 年代末期后出国的留学生基本出生在改革开放之后,成长在国内经济结构和社会变革大发展的时期,国内外的物质生活条件和事业发展环境落差已大为减少,甚至在某些新兴产业领域,中国国内的发展条件还要优于产业结构已基本固定的发达国家。新一代留学生群体大部分都是自费留学生,可以自由选择学成后的去留,而实际上他们的居留和就业选择体现了比上一代留学生更为理性与务实的考虑。大部分新一代留学生在毕业后会考虑在德国积累一定时间的工作经验,再回国进入就业市场。据2015 年由中国教育部留学服务中心出版的《中国留学回国就业蓝皮书》统计,从改革开放至 2015 年年底,中国各类出国留学人员总数达 404.21 万人,学成回国人员从 1978 年的 248 人,增加到 2015 年的 40.91 万人,累计回国人数达到221.86 万人,年均增长率 19.06%。另据最近几年的数据,每年回国人数与出国人数的比例为 70%~80%,最新公布的数据显示,选择回国发展的学成留学人员

---

① Bundesministerium des Innern, Bundesamt für Migration und Flüchtlinge im Auftrag der Bundesregierung: Migrationsbericht 2015, 2016 - 12:77 - 78.

达到 79.87％。[①] 随着留学生回国比例的持续提高,中国在未来几年内将出现留学生回国人数大于出国留学人数的历史拐点,从改革开放后至今的世界最大人才流失国转变为主要的人才回流国。上述趋势同样适用于目前数量较为庞大的留德学生群体。从移民对居住国融入的社会预期和心理发展角度来看,新一代留学生对于自己的职业发展和在德年限均和上一代留学生有着显著差别,目前正在形成的"多进多出"留学人才流动趋势势必对中国在德留学生群体的社会融入动机和社会融入行为带来深刻影响。

## 第四节　高技术移民群体及德国居留政策的变革

进入 21 世纪后,随着全球化和人员流动性的加剧,专业技术人才短缺重新成为德国制定国家战略的重要考虑因素。如何在全球人力资源市场上吸引和争夺高层次人才也成为德国近年来移民政策的重要考量。德国劳动与社会部 2011 年报告《保障专业人才:目标与措施》指出,德国将通过调整移民法提高德国对于高层次人才的吸引力,为此德国政府将致力于降低高层次移民进入德国工作的行政障碍,并改善外来移民获得落户和居留许可的框架条件。德国政府将长期检验外国高层次及专业人才进入德国劳动力市场的途径是否能系统地适应德国劳动力市场的需求,寻求建立相关的、清晰的、透明的、平衡的规范标准,并在这一过程中借鉴其他国家的经验。[②] 从长远来看,对专业人才的争夺必须加强在留学生中吸引优秀人才的力度,并且为大学毕业生提供更多改善的就业可能性。"许多在德国获得学位的学生,如果在毕业后无障碍地进入劳动力市场,将会把德国看作新的故乡。"[③]

德国政府有意识区别了非技术性传统移民群体,提出了"专业人才"以及"高技术

---

① 中华人民共和国教育部:《中国留学回国就业蓝皮书 2015》情况介绍,2016 - 03 - 25。http://www.moe.edu.cn/jyb_xwfb/xw_fbh/moe_2069/xwfbh_2016n/xwfb_160325_01/160325_sfcl01/201603/t20160325_235214.html.

② Bundesministerium für Arbeit und Soziales:Fachkräftesicherung:Ziele und Maßnahmen der Bundesregierung,2011 - 06.

③ Bundesministerium für Arbeit und Soziales:Fachkräftesicherung:Ziele und Maßnahmen der Bundesregierung,2011 - 06:34.

人才"的概念。根据德国联邦移民与难民署的界定。高技术人才（Hochqualifizierte）特指具有专门性专业知识的研究和教职人员，以及具有高级职位的科研人员。[①] 默克尔政府于 2011 年 2 月 15 日针对联邦议会议员的询问，对于德国专业人才缺口问题进行了正式答复，对专业人才（Fachkräfte）进行了以下界定："德国政府将专业人才基本理解为具有国家承认的高等教育学位或者接受过被承认的起码两年以上的、已毕业的职业教育的人群。"[②] 而被德国联邦统计局列入高技术人才统计行列的是"应用技术大学/综合大学毕业生，获得博士及以下学位的人员"[③]。

自 1985 年起，德国人口持续呈现负增长态势，2004 年的德国人口总量为 8250 万，2015 年年底的德国人口总数已下降为 8220 万人。[④] 假设没有外来移民的补充人口，那么到 2050 年，德国人口将萎缩至 5370 万，原东德地区人口萎缩的速度要比西部更快。假设每年引入移民 10 万人，到 2050 年德国人口数量预测为 6850 万，只有每年引入 30 万移民，德国总人口到 2050 年才能维持在 8000 万人的水平。[⑤] 另据德国联邦劳动及社会部 2011 年的报告，如果不考虑外来移民，德国就业人口在 2017 年第一季度的数字为 4370 万人，[⑥] 比 2010 年的 4460 万人下降了 2%，这一数字预计在 2025 年下降为 3810 万，下降幅度达到 650 万。[⑦]

随着德国社会逐步向服务型和知识性社会转型，高技术人才需求日益增加，低技术就业人口的就业可能性在 2002 年至 2012 年间下降了 20%。低技术就业人口更容易面临失业威胁。2010 年低技术就业人口失业率为 20.7%，这一数字在 2011 年降至 19.6%，2012 年进一步下降至 19%。与此相对，高等教育毕业生的失业率

---

① 德国联邦移民与难民署"高技术人才"：http://www.bamf.de/DE/Migration/Arbeiten/BuergerDrittstaat/Hochqualifizierte/hochqualifizierte-node.html.

② Deutscher Bundestag Drucksache 17/4784：Anwort der Bundesregierung auf dei Kleine Anfrage der Abgeordneten Sabine Zimmerman, Jutta Krellmann, Sevim Dağdelen, weiterer Abgeordneter und der Fraktion DIE LINKE, 2011 - 02 - 15.

③ Statistisches Bundesamt：Hochqualifizierte in Deutschland. Erhebung zu Karriereverläufen und internationaler Mobilität von Hochqualifizierten. Wiesbaden：Statistisches Bundesamt, 2011：6.

④ 德国联邦统计署网页：https://www.destatis.de/DE/Startseite.html.

⑤ 陈凌、张原、国懑：《德国人才战略：历史、现状与政策》，北京：党建读物出版社，2016 年，第 214 - 215 页。

⑥ 德国联邦统计署网页 https://www.destatis.de/DE/Startseite.html.

⑦ Bundesministerium für Arbeit und Soziales：Fachkräftesicherung：Ziele und Maßnahmen der Bundesregierung, 2011 - 06.

同期仅为 2.5%。① 德国的专业人才市场近年来呈现出突出的人才需求趋势,劳动力市场中专业人才短缺现象覆盖面较广;紧缺职业中的人才紧缺情况呈现持续态势;在较高技术层面(如工程师)中凸显技术性职业中的专业人才缺乏问题;在机械技术、汽车技术、机电一体化、能源及电子等职业领域中,高层次人才缺乏情况较为突出;IT 职业不存在普遍性的人才短缺,但在一些单独领域如信息学、IT 应用咨询、软件开发以及编程等仍存在明显的高层次人才短缺现象;具有上岗资格的健康及护理人才普遍缺乏。②

　　为了解决日益增长的劳动力萎缩和高科技领域人才需求增加之间的矛盾,保证劳动力市场上专业人才的稳定数量,德国移民政策的重要举措为鼓励高素质的外国留学生进入德国高校学习,同时改革现有移民政策侧重,引入人才"绿卡"政策。德国劳动与社会部 2011 年报告《保障专业人才:目标与措施》③明确指出,留学生群体是人才吸引措施中需要重点增加关注的高层次人才群体。德国政府为了吸引在德国高校取得学位的外国留学生留在德国就业市场,认识到必须发展一种对于外来移民持欢迎态度的文化,改善社会对外国学生、专业人才以及高层次人才及其家庭的接收度。同时德国政府认识到,必须在政策制定层面上同步考虑劳动力对外移民情况以及移民政策的制定,同时要求企业对外来移民员工及其家庭的社会融入投入更大的精力。针对高技术人才的绿卡计划由时任联邦总理施罗德领导红绿执政联盟推行。2000 年 7 月 14 日,德国联邦参议院通过了联邦政府的"绿卡"(Green Card)提案,提案最初计划发放 1 万张绿卡,数月以后调整为发放 2 万张。提案决定从 2000 年 8 月 1 日起至 2008 年 7 月 31 日,分阶段向 2 万名非欧盟国家的计算机及 IT 专业的专业人才发放最长期限为 5 年的长期工作签证及居留许可。绿卡持有者的配偶及未年满 18 岁的子女允许一同赴德生活,其配偶在 1 年等待时间后可获得工作许可(2003 年起改为半年)。但绿卡持有者工作满 5 年后,如想继续留在德国工作,则须按照《外国人法》相关规定进行申请。根据绿卡计划,申请者应具有计算机信息技术专业的高等教育毕业文凭,或能证明具有很好的计算机信息技术水平,并

　　① Bundesministerium für Arbeit und Soziales:Fortschrittsbericht 2013—Zum Fachkräftekonzept der Bundesregierung,2014:24.

　　② 德国联邦劳工署:《德国的专业人才缺口:2012 年 12 月分析报告》,转引自陈凌,张原,国懿:《德国人才战略:历史、现状与政策》,北京:党建读物出版社,2016 年,第 218 - 219 页。

　　③ Bundesministerium für Arbeit und Soziales:Fachkräftesicherung:Ziele und Maßnahmen der Bundesregierung,2011 - 06.

从受雇企业获得最低 51130 欧元的税前年收入。对高层次外来移民的工作签证申请处理手续得到大幅简化,绿卡申请的处理时间在大部分情况下不超过 1 周。

德国绿卡的第一名获得者是 2000 年 7 月 31 日获得绿卡的印度尼西亚 IT 工程师 Harianto Wijaya。截至 2002 年年底,德国政府共发放 13373 张绿卡,获得绿卡最多的高技术人才来自印度(26.4%)和东欧国家(12.6%),来自中国的绿卡持有者共有 400 多人,占总持卡人数的 3% 左右。[1] 绿卡计划目的在于在国际竞争中争夺信息技术类的高技术人才,其出台对于德国进入 21 世纪后执行的移民政策改革具有实用主义转向的标杆意义。绿卡计划因此也被看作德国统一后移民政策的重要转折点。[2]

除了改革外国人居留法规,引入吸引高技术外来人才的绿卡计划政策,德国政府还颁布了《改善国外获得的职业资质确定及承认法》(Gesetz zur Verbesserung der Feststellung und Anerkennung im Ausland erworbener Berufsqualifikationen)。该法于 2012 年 4 月正式生效,旨在减少在外国取得专业学历的人才融入德国劳动力市场的障碍,并对在德国之外取得的职业资质的评估、认证手续进行拓展、简化和改善。根据统计,2012 年 4 月至 12 月递交的认证申请为 1.1 万份,82% 的国外职业资质证书得到了等同认可。[3]

2012 年 8 月,在欧盟成员国范围内开始引入针对高层次移民的欧盟蓝卡计划(Blue Card),其目的在于"降低高层次人才移民的障碍并促进其进行"。[4] 德国从法律上进一步配合蓝卡计划对引进高层次专业外国人才规定进行了修改,使得德国劳动力市场比原来更加开放,并努力减少引进人才流程的官僚作风。德国政府 2012 年正式实施欧盟框架下的蓝卡计划政策后,为专业人才进入德国就业市场打开了第二条通道。欧盟蓝卡申请条件比起德国 2000 年至 2004 年实行的绿卡计划政策更为宽松,门槛更低,对于应届毕业的外国大学生具有较强的吸引力。与德国现行的居留法规定相比,欧盟蓝卡申请者(大学毕业生)的税前年收入门槛更低,申请者只需要具有

①　蒋苏南:《德国绿卡政策实施情况综述》,《中国科技论坛》2004 年第 5 期,第 135 页。

②　Kolb, Holger: Die Green Card: Inszenierung eines Politikwechsels. www. bpb. de, 2005 - 06 - 30.

③　陈凌,张原,国懿:《德国人才战略:历史、现状与政策》,北京:党建读物出版社,2016 年,第 246 页。

④　德国联邦移民与难民署:"新的居留名称:欧盟蓝卡",2012 - 08 - 01。http://www. bamf. de/SharedDocs/Meldungen/DE/2012/20120801-blaue-karte-eu. html.

大学毕业学历,税前年收入只需达到 46400 欧元。在部分短缺职业如数学、信息工程、自然科学、工程学从业者以及医生中,这一门槛甚至放宽至 36200 欧元(2013 年规定,2014 年规定提高到 37100 欧元)。首次申请欧盟蓝卡者可获得最长 4 年的居留许可。[①] 如蓝卡持有者从事相关高技术工作超过 33 个月并在此期间缴纳法定养老保险费用或具有同等保障(如德语水平达到欧洲 B1 标准,则降至 21 个月),可发给无限期的居留许可。同时根据蓝卡规定,引进移民的家属也同时获得无限制工作许可。[②]

　　蓝卡计划自实施起在高层次移民群体中获得了很高的认知度,在外来高技术人才中很快获得了比德国"绿卡"计划更高的接受度(见图 4-3)。仅在蓝卡计划实施的前 6 个月内就在德国发出了 4126 张蓝卡,其中三分之一申请人为新移民者,其余三分之二为已经在德国居住的外国人。申请蓝卡者多为医生、工程师以及信息和通信技术领域专业人才,获得首批蓝卡最多的移民来源国分别为印度(983)、中国(398)、俄罗斯(262)和美国(182)。[③]

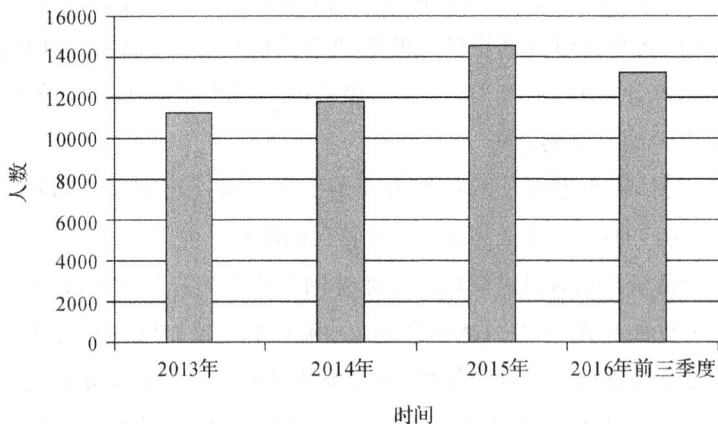

**图 4-3　2013 年以来德国欧盟蓝卡获得者数量[④]**

---

　　① 德国联邦移民与难民署:"新的居留名称:欧盟蓝卡",2012 - 08 - 01。http://www.bamf.de/SharedDocs/Meldungen/DE/2012/20120801-blaue-karte-eu.html。

　　② Kolodzjej, Daniela: Fachkräftemangel in Deutschland. Statistiken, Studien und Stratgien. Deutscher Bundestag:Wissenschaftliche Dienste,2011.

　　③ Vogel, Dita:Deutschland: Hochqualifizierte Migranten-Offene Regleungen, geschlossene Gesellschaft? URL:http://www.bpb.de/gesellschaft/migration/newsletter/155575/hochqualifizierte-migranten,2013 - 02 - 25.

　　④ 来源:德国联邦移民与难民署:"欧盟蓝卡数据",2017 - 01 - 30。http://www.bamf.de/DE/Infothek/Statistiken/BlaueKarteEU/blaue-karte-eu-node.html.

据统计,截至 2012 年 8 月,德国共发出了超过 13500 张欧盟蓝卡。至 2013 年 12 月 31 日,德国共有 2200 名非欧盟外国大学毕业生拿到了蓝卡,另外 2013 年持蓝卡进入德国工作的科研人才为超过 4600 人。同时德国从 2013 年 7 月 1 日起调整了相关职业法规,为欧盟蓝卡项目之外的高层次移民提供补充渠道。对于一些较为紧缺的职业领域,外国人才取得德国就业市场的工作许可可以是拥有在国外取得的与德国等同的职业资质,并获得下列紧缺职业的工作岗位:卫生及护理职业、机电一体化及电子技术职业、建筑及供应技术职业、交通及物流领域职业。[1] 最新数据统计表明,2016 年前三季度德国共颁发欧盟蓝卡 13166 张,其中中国籍蓝卡持有者占 8.7%,仅次于 22.7% 的印度籍蓝卡持有者,为第二大来源族群。[2]

总体而言,2012 年欧盟"蓝卡计划"实施后,高层次移民在选择申请德国长期工作居留时共有三个可能的途径。一是根据《居留法》第 18 条规定获得德国工作签证,或根据第 19 条规定获得针对高层次人才的无限期居留许可("落户许可")。

由表 4-6 可以看出,2007 年至 2012 年根据《居留法》获得德国工作签证的外国人数量基本呈稳步增长,与之相对的是其中的女性比例逐渐减少,意味着通过取得工作签证进入德国劳动力市场的外国人中大部分为男性,比例逐年增多。按照外国人国籍划分的话,中国人占总人数的约 9%~10%,数量基本呈上升趋势。表 4-7 进一步明示了获得德国工作目的居留许可的中国公民高技术人才情况。根据《居留法》规定,第 18 条适用于取得德国高校毕业文凭或被德国承认的外国高校毕业文凭的具有良好教育背景的外国人。2012 年,中国公民根据《居留法》取得工作签证的总数在所有外来族裔中排名第三,仅次于印度和美国。其中根据第 18 条 d 款被认定为技术人才的数量为 2693 人,超过美国,仅次于印度,列第二位。结合表 4-8 中根据《居留法》第 18 条 d 款取得居留许可的技术人才总数可见,德国 2012 年引进的技术人才中,中国移民占 11.4%。

---

[1] 陈凌,张原,国懿:《德国人才战略:历史、现状与政策》,北京:党建读物出版社,2016 年,第 243 页。

[2] 德国联邦移民及难民署:"关于欧盟蓝卡的数据",2017 - 01 - 30。http://www. bamf. de/DE/Infothek/Statistiken/BlaueKarteEU/blaue-karte-eu-node. html.

表 4-6　根据《居留法》第 18 条取得德国工作签证的外国人数量(2007—2012 年)①

|  | 2007 | 2008 | 2009 | 2010 | 2011 | 2012 |
|---|---|---|---|---|---|---|
| 总数 | 28761 | 29141 | 25053 | 28298 | 36049 | 34587 |
| 女性比例 | 32.3% | 31% | 31.7% | 31.9% | 27.4% | 27.1% |
| 最大来源国 | 美国<br>(3329) | 印度<br>(3826) | 印度<br>(2987) | 印度<br>(3404) | 印度<br>(4720) | 印度<br>(4318) |
| 中国 | 2921 | 2406 | 2204 | 2707 | 3137 | 3052 |

表 4-7　按照外来劳动力取得工作签证的类型划分(2012 年)②

|  | 根据居留法第18条第c款非技术人才 | 根据居留法第18条第d款技术人才 | 根据居留法第18条第d款符合公共利益的技术人才 | 根据居留法第18条一般工作签证 | 根据居留法第18条工作签证总数 |
|---|---|---|---|---|---|
| 印度 | 99 | 4067 | 85 | 67 | 4318 |
| 美国 | 1286 | 2142 | 43 | 11 | 3482 |
| 中国 | 353 | 2654 | 39 | 6 | 3052 |
| 日本 | 207 | 1490 | 13 | 5 | 1715 |
| 土耳其 | 274 | 1156 | 32 | 11 | 1473 |
| 俄罗斯 | 714 | 584 | 22 | 9 | 1329 |

---

① 来源：Bundesministerium des Innern, Bundesamt für Migration und Flüchtlinge im Auftrag der Bundesregierung：Migrationsbericht 2012,2014 - 01:44.

② 来源：Bundesministerium des Innern, Bundesamt für Migration und Flüchtlinge im Auftrag der Bundesregierung：Migrationsbericht 2012,2014 - 01:45.

表 4-8　德国对非欧盟国家技术人才的引进(2009—2012 年)①

| 根据获得工作签证依据划分 | 2009 年 | 2010 年 | 2011 年 | 2012 年 |
| --- | --- | --- | --- | --- |
| 根据居留法第 18 条第 4 款(技术人才) | 14816 | 17889 | 23912 | 23191 |
| 根据居留法第 19 条第 4 款(高层次人才) | 169 | 219 | 370 | 244 |
| 根据居留法第 19a 条(欧盟蓝卡普通职业) | — | — | — | 1387 |
| 根据居留法第 19a 条(欧盟蓝卡紧缺职业) | — | — | — | 803 |
| 根据居留法第 20 条(研究者) | 140 | 211 | 317 | 366 |
| 根据居留法第 21 条(自由职业) | 1024 | 1040 | 1347 | 1358 |
| 引进专业人才总数 | 16149 | 19359 | 25946 | 27349 |

近年来德国中国新移民的大部分由(包括留学生在内的潜在)高技术移民组成的趋势可以从另一组数据中得到印证:2015 年根据德国《居留法》第 16 条获得高校毕业后的找工作居留许可的中国人共 1787 人,其中女性比例为 52.9%。② 同时德国根据《居留法》第 18 条共颁发 29822 个以就业为目的的居留许可,其中中国公民 2226 人,占 7.5%。同年入境的中国公民中,从事非技术性工作(如厨师)的为 343 人,占 15.4%;从事法律规定的技术性工作的 1825 人,占 82%;从事符合公众利益的技术性工作(如高校)者 46 人,占 2.1%;其余从事一般性工作的占 0.5%。③ 同年首次入境的中国公民中,获得欧盟蓝卡的共有 439 人,其中在德国从事一般领域工作的为 297 人,占 67.7%,142 人从事人才紧缺领域工作,占 32.3%。④

---

① 来源:Bundesministerium des Innern, Bundesamt für Migration und Flüchtlinge im Auftrag der Bundesregierung:Migrationsbericht 2012, 2014 - 01:48.

② Bundesministerium des Innern, Bundesamt für Migration und Flüchtlinge:Migrationsbericht 2015, 2016 - 12:80.

③ Bundesministerium des Innern, Bundesamt für Migration und Flüchtlinge:Migrationsbericht, 2015, 2016 - 12:56 - 57.

④ Bundesministerium des Innern, Bundesamt für Migration und Flüchtlinge:Migrationsbericht, 2015, 2016 - 12:69.

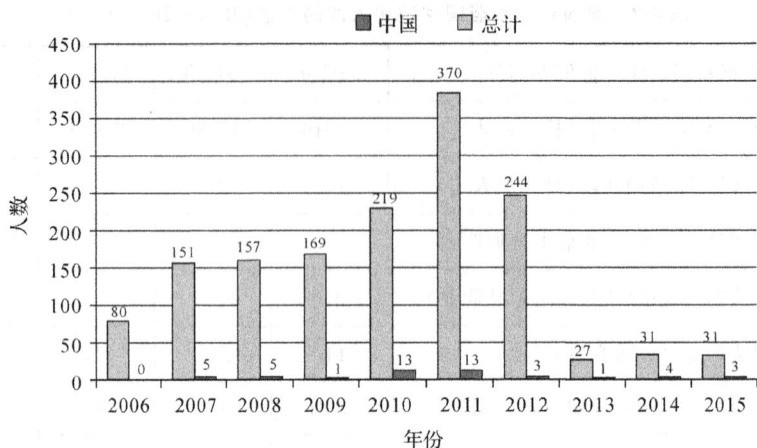

图 4-4　根据《居留法》第 19 条获得无限期居留许可的中国高技术人才数量(2006—2015)[①]

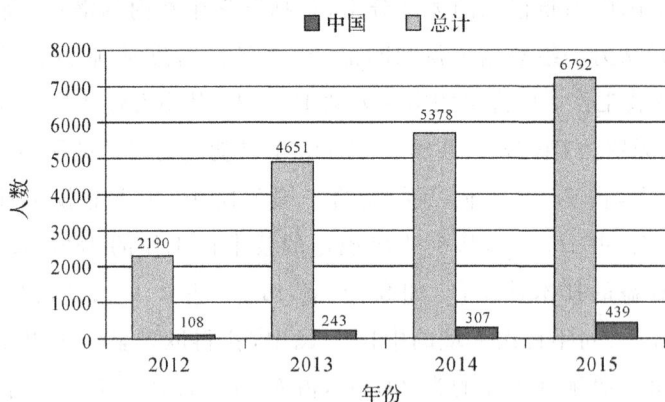

图 4-5　根据《居留法》第 19a 条获得欧盟蓝卡的中国高技术人才数量(2012—2015)[②]

从图 4-4 及图 4-5 可见,在德国申请获得以工作为目的的居留许可的中国高技术人才中,申请欧盟蓝卡的比例占据绝对多数。以 2012 年至 2015 年同期作为比较,申请门槛更低,对于获得居留许可后在德年居留时间的规定更为宽松的欧盟蓝卡在总申请人数和针对中国高技术人才的发放数量上,都成了德国吸引高技术外来移民的最具吸引力的居留政策手段。

①　来源:Bundesministerium des Innern, Bundesamt für Migration und Flüchtlinge:Migrations
bericht 2015,2016 - 12:67.

②　来源:Bundesministerium des Innern, Bundesamt für Migration und Flüchtlinge:Migrations
bericht 2015,2016 - 12:68 - 69.

在人口结构经历深刻变化的今天,德国正面临着自战后经济腾飞后最为严峻的专业人才保障瓶颈。为打破这一瓶颈,德国近年来努力打造新的移民政策,吸引更多的高技术人才进入本国劳动力市场,以在全球化浪潮下的国际人才争夺战中不落下风。与此同时,德国各界对于本国人才现状和发展趋势的讨论日趋热烈。德国政府对该问题的看法是,德国需要正视德国劳动力市场长期发展中存在的明显的人才短缺问题,必须采取措施来引进外来人才。①

近年来德国在引入高技术移民方面已经进行了一些有成效的尝试。从 2004 年开始,从国外移民德国的学术研究人员呈增长趋势,而学历仅有或者低于职业教育毕业水平的外国移民总数则呈下降趋势。近年来的新移民群体里,超过半数来自于欧洲其他国家。新移民群体的受教育程度平均水平超过了德国公民中具有移民背景者的平均水平,但其中总体数量庞大、为德国外来移民族群之首的土耳其移民的受教育程度总体要比来自欧盟国家的其他外来移民低得多。② 一份研究报告显示,根据抽样调查,从 2005 年至 2009 年,在新移入德国的移民群体中,具有高等教育学位的人数从 30% 上升到了 44%。

持有德国学术科研签证的中国人数量在 2012 年为 67 人,比 2008 年增加了 5 倍,占该类别外国移民的 18.3%。③ 由表 4-7 可以推算出 2012 年获得在德普通工作签证的中国人数量占所有外国人总数的 9% 左右,与此相比,近年来中国在德国高层次技术人才的比例提升非常明显。这证明,德国近年来针对高层次外来移民的居留政策改革起到了积极的作用。较之普通的工作签证获得者,这对高技术移民中的高层次人才具有更大的吸引力。但另一方面必须看到,相关的政策改革在实际操作中仍出现了与政策理念背道而驰的现象。如德国绿卡计划实施以来,在实际操作过程中出现了一些为人诟病的问题。首先,针对绿卡获得者的专业背景限制明显,仅针对信息工程技术类人员,受众并不广。其次,“绿卡”与美国绿卡(H-1B签证)有很大的差别,仅为 5 年的居留许可,并非真正的长期居留许可,到期必须再申请延期,对于德国“绿卡”的获得者来说仍然存在较高的不确定性。第一位取得德国

① Bpb:Deutschland:Diskussion um Fachkräftemangel. URL:http://www.bpb.de/gesellschaft/migration/newsletter/56992/deutschland-diskussion-um-fachkraeftemangel,2010 - 09 - 01.

② Seiber, Holger, Wapler, Rüdiger:Aus dem Ausland kommen immer mehr Akademiker. In:Institut für Arbeitsmartkt und Berufsforschung:IABKurzbericht,2012(21):1.

③ 王辉耀,苗绿:《海外华侨华人专业人士报告》(2014),北京:社会科学文献出版社,2014 年,第 164 页。

"绿卡"的印尼人 Harianto Wijaya 在其"绿卡"还未到期时就离开了德国,就反映了绿卡对人才的吸引力有限。必须看到,德国从传统上对外来移民的接受程度并不高,这也是德国政府近年来在推进新的移民政策时大力宣传推动社会对外来移民的欢迎和"欢迎文化"(Willkommenskultur)的主要原因。由于社会文化氛围、语言障碍等问题,新移民法实施后仍未达到预期的乐观效果,后续情况仍需长期跟踪观察。

# 第五节　德国华人新移民群体的社群特点与社会融入

由于德国二战结束前华人数量急剧减少至几乎可以在统计意义上忽略的程度,目前在德的华人群体基本上均在二战结束之后移居至德国。除了少部分来自我国香港、台湾等地区以及从其他国家移入德国的华人外,大部分在德华人均为中国改革开放后移入德国的新移民。作为德国外来移民的组成部分,华人新移民的社群特点应在德国战后形成的移民社会及文化框架下进行针对性分析(见表4-9)。

表 4-9　2008—2011 年在德外国人口比例(含国籍及女性所占比例)[1]

| 来源地 | 2008 年 | | 2009 年 | | 2010 年 | | 2011 年 | |
|---|---|---|---|---|---|---|---|---|
| | 总数(人) | 女性比例(%) | 总数(人) | 女性比例(%) | 总数(人) | 女性比例(%) | 总数(人) | 女性比例(%) |
| 欧洲 | 5362318 | 48.7 | 5327406 | 48.9 | 5374592 | 48.9 | 5509146 | 48.6 |
| 　欧盟国家 | 2584515 | 48.0 | 2589130 | 48.1 | 2663529 | 47.8 | 2822204 | 47.2 |
| 非洲 | 267484 | 42.4 | 267900 | 43.0 | 270962 | 43.4 | 275634 | 43.6 |
| 美洲 | 216263 | 54.0 | 215095 | 54.1 | 215194 | 54.2 | 223661 | 53.9 |
| 亚洲 | 808624 | 50.9 | 812321 | 51.2 | 821578 | 51.3 | 852290 | 51.1 |
| 　南亚和东南亚 | 286923 | 56.3 | 288587 | 56.6 | 292664 | 56.7 | 302433 | 56.2 |
| 　印度 | 44405 | 35.3 | 45638 | 35.7 | 48280 | 36.2 | 53386 | 36.0 |
| 　东亚 | 266028 | 53.1 | 264386 | 53.4 | 266835 | 53.3 | 279249 | 53.0 |
| 　中国 | 78960 | 49.3 | 79870 | 50.3 | 81331 | 51.1 | 86435 | 51.4 |
| 　日本 | 30440 | 58.4 | 29410 | 59.2 | 29325 | 59.3 | 31403 | 59.2 |

---

[1]　来源:Statistisches Bundesamt:Bevölkerung und Erwerbstätigkeit. Ausländische Bevölkerung 2015. Wiesbaden,2016:30 - 35.经本书作者合并整理。

| 来源地 | 2008 年 | | 2009 年 | | 2010 年 | | 2011 年 | |
|---|---|---|---|---|---|---|---|---|
| | 总数(人) | 女性比例(%) | 总数(人) | 女性比例(%) | 总数(人) | 女性比例(%) | 总数(人) | 女性比例(%) |
| 韩国 | 23917 | 57.6 | 23550 | 57.9 | 23704 | 58.2 | 24669 | 58.5 |
| 大洋洲 | 11205 | 46.3 | 11392 | 46.5 | 11892 | 45.8 | 13073 | 45.6 |
| 总计 | 6727618 | 48.8 | 6694776 | 49.0 | 6753621 | 49.0 | 6930896 | 48.8 |

　　根据德国统计局《2015 人口与就业：外国人口》的统计，截至 2015 年年底，在德中国公民共计 119590 人(见表 4-10)，最为集中的联邦州为西部的北威州，为 30503 人，最少的在南部的萨尔州，仅有 805 人。居住在柏林和汉堡的中国公民分别为 7567 人和 5377 人。2015 年在德中国公民数量比 2011 年年底的 86435 人增加了 38%。从图 4-6 可见，德国中国新移民群体近年来呈现明显的稳定上升趋势。

表 4-10　2012—2015 年在德外国人口比例(含国籍及女性所占比例)①

| 来源地 | 2012 年 | | 2013 年 | | 2014 年 | | 2015 年 | |
|---|---|---|---|---|---|---|---|---|
| | 总数 | 女性比例% | 总数 | 女性比例% | 总数 | 女性比例% | 总数 | 女性比例% |
| 欧洲 | 5726902 | 48.3 | 6051796 | 48.0 | 6394914 | 47.8 | 6831428 | 47.5 |
| 　欧盟国家 | 3050411 | 46.6 | 3366504 | 46.1 | 3672394 | 45.7 | 4013179 | 45.5 |
| 非洲 | 287954 | 43.5 | 318577 | 42.2 | 363745 | 40.4 | 429048 | 38 |
| 美洲 | 232148 | 53.6 | 239044 | 53.2 | 245674 | 52.9 | 251829 | 52.8 |
| 亚洲 | 869931 | 50.7 | 957950 | 50.1 | 1075035 | 48.8 | 1499178 | 43.6 |
| 　南亚和东南亚 | 315989 | 55.4 | 333393 | 54.2 | 352393 | 53.3 | 384957 | 51.1 |
| 　印度 | 60327 | 35.9 | 67481 | 35.6 | 76093 | 35.4 | 86324 | 35.5 |
| 　东亚 | 292944 | 52.6 | 307492 | 52.3 | 327767 | 51.8 | 397142 | 48.4 |
| 　中国 | 93676 | 51.6 | 101030 | 51.9 | 110284 | 52.2 | 119590 | 52.5 |
| 　日本 | 32738 | 59.2 | 33781 | 59.2 | 34388 | 59.3 | 35004 | 59.2 |
| 　韩国 | 25878 | 58.5 | 27220 | 58.5 | 28463 | 58.5 | 30243 | 58.3 |
| 大洋洲 | 13825 | 45.5 | 14311 | 45.3 | 14767 | 45.2 | 15812 | 45.0 |
| 总计 | 7213708 | 48.6 | 7633628 | 48.2 | 8152968 | 47.7 | 9107893 | 46.5 |

①　来源：Statistisches Bundesamt：Bevölkerung und Erwerbstätigkeit. Ausländische Bevölkerung 2015. Wiesbaden, 2016：36 - 41. 经本书作者合并整理。

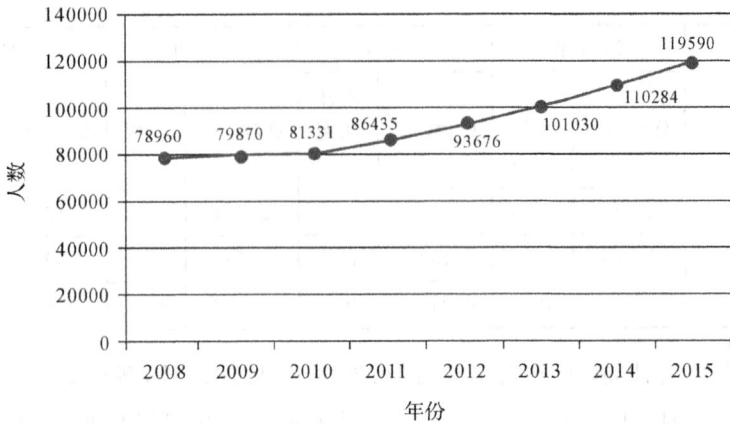

图 4-6  在德中国公民数量变化趋势(2008—2015)

表 4-11  在德中国公民居留身份(截至 2015 年 12 月 31 日)①

| 性别 | 总数 | 居留身份 | | | | | | | | | | | | 欧盟居留许可 | 容忍居留 | 无居留许可 |
|---|---|---|---|---|---|---|---|---|---|---|---|---|---|---|---|---|
| | | 依据1990年外国人法(老法) | | | 依据2004年居留法(新法) | | | | | | | | | | | |
| | | | | | 总数 | 居留许可(有限期) | | | | | | | 无限期居留 | | | |
| | | 共计 | 有限期居留 | 无限期居留 | | 共计 | 进修目的 | 工作目的 | 国际法、人道主义、政治原因 | 家庭原因 | 特别居留权 | | | | | |
| 男 | 56 805 | 929 | 664 | 265 | 49 559 | 36 220 | 19 957 | 9 701 | 735 | 5 202 | 625 | 9 488 | 256 | 469 | 4 603 |
| 女 | 62 785 | 715 | 371 | 344 | 55 662 | 36 411 | 18 876 | 4 340 | 577 | 12 106 | 512 | 15 498 | 954 | 517 | 4 338 |
| 总 | 119 590 | 1 644 | 1 035 | 609 | 105 221 | 72 631 | 38 833 | 14 041 | 1 312 | 17 308 | 1 137 | 24 986 | 1 588 | 986 | 8 941 |

表 4-12  在德中国公民数量及年龄结构(截至 2015 年 12 月 31 日)②

| 公民类别 | 性别 | 总数 | 年龄(岁) | | | | | | | | | 平均年龄 |
|---|---|---|---|---|---|---|---|---|---|---|---|---|
| | | | 0～10 | 10～15 | 15～20 | 20～25 | 25～35 | 35～45 | 45～55 | 55～65 | 65以上 | |
| 中国公民 | 男 | 56 805 | 3244 | 805 | 2 327 | 10 567 | 23 014 | 9 912 | 4 540 | 1 786 | 610 | 30.8 |
| | 女 | 62 785 | 3 049 | 819 | 2 126 | 11 426 | 25 007 | 12 220 | 5 773 | 1 784 | 581 | 31.5 |
| | 总计 | 119 590 | 6 293 | 1 624 | 4 453 | 21 993 | 48 021 | 22 132 | 10 313 | 3 570 | 1191 | 31.1 |

① 来源:Statistisches Bundesamt: Bevölkerung und Erwerbstätigkeit. Ausländische Bevölkerung 2015.Wiesbaden,2016.经本书作者合并整理。

② 来源:Statistisches Bundesamt: Bevölkerung und Erwerbstätigkeit. Ausländische Bevölkerung 2015.Wiesbaden,2016.经本书作者合并整理。

续表

| 公民类别 | 性别 | 总数 | 年龄(岁) | | | | | | | | | 平均年龄 |
|---|---|---|---|---|---|---|---|---|---|---|---|---|
| | | | 0～10 | 10～15 | 15～20 | 20～25 | 25～35 | 35～45 | 45～55 | 55～65 | 65 以上 | |
| 外国公民 | 男 | 4 873 294 | 152 869 | 151 527 | 284 164 | 445 879 | 1 074 739 | 992 247 | 754 644 | 412 039 | 452430 | 38.1 |
| | 女 | 4 234 599 | 142 095 | 135 300 | 209 609 | 341 730 | 898 930 | 894 098 | 635 830 | 415 442 | 420396 | 38.8 |
| | 总计 | 9 107 893 | 294 964 | 286 827 | 493 773 | 787 609 | 1 973 669 | 1 886 345 | 1 390 474 | 827 481 | 872826 | 38.4 |

从表 4-11 和表 4-12 的最新统计数据来看,目前在德华人群体呈现出以下特点:21 世纪初后移入德国的占大多数;进修为最重要的获得居留许可的目的,占华人群体依据《居留法》获得居留许可总人数的一半以上,其次为家庭原因和工作目的;华人群体中女性占大多数,这与获得家庭原因(婚姻及家庭团聚等)居留许可的中国公民中 2/3 为女性有关。与之形成鲜明对比的是:2015 年,德国根据《居留法》第 18 条共颁发 29822 个以就业为目的的居留许可,其中中国公民 2226 人,女性仅为 736 人,占 33%,严重少于中国人总数中女性约 52% 的比例。这说明进入德国劳动市场就业的中国新移民以男性为绝对主导。[1] 表 4-11 中无法判断根据《居留法》第 21 条以自主经营身份获得居留许可的中国人数(以投资移民身份获得签证在此类),但能够明确看出总体以就业目的取得居留许可的中国公民人数仅占以学习/进修为目的的中国公民人数的不到 40%。由于《居留法》第 21 条规定较为烦琐,审批手续较为复杂,实际上以投资移民身份移居德国的中国人数量较少。

截至 2015 年年底,从在德中国公民(绝大部分来自中国大陆)的年龄结构来看,最为集中的年龄段为 20～25 岁以及 25～35 岁,占总人数的 58%。这也是在德中国留学生最为集中的年龄段。各年龄段的女性比例均超过男性,约为 52%,在德中国公民总体平均年龄仅为 31.1 岁,呈现出非常明显的年轻化趋势,这也再次说明在德华人群体以留学人群以及青壮年就业人群为主。具体年龄结构分布参见图 4-7 和表 4-13:

---

[1] Bundesministerium des Innern, Bundesamt für Migration und Flüchtlinge: Migrationsbericht 2015, 2016 - 12.

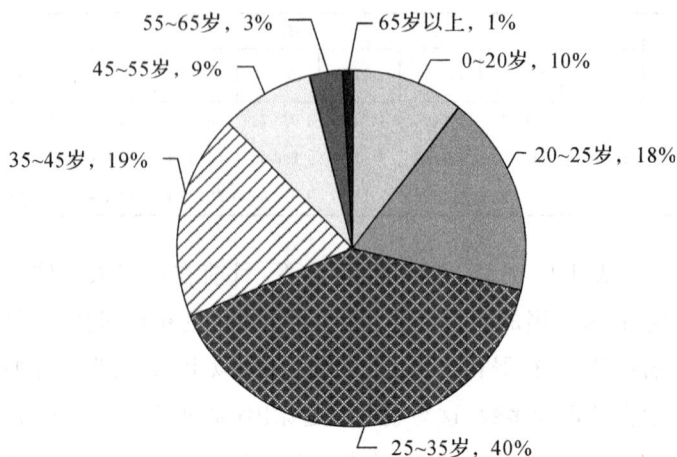

**图 4-7　在德中国公民(台湾地区除外)年龄结构(2015 年 12 月 31 日)**

**表 4-13　在德中国公民的主要群体特点(截至 2015 年 12 月 31 日)①**

| 来源地 | 性别 | 总数 | 平均年龄/年 | 平均居留时间/年 | 单身/% | 已婚/% | 在德国出生/% |
|--------|------|------|-------------|-----------------|--------|--------|--------------|
| 中国内地 | 男 | 56805 | 30.8 | 6.8 | 55.3 | 30.9 | 5.7 |
| | 女 | 62785 | 31.5 | 6.9 | 48.2 | 40.1 | 4.8 |
| | 总 | 119590 | 31.1 | 6.8 | 51.6 | 35.7 | 5.2 |
| 中国香港 | 男 | 64 | 27.0 | 4.1 | 65.6 | 17.2 | — |
| | 女 | 100 | 28.9 | 3.6 | 64.0 | 28.0 | 4.0 |
| | 总 | 164 | 28.2 | 3.8 | 64.6 | 23.8 | 2.4 |

　　2015 年在德居住的接近 12 万名中国移民(居留时间超过 3 个月)中,入境时年龄在 18～25 岁的为 53000 人,25～65 岁入境的 46000 人。入境时平均年龄为 24.3 岁。在德居留时间长度最集中的群体为 0～5 年,为 45000 人;其次为 5～10 年(23000 人)和 10～15 年(20000 人)。截至 2015 年年底,中国公民在德平均居留时间为 9.4 年,远低于德国总移民人群平均在德居留时间 22.2 年(见表 4-14)。

---

　　① 来源:Statistisches Bundesamt: Bevölkerung und Erwerbstätigkeit. Ausländische Bevölkerung 2015. Wiesbaden,2016:57－60.经本书作者合并整理。

**表 4-14　2015 年在德中国公民入境年龄及在德居留时长①**

（单位：千人）

| | 总数 | 入境时年龄 | | | | | | | 入境时平均年龄 | 在德居留时间（年） | | | | | | | | 平均在德居留时间（年） |
|---|---|---|---|---|---|---|---|---|---|---|---|---|---|---|---|---|---|---|
| | | 0~5 | 5~10 | 10~15 | 15~18 | 18~25 | 25~65 | 65+ | | 0~5 | 5~10 | 10~15 | 15~20 | 20~25 | 25~30 | 30~40 | 40+ | |
| 总移民人数 | 11453 | 1012 | 959 | 940 | 663 | 2727 | 4938 | 86 | 23.6 | 1850 | 912 | 1180 | 1358 | 1733 | 1440 | 1151 | 1700 | 22.2 |
| 中国移民人数 | 111 | / | / | / | / | 53 | 46 | — | 24.3 | 45 | 23 | 20 | 9 | 5 | 5 | / | / | 9.4 |

**表 4-15　2008—2011 年入德国籍的外国公民数量②**

| 来源地 | 2008 年 | | 2009 年 | | 2010 年 | | 2011 年 | |
|---|---|---|---|---|---|---|---|---|
| | 总数 | 女性比例% | 总数 | 女性比例% | 总数 | 女性比例% | 总数 | 女性比例% |
| 欧洲 | 55047 | 52.6 | 53306 | 53.0 | 58263 | 52.6 | 62730 | 52.6 |
| 欧盟国家 | 15061 | 64.4 | 14405 | 65.5 | 15472 | 65.5 | 17422 | 62.8 |
| 非洲 | 9671 | 38.3 | 10067 | 39.7 | 9834 | 41.5 | 10701 | 42.1 |
| 美洲 | 3562 | 65.8 | 3781 | 66.0 | 4149 | 65.4 | 4204 | 65.1 |
| 亚洲 | 24421 | 47.8 | 27146 | 47.7 | 27713 | 49.2 | 27205 | 50.3 |
| 南亚和东南亚 | 5520 | 51.3 | 6151 | 51.4 | 6233 | 53.1 | 6720 | 54.4 |
| 印度 | 751 | 42.3 | 897 | 43.4 | 928 | 42.0 | 865 | 45.4 |
| 东亚 | 6141 | 54.5 | 6706 | 51.9 | 7279 | 54.3 | 6801 | 56.0 |
| 中国 | 1172 | 59.5 | 1194 | 57.5 | 1300 | 56.8 | 1332 | 57.1 |
| 日本 | 10 | 70.0 | 14 | 50.0 | 23 | 65.2 | 19 | 52.6 |
| 韩国 | 131 | 61.8 | 146 | 57.5 | 111 | 55.0 | 145 | 53.8 |
| 大洋洲 | 73 | 39.7 | 65 | 50.8 | 88 | 43.2 | 119 | 47.1 |
| 总计 | 94470 | 50.2 | 96122 | 50.5 | 101570 | 51.0 | 106897 | 51.3 |

---

①　来源：Statistisches Bundesamt: Bevölkerung und Erwerbstätigkeit. Ausländische Bevölkerung 2015. Wiesbaden, 2016. 经本书作者合并整理。

②　来源：Statistisches Bundesamt: Bevölkerung und Erwerbstätigkeit. Einbürgerungen. 2015. Wiesbaden, 2017, 经本书作者合并整理。

表 4-16　2012—2015 年入德国籍的外国公民数量[①]

| 来源地 | 2012 年 | | 2013 年 | | 2014 年 | | 2015 年 | |
|---|---|---|---|---|---|---|---|---|
| | 总数 | 女性比例% | 总数 | 女性比例% | 总数 | 女性比例% | 总数 | 女性比例% |
| 欧洲 | 70632 | 50.4 | 69033 | 51.4 | 64390 | 53.2 | 62998 | 54.5 |
| 　欧盟国家 | 20501 | 60.6 | 23635 | 60.7 | 26541 | 60.0 | 27056 | 60.1 |
| 非洲 | 9904 | 43.8 | 10872 | 44.7 | 11169 | 45.9 | 11641 | 46.4 |
| 美洲 | 3925 | 66.4 | 4652 | 63.6 | 4645 | 62.8 | 4681 | 64.1 |
| 亚洲 | 26132 | 50.4 | 26155 | 51.5 | 26525 | 51.5 | 26392 | 51.6 |
| 　南亚和东南亚 | 7679 | 51.3 | 7106 | 54.4 | 7482 | 54.8 | 7809 | 55.3 |
| 　印度 | 946 | 41.3 | 1190 | 44.5 | 1295 | 43.9 | 1343 | 42.4 |
| 　东亚 | 7063 | 56.0 | 7205 | 55.1 | 6970 | 55.5 | 5946 | 56.4 |
| 　中国 | 1355 | 55.1 | 1270 | 52.7 | 1240 | 56.1 | 1098 | 56.6 |
| 　日本 | 17 | 52.9 | 19 | 57.9 | 27 | 77.8 | 29 | 69.0 |
| 　韩国 | 123 | 59.3 | 166 | 51.2 | 177 | 46.9 | 166 | 54.2 |
| 大洋洲 | 83 | 56.6 | 100 | 56.0 | 125 | 45.6 | 94 | 48.9 |
| 总计 | 112348 | 50.4 | 112353 | 51.2 | 108422 | 52.3 | 107317 | 53.2 |

从表 4-15 和表 4-16 可看出,2008 年至 2011 年入德国籍中国人的数量基本保持稳定,其中 2010 年比 2009 年有约 10%的增幅,但 2012 年入籍德国的中国公民人数下降约 10%,此后呈稳定下跌趋势。2015 年共有 1098 人入籍,少于 2008 年的 1172 人。入籍德国的女性中国公民数量占 50%以上,由跨国婚姻导致的入籍与这一比例应有一定关联性。2008 年至 2015 年共 8 年内入德国籍的中国公民为 9961人,平均每年约 1245 人。按照大概增幅推断,20 世纪 80 年代后加入德国国籍的中国公民应在 25000～35000 人,加上在德中国公民数量,目前在德华人华侨总数应在 15万人左右。这与此前一些研究得出的数字相吻合,且在数年之内并无大的变化。如欧洲华侨华人社团联合会的统计数据认为,2008 年在德华侨华人总数约为 15 万,华侨与华人比例各占一半。王辉耀、苗绿则估计,2013 年在德国的华人移民数量

---

① 来源：Statistisches Bundesamt: Bevölkerung und Erwerbstätigkeit. Einbürgerungen 2015. Wiesbaden, 2017. 经本书作者合并整理。

为 15 万~18 万,占欧洲中国海外移民 300 万~360 万的约二十分之一。[①]

以 2015 年为例,入德国国籍的中国人共 1098 人,其中最集中的年龄段为 25~35 岁,占总数的 37.4%;其次为 35~45 岁之间,占总数的 29.5%,二者相加占当年总入籍人数的三分之二(见表 4-17)。25~45 岁区间为劳动力市场上最为中坚也最受欢迎的年龄段,再考虑到入籍的中国人最集中的在德居留时间为 9~15 年(50%),不难推断,加入德国国籍的中国公民中,相当一部分为在德国留学和/或工作 8 年及以上再申请加入德国国籍。这与在德华人中很大一部分为德国高校毕业后留在德国工作的留学生的事实能够相互印证。根据德国《国籍法》,外国人在德国申请入籍需要满足的最重要条件为:拥有无限期居留许可、欧盟蓝卡或者可以转变为长期居留的有限期居留许可;通过入籍考试;在德国的合法居留时间总计达到 8 年,如参加了融合课程可缩短为 7 年;拥有独立的生活来源保障;拥有足够的德语知识;无犯罪记录;放弃原国籍。[②] 留学生的在德学习时间可以计算在合法居留时间内,8 年为一般而言申请加入德国籍的居留门槛。从表 4-18 可以看到,在德居留时间 9 年以下提出入籍申请的中国公民人数占全部中国同年入籍人数的三分之一。来自中国大陆的入籍者平均在德居留时间为 10.6 年,低于亚洲平均水平 12.3 年和所有外国入籍者平均水平 16.3 年。结合表 4-14 中国移民入境平均年龄为 24.3 岁、平均在德居留时间为 9.4 年的数据可以看出,35 岁左右为中国留德华人决定去留的一个大致的分水岭。

表 4-17　2015 年入德国籍的中国公民年龄结构[③]

| 公民类别 | 性别 | 总数 | 年龄(岁) | | | | | | | | | 平均年龄 |
|---|---|---|---|---|---|---|---|---|---|---|---|---|
| | | | 0~10 | 10~15 | 15~20 | 20~25 | 25~35 | 35~45 | 45~55 | 55~65 | 65以上 | |
| 中国公民 | 男 | 477 | 39 | 17 | 40 | 34 | 185 | 132 | 26 | 2 | 2 | 30.1 |
| | 女 | 621 | 37 | 25 | 58 | 29 | 226 | 192 | 47 | 7 | 2 | 31.6 |
| | 总计 | 1098 | 74 | 42 | 98 | 63 | 411 | 324 | 73 | 9 | 4 | 30.9 |

① 王辉耀,苗绿:《海外华侨华人专业人士报告》(2014),北京:社会科学文献出版社,2014年,第 11-12 页。

② 德国联邦移民与难民署:http://www. bamf. de/DE/Willkommen/Einbuergerung/InDeutschland/indeutschland-node. html.

③ 来源:Statistisches Bundesamt:Berölkerung und Erwerbstätigkeit. Einbürgerungen 2015. Wiesbaden,2017:58-63.经本书作者合并整理。

续表

| 公民类别 | 性别 | 总数 | 年龄（岁） | | | | | | | | | 平均年龄 |
|---|---|---|---|---|---|---|---|---|---|---|---|---|
| | | | 0~10 | 10~15 | 15~20 | 20~25 | 25~35 | 35~45 | 45~55 | 55~65 | 65以上 | |
| 入籍外国人 | 男 | 50 217 | 3 132 | 2 851 | 6 993 | 5 899 | 11 616 | 11 192 | 5 070 | 1 882 | 1 582 | 31.5 |
| | 女 | 57 100 | 2 826 | 2 712 | 6 491 | 6 834 | 13 851 | 13 969 | 6 432 | 2 351 | 1 634 | 32.7 |
| | 总计 | 107 317 | 5 958 | 5 563 | 13 484 | 12 733 | 25 467 | 25 161 | 11 502 | 4 233 | 3 216 | 32.1 |

表 4-18　2015 年入德国籍的中国公民数量及入籍前在德居留时间[①]

| 来源地 | 总数 | 入籍前在德居留时间 | | | | | 平均居留时间 |
|---|---|---|---|---|---|---|---|
| | | 8年以下 | 8~9年 | 9~15年 | 15~20年 | 20年以上 | |
| 亚洲 | 25029 | 5208 | 2951 | 9408 | 4682 | 2780 | 12.3 |
| 中国 | 1098 | 225 | 144 | 549 | 140 | 40 | 10.9 |
| 加入德国籍的外国人总数 | 104874 | 13616 | 9037 | 32728 | 20943 | 28550 | 16.3 |

　　基于本节的所有统计数据，可以得出以下主要结论：包括已加入德国国籍及在德国出生的华人第二代，德国华人新移民总数量在 15 万人左右，其中绝大部分为来自中国大陆的新移民群体。这一数量在德国超过 1600 万拥有移民背景的居住者数量中，仅占不到 1%。同时，在德华人新移民群体呈现出年轻化趋势（2015 年中国移民平均年龄 31.1 岁，同年入籍德国的中国大陆公民平均年龄为 30.9 岁）。首次入境的中国移民群体平均年龄仅为不到 25 岁。截至 2015 年年底，在德居住的接近 12 万中国公民中，约三分之一以进修学习目的获得居留许可，多于以家庭团聚目的获得签证的人群一倍多，也多于持家庭团聚居留许可和工作居留许可者相加之和。持工作目的居留许可的中国公民中，一部分为（高层次）技术移民，另一部分为从事非技术性行业的移民。这说明目前在德华人新移民中，最具代表性的社会群体为留学生和具有高等教育背景的群体。从这一点来看，虽然华人新移民总体数量在德国移民总量中占比很小，但其中的高学历、高技术移民比例却较许多德国其他移民族裔高。

---

　　①　来源：Statistisches Bundesamt：Bevölkerung und Erwerbstätigkeit. Einbürgerungen 2015. Wiesbaden 2017，80 - 84. 经本书作者合并整理。

　　需要指出的是,与高学历、高技术群体相比,中国在德华人中仍有相当一部分是以来自浙江的移民为代表的低学历、低技能新移民。浙江籍新移民中出国前受教育程度较低者比例较高,有研究称,浙江海外移民中受教育程度较低的农民占一半左右,该比例在温州和青田移民群体中更高。[①] 移居德国之后,他们仍主要从事餐馆和小商品贸易等非技术性工作。这样的职业结构决定了浙江新移民尤其是浙南新移民群体的总体层次和技能并不高,很多移民第一代难以形成真正地融入当地社会和参与社会事务的能力。客观上,由于本身职业技能所限,大部分第一代非高技术的新移民群体在移民初期的主要精力用于解决生存问题,对第二代的教育问题不够重视或者无法兼顾。随着整个华人新移民群体在欧洲生活的时间推移,摆脱了生存问题的第一代华人移民也必将越来越重视子女的教育和融入当地社会问题。

## 德国的多元文化社会困境

　　近年来,欧洲各大国家纷纷以构建“多元文化社会”为促使外来移民融入当地社会的重要措施,德国也在此列。从历史上看,作为 1648 年威斯特伐里亚公约的缔结地,欧洲是现代民族国家体系的发源地。近现代以来的欧洲主要国家均具有单一民族国家的特点。以德国为例,除了人口仅有约 6 万人的索布族(Sorben)、人口大约为 50 万人的弗里斯兰人(Friesen)、人口仅为 5 万人左右的丹麦人(Dänen)和少量吉普赛人(Zigeuner)之外,从基于生物学的族裔视角来看,绝大部分人口可被归为德意志民族。随着工业化进程以后劳动力需求加剧带动的人口迁移的变化,欧洲国家均经历了外来移民群体大幅上升的过程。德国目前的外来移民人口已经达到总人口的近 10%,加上已经加入德国国籍的外来族裔,德国总人口中具有移民背景的总人数已占总人口的五分之一,其中还有大量的族裔之间通婚的后代。这就意味着单纯从血缘和种族的角度来看,德意志民族身份成为德国人身份认同的最重要来源的时效性已大打折扣。尤其在欧洲一体化进程中成长的新生代中间,对自身的认同来源往往已经超越了单纯的“德国人”概念,而代之以“欧洲人”的认同。多种族混居、种族通婚现象普遍,外来移民数量继续增加,构成了德国近年来引入多元文化社会构建的主要出发点。

　　多元文化社会政策来源于多元文化主义。随着近现代以来人口流动性的不断

---

　　① 　夏凤珍:《从世界看浙南非法移民》,天津:南开大学出版社,2008 年。

提高,不同文化之间的大规模群体接触成为跨文化交流的日常生态,不同族群的成员同时也是不同文化体系的载体,并在文化实践行为中更新文化、重新创造文化。20 世纪上半叶起源于移民大熔炉美国的多元文化理念针对移民社会中多种族共存的现实,提倡尊重种族和文化差异,维持和促进民族和文化的多样性。1971 年,同为移民国家的加拿大宣布实施多元文化政策;1978 年,澳大利亚正式将自身定位为多元文化社会。此后数十年间多元文化社会的建设成了西方国家对待外来移民态度的试金石。随着殖民主义时期的历史终结,各民族文化共生共存,互相得到尊重已成为"地球村"中被普遍接受的共识,也成了各国对待外来移民态度的"政治正确性"理念。从跨文化交流的角度来看,多元文化社会仅仅是多民族社会和谐发展的初始阶段,不同族裔背景的人们互相给予和平共存和发展的空间,不干涉他人保持自己的文化价值观,尚未达到民族融合、文化交融并发展出新的和谐文化空间等高层次的跨文化性愿景。即便如此,多元文化社会政策在西方国家的实施近年来一直受到政府、媒体乃至学术舆论的深度关注,或陷入激烈的批评之中。

一些基于西方主义视角的观点认为,多元文化政策要求少数族裔保持自身文化特点,放弃同化,提倡差异,实际上是一种反西方主流价值观的行为。多元文化价值体系的共存以放弃对外来族裔的同化为代价,实际上就是对几个世纪以来主导现代社会发展的西方价值体系的挑战。类似论调中最为人熟知的恐怕可算 911 事件以后声名大噪的《文明冲突论》一书的作者萨缪尔·亨廷顿,[①]其关心的核心利益在于如何让以美国为引导力量的西方价值体系继续主导下去。另一些基于移民后裔的视角也同样对多元文化政策提出了异议。移民的后代在其父辈的移居国中生长,拥有和主流族裔群体相同的教育背景、语言及职业技能,但往往在多元文化社会的旗帜下被刻意打上外来文化载体的标签,而无视其实际的社会融合程度。[②] 事实上,在多元文化社会形成的过程中,以穆斯林移民为代表的外来族裔与西方基督教民主体系之间的价值观冲突之处甚多,甚至涉及文化的内核,冲突往往难以调和。但并非所有外来族裔都必须面临如同穆斯林群体一样在西方基督教价

---

① 亨廷顿认为,"欧洲社会并不愿同化移民⋯⋯因此,持续的大量的移民很可能使国家分裂成基督教徒和穆斯林两个群体"。见萨缪尔·亨廷顿:《文明的冲突与世界秩序的重建》,周琪,等,译,北京:新华出版社,2002 年。

② 基于移民后裔的批评视角参见李明欢:《国际移民政策研究》,厦门:厦门大学出版社,2011 年,第 224 页。

值体系主导的社会中同样的问题。针对所有族裔无差异实施、只重共存不重融合的多元文化政策在实施中产生种种问题是必然的。多元文化社会理念的执行在各个国家都必须面对其长期以来形成的移民历史、移民状况、移民政策、社会对移民的接纳程度、移民族裔之间的差异等影响因素,德国由于历史上曾发生过针对其他种族之间的大规模屠杀清洗,在面对多民族文化共存问题时比起其他西方国家更为顾忌自身历史的道德污点,也表现得更为谨慎。

在文化多样性理念的指导下,德国近年来加强了对"接纳社会"(Aufnahmegesellschaft)和针对外来移民的"欢迎和承认文化"(Willkommens-und Anerkennungskultur)概念的宣传,旨在提高德国社会对移民的接受程度,以及德国社会对高层次外来移民的吸引力。根据德国联邦移民与难民署的阐述,"欢迎文化"针对正规渠道移民,适用于外来移民做出移民德国的决定和进入德国的初步适应阶段;"接纳文化"则要求整个社会对新进入的移民表达尊重和接纳,促进移民在德国长期安家。① 德国政府要求从公共服务领域到企业界乃至整个社会都应对欢迎和尊重外来移民做出贡献。2013 年起,汉堡和法兰克福等多地政府部门针对外国专业人才建立了"欢迎中心"(Welcome Center),以帮助新的外来移民更快地融入当地社会。类似的"欢迎中心"一般由地方组织,并由联邦劳动与社会部通过其框架项目"通过进修融入"(Integration durch Qualifizierung)提供资助。②

但是,提倡"欢迎与接纳文化"本身即说明了德国社会目前在这方面的现状仍不尽人意。自 20 世纪 60 年代以来,客籍劳工潮及其带来的移民背景人口在德国总人口中的大幅上升带来了一系列在德国全社会被广泛关注和讨论的社会议题,其中移民及其后裔的社会融入问题最为突出。以德国客籍工人群体中最有代表性的土耳其移民为例,近几十年来不管是报纸杂志还是学术研究均有大量针对以土耳其移民聚居区为代表的"平行社会"(parallele Gesellschaft)③的讨论和批评。从德国社会的角度看,客籍劳工在与德国社会融合的过程中最突出的问题来自于信

① 德国联邦移民与难民署:"欢迎文化与接纳文化",2011 - 05 - 19. http://www.bamf.de/SharedDocs/Meldungen/DE/2011/20110519-nuernberger-tage-integration-willkommenskultur.html.
② 陈凌、张原、国懿:《德国人才战略:历史、现状与政策》,北京:党建读物出版社,2016 年,第 232 页。
③ 指与主流社会及价值观没有接触,不受其影响的封闭移民社会,这种社会往往具有自己的价值取向和行为准则,不仅影响在此环境下成长的移民后代,也给主流社会的主流价值观保持和发展提出了严峻的挑战。

仰伊斯兰教的外来移民族群,他们在宗教、价值观、语言、习俗等方面和德国主流社会群体存在巨大的差异,其中的保守群体甚至形成了所谓的"平行社会",即不与德国主流社会发生联系,而是根据自己的宗教和文化法则建立和运行独立于主流社会之外的小社会。基于多元文化理念的社会政策应如何对待这一数量庞大的群体?① 相比起美国等没有历史包袱的移民大国,德国在二战之后对"民族认同""国家认同"等概念使用极度克制,爱国主义甚至成了德国人在价值体系评判中的敏感甚至禁忌词。在这样的背景下,处理平行社会问题成了多元文化政策实施中的一个悖论。一方面,多元文化理念要求尊重其他族裔的价值观和文化习惯,但平行社会中的重则如"荣誉谋杀"②、轻则如穆斯林女性佩戴头巾上学等与德国的主流价值观背道而驰的行为屡屡通过大众传媒挑战主流社会的承受度;另一方面,德国的多元文化政策实质上意在促进移民深层次融入以"主体文化"(Leitkultur)为导向的主流社会,但在实际操作中却囿于历史原因无法公开强调主体文化和主体民族等概念,导致一个和谐融合的社会所需要的共同遵守的价值体系往往不明。在这样的背景下,德国总理默克尔在 2010 年 10 月在波茨坦德国青年联合会代表大会上发出了"多元文化失败了,彻底失败"③的慨叹也就不足为奇了。

2012 年,原柏林州财政部部长、曾任联邦银行(Bundesbank)董事会董事的萨拉青(Thilo Sarrazin)出版了一本名为《德国自我沉沦》(Deutschland schafft sich ab)的畅销书,随即激起了德国媒体和社会对于外来移民的大讨论。该书宣称,穆斯林移民在德国乃至欧洲难以融入主流社会,土耳其以及阿拉伯裔移民缺乏融入能力,但生育率比德国妇女高出许多,长此以往德国将被外来移民拖入沉沦的深渊。④ 尽管萨拉青的观点非常偏激,并由于这偏离了"政治正确性"的看法,他失去了在联邦银行监事会的成员职务,但此书引发的社会讨论风波非常明显地表现出了德国社会长期以来对于平行社会的负面看法和情绪。德国融入与移民基金会(SVR)专家委员会的一份调查显示,具有移民背景的青少年在寻找培训岗位时,在

---

① 根据德国联邦统计局的最新统计,在德国居住的土耳其移民在 2015 年约为 150 万人,已经加入德国国籍的土耳其后裔则达到近 300 万人之多。

② 指家族男性出于维护家族荣誉和名声的目的处死家族中违反宗教及文化规定的女性。

③ 德国明镜在线:"默克尔宣布多元文化失败",2010 - 10 - 16. http://www.spiegel.de/politik/deutschland/integration-merkel-erklaert-multikulti-fuer-gescheitert-a-723532.html.

④ Sarrazin, Thilo: Deutschland schafft sich ab—Wie wir unser Land aufs Spiel setzen. München: DVA, 2012.

同等条件下受到歧视,如一个名字有着土耳其族裔特征的申请者在申请汽车技师培训岗位时,平均需要投 7 份简历才能获得一次面试机会,而有德国名字的申请者则平均只需投 4 份简历。①

不仅非专业性的普通移民必须面对德国社会对移民的矛盾心态和尚在愿景中的"欢迎社会",高层次技术移民也不得不正视这一问题。2000 年德国政府仿效美国引入的"绿卡"政策,本来旨在吸引更多的 IT 人才进入德国劳动市场服务,但在具体实施中,却很快在德国舆论中激起了较为激烈的讨论,许多民众担心政府将人才发展战略的重点放在引进外来移民而不是加强本国教育体系上,甚至在 2000 年北威州议会选举时有人打出了"Kinder statt Inder"("要孩子不要印度人",原因为来自印度的外来移民中从事 IT 产业为大多数)的口号,以表达对政府人才引进计划的反对。"绿卡"举措也因此被批评者认为是从第三世界国家抢夺精英人才的行为。②

宋全成这样描述移民及其后代在德国社会融入中的两难境地:"由于德国政府始终没有一体化的移民政策和社会融合政策,因此,在德国工作和生活的许多外国人,一直生活在德国社会的一种矛盾的移民状态中。许多外国人⋯⋯在德国出生和生长的孩子甚至是第三代⋯⋯的生活方式、心态和自我意识⋯⋯一直处于一种中间的过渡形式,这种过渡形式表现为:在本地德国人看来,他们几乎没有任何移民的背景;在他们国家的人看来,又具有明显的德国化的特点。他们在多元文化的日常生活中,被德国社会大众所讨论,被认为处于一种矛盾的移民状态中。"③在这样的矛盾心态作用下,移民家庭往往不得不面对第一代与第二代在看待祖籍国和迁入国(德国)的心态的截然不同,从而产生文化适应问题、身份认同危机等连锁问题。

李明欢认为:"就绝大多数第一代移民而言,他们永远只能生活在原居地与移入地两个世界时间。在他们的生活中,一方面是从政治到经济都演绎着在场(presence)

① Hummitzsch, Thomas: Diskriminierung von Migranten auf dem Ausbildungs-und Arbeitsmarkt, 2014 - 04 - 04. http://www. bpb. de/gesellschaft/migration/ newsletter/182169/diskriminierung-von-migranten.

② Kolb, Holger: Die Green Card: Inszenierung eines Politikwechsels. http://www. bpb. de, 2005 - 06 - 30.

③ 宋全成:《欧洲移民研究——20 世纪的欧洲移民进程与欧洲移民问题化》,济南:山东大学出版社,2007 年,第 150 - 151 页。

与缺场(absence)的交叉……另一方面则是社会系统'剥离'(disembedding)的演进，即社会系统从本土的互动范围中剥离出来,跨越时间和空间重新结合,社会过程脱离了社会关系建构及人际互动需要必然在场这一先决条件,在无限的时空分割中再度重组。"①这一论断同样适合于描述德国的华人新移民第一代的社会融入状况。他们中的主力群体于20世纪80—90年代以留学生、工作移民或家庭团聚的身份移居德国,由于当时国内外薪酬水平的巨大落差,其中很大一部分留学生在学成后留在了德国长期居住,或成为德国公民,他们中的一些精英人士进入德国大型企业和机构工作,或创业成为自营业主,他们"没有语言和社会交往障碍,有着广阔的国际视野,完全融入了德国的主流社会"②。在非技术移民中,以浙江籍移民为代表的新移民群体则沿袭了传统中国海外移民的生存模式,移居德国的方式为契约劳工、家庭团聚、难民或非法移民等渠道,在德国主要从事餐馆、中国零售商店等服务性工作,依赖独有的人际关系及资金周转网络运转。这类中国新移民由于文化程度较低,掌握当地语言和社会交往的能力较弱,往往与主流社会的交集较少,融入程度也较低。但与其他主要欧洲国家不同,德国并没有正式的华人聚居街区(唐人街),这也在一定程度上使得掌握满足起码沟通需要的德语、熟悉德国风俗人情和生活习惯成为新移民在德国生活的基本前提,客观上避免了只在华人圈子内活动,完全和周边社会零交集的零融入现象出现。另有少部分新移民是在20世纪90年代以后以中国大型公司及中国官方机构派驻的人员或随员,以及以投资移民身份进行进出口贸易等自主经营的群体组成,他们绝大部分在国内受过良好的教育,具有较强的语言运用及社会交往能力,在德国社会的融入程度高于沿袭传统生存发展模式的移民群体。

## 华人社会融入的风向标:政治参与

作为外来移民融入移居地社会程度的一个重要参照,政治参与成为近年来观察欧洲华人移民融入性社会行为的一个重要切入点。与传统华人移民由于社会地位和社会活动能力所限而表现出的"政治沉默"特征不同,华人新移民群体普遍展现出更具自信和能力、更注重表达和维护自身利益、更善于运用移居国的法律法规

① 李明欢:《国际移民政策研究》,厦门:厦门大学出版社,2011年,第365页。
② 宋全成:《欧洲的中国新移民:规模特征的社会学分析》,《山东大学学报》(哲学社会科学版)2011年第2期。

和政治参与渠道保护自己的特点。目前欧洲华人群体的主要政治参与方式为参与投票和选举、参与政治性团体组织表达自身利益诉求、成为地区与跨地区选举候选人等。一种政治参与方式强调华人通过政治参与表达作为少数族群的政治诉求，另一种政治参与方式则强调华人通过政治参与表达自身作为民族国家一分子的权利与义务，进而推动国家的政治进程。[①] 两种方式中，前者更强调自己的族群和文化属性，后者则相对强调自己作为所在国公民的政治属性，弱化自己身上的"华人属性"（Chineseness）。迄今为止，欧洲华人新移民群体的政治参与实例中，来自外因的推动力是一个重要的因素。如移入国经济环境的恶化、针对华商政策法规的改变、当地执法部门以及传媒针对华人移民群体的做法等凸现了华人移民群体作为外来弱势群体的被动性，迫使一些华人，尤其是华人第二代产生了从政意愿，这一点在意大利和西班牙两国曾出现的 2007 年米兰"四一二"事件和 2012 年西班牙警方的"帝王行动"中，有很明显的体现。[②]

欧洲华人新移民群体目前正处于持续发展期。华人参政在欧洲传统移民流向地英国及其他新移民重要移居国如法国、意大利、西班牙、德国等国均呈现明显的抬头趋势。现阶段的欧洲华人主动参政方式仍以参与地方选举的"选举型"居多。由于欧洲华人新移民群体发展时间较短，华人从政现象起步不久。从目前为止出现的大部分华人从政的案例中可以看到，华裔参选/从政者在表达自己的政治诉求时并未弱化自己的文化身份属性，相反往往借由自己的华人移民文化认同激发政治参与以维护自身权益，这一现象也普遍适用于德国近年来较为成功的华人参政议政案例。

近年来德国的华人移民中以参选者的身份取得华人在德政治参与突破的案例有：上海籍德国华人新移民张逸讷 2009 年当选德国北威州卡尔斯特市（Kaarst）议员，成为德国第一位进入市镇议会的华人议员；2010 年 11 月，中国籍旅德华人顾裕华成为德国法兰克福市外国人参事会议员，代表外国人利益列席参加德国法兰克福全部的市议会和市政府各委员会召开的涉及外国人的会议，成为法兰克福市第一位参政、议政的华人女性；2014 年 3 月，德国华人谢盛友代表基社盟高票当选

---

① 刘宏、侯佳奇：《当代英国华人社会与政治参与：以 2010 年大选为中心》，《南洋问题研究》2010 年第 4 期。

② 国懿、刘悦：《文化认同视野下的欧洲浙江海外移民政治参与研究》//范捷平，Béatrice Knerr 编：《走向欧罗巴——中国海外移民研究》，杭州：浙江大学出版社，2018 年。

巴伐利亚州班贝格市(Bamberg)的议会议员;出生于 1993 年,8 岁随家人来到德国的烟台籍华人移民二代王伟华于 2014 年当选为施韦青根市(Schwetzingen)最年轻的市议员,代表绿党参政议政;移居德国 30 多年的四川籍华人新移民杨明于 2016 年 1 月 8 日,在法兰克福市外国人参事会议上当选为黑森州外国人参事会(AGAH)参议员,这也是德国华人首次进入德国联邦州一级参政议政机构的实例。

德国华人新移民群体的政治参与行为往往与自身的"少数族裔"认知密切相关,德国华人新移民从政现象中,成功者往往依托的是自己的华裔身份、对中国社会文化的熟悉和对华人移民社团组织的号召力。现阶段德国华人新移民的政治参与行为基本上依附于其对自己"华人属性",即对自己华人文化身份的认可。同时华人移民第二代在政治参与方面也明显表现出了更高的积极性。和父辈相比,华人新生代多数精通移入国语言,熟悉当地国情和法规,他们的整体教育背景良好,在熟悉祖籍国文化和华人社团组织的同时,更熟悉德国社会的运行规则,善于运用法律规则和对话渠道表达外来移民的利益诉求,同时表现出更强烈的主动参政意愿。

参政议政作为华人在移居地社会参与政策制定、政党政治、政治实践的重要方式,是以新移民为代表的新一代华人移民区别于传统华人移民的重要社会行为领域。德国华人移民群体目前的参政议政实践可以分为两类:一类为以外国人身份参与具有德国特色的州及市一级的外国人参事会,参与针对外国人的政策法规制定,参政议政的范围有限;另一类为以华裔德国公民身份代表政党参与地方议会选举并当选议员,真正全方位参与德国政治生态,参政议政的范围并不局限于移民领域。目前后者的政治参与方式在市镇一级的成功案例已有三起,其中移民一代两人、移民二代一人。随着新移民群体人数的继续发展和移民二代的继续成长,在"成功进入德国政治圈子"的示范效应下是否会实现新的突破,仍需我们拭目以待。

# 第五章 华人移民新生代的身份认同

## 第一节 身份认同的界定及研究视角

认同是个体在面对群体与其他对象时心理和情感上的一种结合关系。认同常常以归属感的形式出现，驱使个体做出认可与否、熟悉与陌生、内外之间的心理从属抉择。文化认同指人们对互相之间或个人和群体之间的共同文化的确认。认同是一种多重复杂体系，其复杂性在跨越不同文化边界的移民群体中尤为突出。不同的学者将移民认同的组成分为不同的维度进行界定及观察。东南亚华人移民知名学者王赓武最先尝试给海外中国移民身份认同分类并区分出七种类型：中国国家认同、所在国家认同、中国地区认同、有法律和政治权利的族群认同、中国历史认同、中国文化认同和族群文化认同。[①] 庄国土则将不同身份认同主要分为三种：政治身份认同、族群身份认同和文化身份认同，并倾向于强调政治和族群认同。[②] 文化身份认同区别于个体的政治身份认同和族群身份认同，与文化归属意识相关，并以共同价值的接受与认同为核心。文化身份认同通过群体成员分享某些核心价值、文化符号、理解方式、思维和行为模式得以形成和发展。与族群身份认同不同，文化身份认同和政治身份认同更为动态并能由个体主观掌控和发展。一方面，个体受到文化的影响，成为文化的"被动"载体；另一方面，个体也可以积极选择和构

---

① 庄国土：《略论东南亚华族的族群认同及其发展趋势》，《厦门大学学报》（哲学社会科学版）2002 年第 3 期，第 64 页。

② 庄国土：《东南亚华人参政的特点和前景》，《当代亚太》2003 年第 9 期。

建他们自己的文化身份或者对外界展示文化身份的某些方面,并成为自己文化归属的"再创造者"。

与政治认同和族群认同有别,文化认同以对核心价值观的认可作为归属感的来源,并以相同的文化符号、遵循共同的文化理念、秉承共有的思维模式和行为规范作为依据。对文化认同的选择归根到底是对价值观的选择。文化认同往往是跨国迁移背景下移民及其后代的自觉选择结果。它受到多种因素的共同影响,并由于各移民输入国的政治、社会、文化环境及移民输出及输入国之间的关系变化处于动态变迁之中,这种多因素影响下的认同也可称为"多重文化认同"。[①]

与东南亚华人长达一个多世纪在移入国的耕耘和融入情况有别,德国的华人新移民进入当地社会大多只有三四十年,第一代移民中的异族通婚现象并不普遍,移入国从移民政策来看也与一些曾执行仇视华人族群和打压华人文化认同政策的东南亚国家大相径庭,族群冲突问题较小。华人作为德国外来移民中数量很小的一部分,在整个社会中对于移民文化与主流文化的讨论中并未处于风口浪尖,华人族群身份也普遍没有给他们带来生活和就业上的明显不便。在社会与政治参与方面,长期以来,德国华人群体很大一部分仍表现出类似于传统中国海外移民"政治沉默"的特点,在参与当地社会事务,形成具有华人社群特点的政治观点方面并不活跃。随着新移民群体中高技术、高层次人才比例的持续上升,在德华人群体的政治社会参与程度也在发生改变,但直至目前也仍未出现根本性的转折。与此相对,在移民第一代和第二代的传承过程中,文化认同和华人属性的保持问题则较为突出。因此在德国华人群体的身份认同研究领域,相对于族群认同与政治认同,文化认同是目前最值得关注和最具研究价值的问题。

## 第二节　华人移民新生代的文化身份认同与华人身份属性的保留

近代以来,华人移民海外的历史已经超过 150 年。在一些传统的华人移民流向地如东南亚地区与北美洲,许多老一辈华裔居民的代际传承已经在四代左右。

---

① 韩震:《全球化时代的华侨华人文化认同问题研究》,《华侨大学学报》(哲学社会科学版) 2007 年第 3 期。

除了统计学意义上对于三代以后的移民后裔是否应认为仍然具有移民背景尚有争议,在移民领域更为重要的议题是对这些移民后裔在文化身份认同上的密切关注。综观近十年来国内学界对这一领域的实证研究结果,当前海外华人移民新生代与华人属性相关的身份认同基本呈现出以下三种特点。

(1)弹性族群意识。流入国对于华人保持自身文化身份属性的社会政治文化框架越宽松,华裔新生代的社会融入程度越高,族群意识就越淡化。反之在族群文化属性由于各种原因被打压的国家和地区,华裔新生代的族群意识就会增强。一些研究通过实证调查对传统移民流向地东南亚国家中具有中国移民背景的新生代的身份进行了追踪。杨晋涛、俞云平针对马来西亚、泰国、印度尼西亚三国华裔新生代的研究对其"祖籍记忆"及其与"族群认同"和"国民认同"的关系进行了实证调查。调查发现,与选择作为"中国人"的族群身份认同相比,年轻一代对于中国作为其父辈祖籍国的定位大多建立在所谓的"祖籍记忆"之上,这在他们感到归属感危机时发挥重要作用。值得注意的是,与较强的族群认同结合紧密的这种归属意识并未呈现出与他们的政治身份认同(国民认同)相矛盾的情况。但"祖籍记忆"并不等同于对来源国的归属感。在华人越能充分地融入主流社会的东南亚国家,华裔的年轻一代就越不需要发展出更强的族群意识,从而也就不需要去强化自己的"祖籍记忆",反之亦然。① 这一结论部分印证了此前杨启光针对雅加达华人新生代认同研究的结论:华人文化认同派在中华文化、原住民文化、西方文化三种文化的夹缝中建构自身的华人特性,安然度过印尼苏哈托时代高压同化政策后,成为雅加达华人中最具活力、兼容并蓄的群体。②

(2)族群认同与政治社会认同形成博弈。海外华人在文化思维和文化行为上保留了相当多的华人属性,甚至在特定的祖籍地域文化群体(如潮汕人、温州人等)中还会附加具有地域特点的行为模式,但这一认同在与华裔新生代成长国的公民身份认同相碰撞时,仍呈现出较为明显的割裂状态。吴金平通过对中国在美国和加拿大的华裔新生代的实证研究得出结论,这一群体尽管在文化行为方面仍保留中国特点,但在政治上展示的中国身份认同却非常有限。目标群体的政治态度反

---

① 杨晋涛,俞云平:《东南亚华裔新生代的"祖籍记忆"——马来西亚、泰国、印度尼西亚个案比较》,《世界民族》2007 年第 6 期。

② 杨启光:《雅加达华人新生代的考察分析——兼论各次文化群体在"印尼华人文化"建构中的整合》,《海外华人历史研究》2004 年第 3 期。

映出与所在国同龄人极大的相似性。新生代个人对父辈祖籍国的政治态度与个人的汉语掌握能力具有很大相关性,一般而言,其中文语言使用能力越强,越能理解中国政府的政治观点和"中国人民的核心利益"。① 林靖针对美、加华裔新生代的另一项调查也得出了类似的结论,即是否赞同一个中国原则同新生代群体是否在所在国出生并没有必然联系,而是同新生代对中国文化是否有兴趣相关。② 两项研究结论的论据尽管不尽相同,分别试图从华裔新生代的汉语掌握能力和对中国文化的兴趣动机探讨这种"割裂"情况的动因,但不可否认的共同发现是,海外成长的移民后裔在政治观点和政治身份认同上均呈现出与所在国主流观点相近的倾向,难以代入祖籍国视角进行思考。

(3)身份认同中的"文化杂糅"③现象常见。与文化多元社会中出现的"文化杂糅"现象相类似,华裔新生代文化身份认同过程中受到社会文化氛围、家庭氛围、个人经历等多种因素影响,形成了具有明显个体差异,又存在区域差异的现状和发展趋势。周敏针对美国华人移民家庭的代际关系的田野调查④发现,父母为外来移民,子女在美国本土成长的华人移民家庭中,两代人"被当地社会同化"的取向和速度都不相同,华人移民家庭中不仅充满两代之间常见的代际冲突,也充满移民家庭特有的跨文化冲突。移民家庭与主流社会之间的文化差异,父母与子女之间不一致的文化同化步调使代沟加深。这些困境往往影响着华裔新生代的身份认同形成。袁素华、郑荣睿在针对参与国内"寻根之旅"的华裔青少年的一项研究中⑤认为,欧美华裔新生代对中华文化的"失根"状态比较普遍,在渴望融入所在国社会,主动"西化"的同时,也不得不面对"香蕉人"所面对的"民族认同疲惫"和"文化认同困惑"及其所带来的精神迷惘。李其荣、姚照丰对美国华人新移民第二代的整体身

① 吴金平:《对美、加华裔新生代特点的社会调查及分析》,《世界民族》2004 年第 6 期。

② 林靖:《新时期华裔新生代文化认同的困惑与解决》,《经济与社会发展》2010 年第 12 期。

③ 概念源自印度学者霍米·巴巴自 20 世纪 80 年代以来提出的杂糅理论。巴巴在讨论东西方文化在殖民地的相互影响的框架下认为,不同文化的相互影响不是融合而总是杂交,文化的所有形式都持续不断地处在杂糅的过程之中。文化杂糅是两种文化本源在互动中出现的"第三空间"。

④ 周敏:《美国华人移民家庭的代际关系与跨文化冲突》,刘宏,译,《华侨华人历史研究》2006 年第 4 期。

⑤ 袁素华,郑荣睿:《试析欧美华裔新生代文化身份认同的困惑》,《湖北社会科学》2009 年第 8 期。

份认同进行了解读,认为这一群体对自己的定位多为华裔美国人,对自身的定位受两种文化的影响,具有双重认同的特征。华人可能在族群身份上有华人的认同,在社区和国家政治身份上认同于居住国,而在语言和生活方式方面,乃至在价值和文化取向方面同样也同时存在多重认同,可以被称为"混合的认同状态"①。

正如针对华人海外移民的研究迄今为止仍以传统移民流向地东南亚、北美地区为主一样,在移民新生代文化认同领域,针对新移民主要移入地欧洲大陆进行的研究在数量上仍亟须拓展。对这一研究短板的需求随着移居欧洲的新移民数量迅速增加日益迫切。在迄今为止的欧洲华人新移民相关身份认同研究中,较有代表性的结论与上述第二种特点相近,即在移居国出生或/和成长的华裔新生代在族群认同和政治社会认同上呈现一定的博弈状态。

温州是浙江省移民流向欧洲的主要输出地,并在近年来数量迅速增加的同时呈现出较为成功地融入移居国主流社会的趋势。两项与欧洲的温州人有关的研究均得出了既类似又有别于美加华裔新生代群体的结论。王春光认为,在欧洲的温州籍华人新生代在社会认同上更偏向于法国社会。一些人一直在法国长大,接受的是法国教育,完全脱离了温州人的交往圈子,心里并不认为自己是中国人,另一些虽然还在继承父辈的生意和工作,生活在温州人圈子里,但是对于祖籍地的认同也在淡化,心理上更倾向于对法国社会的归属。无论是哪一种群体,他们都必须面对法国社会对自己移民背景的标签,尤其在就学、求职的时候,尽管他们中很多人都已经加入了法国国籍,说着流利的法语,有着和法国同龄人可以相提并论的良好教育背景,仍摆脱不了法国社会对自己先入为主的移民身份预判。与此同时他们的父辈又希望他们记得自己的祖籍地文化,保持中国人的文化特征。"在这种情况下,他们在社会认同上表现出矛盾和张力,他们的解决办法是自认为不属于任何一方(法国和中国)的特殊社会族群,也就是说,他们在建构新的社会认同,但没有找到一种稳定的新的社会认同。"②王洁曼、严晓鹏对来自温州的、主要居住在意大利和法国的移民后代进行调查研究后认为,温州华裔青少年的移居地文化(主族文化)认同逐渐增强,对所居国的价值观念和生活方式逐渐适应和接受,同时有朝着

---

① 李其荣、姚照丰:《美国华人新移民第二代及其身份认同》,《世界民族》2012 年第 1 期。

② 王春光:《巴黎的温州人》,南昌:江西人民出版社,2000 年,第 254 页。

主族文化与客族文化(祖籍国文化)双重文化认同发展的趋势。[①]

近现代以来的几次主要以东南亚和北美为目的地的移民潮经过几代人的发展,第一代移民后代的个人经济和社会状况大多在当地社会环境下稳定下来,并形成了相应的身份认同;但与此同时,新移民与祖籍国之间的关系也发生了与时俱进的变化,与时代变化相对应的"推拉因素"组成的改变深刻影响了移民动机和行为。其中非常重要的一个改变就是移民动机中改善生活和工作前景目的的比重大为增加,自愿移民群体成为移民群体的最大部分,反映了中国作为移民流出国已经告别了近现代的战乱、贫穷、恶性资源争夺等迫使移民形成的状况。

欧洲的中国新移民第一代大多在出国前成年并完成社会化进程,他们的文化身份认同在祖籍国中国形成,他们的后代则主要在国外出生长大,并常常不以汉语为母语,甚至完全不使用汉语。移民的后代从小就不得不面对与自身文化身份认同相关的问题,他们的身份形成往往经历动态变迁的过程。移民新生代面对他们父辈祖籍国时的自我定位和自我身份认同时常感到困惑。相对于第一代移民在需要或意图融入当地社会时面临情感上与来源文化保持认同的困境,移民后代则更加感兴趣于创造一种既不属于来自父母方也不属于所在国的亚文化,这一亚文化可理解为祖籍国文化与居住国文化之间的文化杂糅。

这些现象导致了移民一代和移民新生代对他们文化身份根源的不同观点。对第一代移民——尤其是传统移民而言,对祖国的归属感可以用"落叶归根"来描述,但这个表述通常并不适用于他们的后代。"落地生根"则更适合描述中国移民后代与其父母的祖籍国以及其居住国家之间的独特联系方式。

## 第三节　德国华人移民新生代群体的身份认同特点

在20世纪80年代以后出现的中国赴欧新移民潮中,出现了一些较之传统移民潮更为多见的、与国际移民环境变迁紧密相关的新现象:一些华人移民的第二代在父辈的迁入国出生,由于家庭原因被送回祖籍国成长至一定年龄,在成年之前回到迁入国;一些则出生在祖籍国,成长至一定年龄后,在成年之前持家庭团聚签证

---

① 王洁曼,严晓鹏:《温州华裔青少年的文化认同调查》,《八桂侨刊》2011年第1期,第24-27页。

回到身处迁入国的父母身边;一些华人移民二代虽然从出生起一直没有离开迁入国,但在成年前一直持中华人民共和国护照,或者成年以后继续选择保留中国国籍。不难发现,上述每种情况下成长的华裔新生代的生活轨迹,以及与此相关的身份认同形成的环境和周围的社会文化影响都大不相同,因而需要我们在关注这一群体的文化认同之前首先分析其群体特征。换句话说,这一群体的特征描述更多应建立在文化边界而非主权国家边界之上。

从移民统计角度看,在国际惯例的移民数据中,跨境移民从第三代开始便不再被纳入具有迁出国移民背景的群体。但从文化角度看,可以认为,许多第三、第四、甚至第五代中国移民,只要他们保持中国人的族裔形象并主动选择成为中国文化的"承载者"[①],均可以认为属于广义上的中国海外华人群体。事实上,在国务院侨办估算的目前居于海外的 6000 万华人华侨中[②],有很大一部分也属于此类人群。在德国目前约 15 万华人华侨中,绝大多数为改革开放后移入德国的中国大陆移民,从代际传承而言相对较传统华人移民流向地简单得多。同时由于纳粹种族主义浪潮和德国相对保守的移民政策等历史原因,也较在同为欧洲大陆国家的法国和意大利等地来自浙江青田、温州等地的华侨传承代际要短。20 世纪 80 年代以后移居德国的华人新移民第一代的后代目前主要为 18～35 岁之间的华裔第二代。

在德国的华人新移民的第二代规模到底有多大? 根据德国联邦统计局的统计,截至 2015 年年底,在德国居住 3 个月以上的中国公民共 119590 人,其中 5.2% 即 6219 人在德国出生。[③] 另一方面,根据德国的《国籍法》第 4 条,如果夫妇中有一人有德国国籍,则其亲生子女出生之日起即可获得德国国籍,或父母一方在德国已经合法居留 8 年以上,或在德国拥有无限期居留许可,则在德国境内出生的外国人的子女可获得德国国籍。近年来每年入籍德国的中国公民数量稳定在 1200 人左右,0～15 岁的入籍人口为其中的约 12%(根据 2015 年数据),据此大致可推断在德国出生或成长的、拥有德国国籍的华裔新生代数量大致在 5000 至 10000 人。加

---

①　海外中国移民后代中名人甚多,美国前驻华大使骆家辉为美国华裔移民三代,好莱坞影星杨紫琼为马来西亚华裔移民第三代,新加坡前总理李光耀为新加坡华裔移民第四代,其子李显龙为第五代华裔。在他们的公众形象中,华裔乃至华人身份是一个重要的标签。

②　人民网:"国侨办主任裘援平:凝聚 6000 万华侨华人同圆共享中国梦",http://politics. people. com. cn/n/2014/0305/c70731-24540081. html.

③　Statistisches Bundesamt: Bevölkerung und Erwerbstätigkeit. Ausländische Bevölkerung 2015. Wiesbaden, 2016.

上在德出生的中国公民数量,则德国具有中国移民背景的新生代居民数量在
10000 至 15000 人之间。

每个华人移居地都有其独有的社会经济文化发展历史和现实框架。德国的华
人群体组成从近现代开始就形成了两个几乎平行发展又彼此有所交集的群体。一
个是以浙江籍移民(尤其是青田人和温州人)为代表的非技术性移民群体,多从事
传统的中餐馆和批发零售业,很多为自主经营者;另一个是以具有留学经历的技术
性移民为主的高层次人才群体,他们受教育程度高,熟练掌握外语,拥有较高收入
和社会地位,多在德国公司和机构工作,少部分自主经营企业,大多摆脱了为生计
奔波的阶段。从数量上看,两个平行的群体大致相当,相对于同在欧洲的法国、意
大利等华人新移民集中的国家,形成了较为鲜明的"德国特色"。这一特点不仅体
现在德国的中国人形象同时融合了两个群体的烙印上,也体现在华裔新生代的社
会融入特点上。

## 没有他乡困惑的一代

2012 年至 2014 年,笔者在德国以柏林为主要地点进行了针对华裔新生代社
会融入状况与文化身份认同的实地调查。研究的主要方法为基于核心问题的半结
构式深度访谈。在研究框架内,笔者一共接触了近 50 位年龄在 15 至 30 岁之间的
华裔新生代,对其进行了观察及交谈,并与其中的 20 人进行了时长为 1.5 至 2 小
时的深度访谈。访谈的核心目的在于通过华裔新生代对自身的社会行为和思维方
式中受到华人身份认同影响的部分的审视,总结新生代在德国社会中成长过程中
遇到的融入/融合问题,促使其反思和表达自身的文化身份认同。研究的核心问题
在于:在德国出生或成长的华裔新生代如何看待自己的文化属性? 是否对自己的
文化身份存在困惑? 如何看待自己的移民背景?

对故乡的文化记忆是中国海外移民乡愁和中国文化认同的直接来源,其前提
为:故乡对比他乡是一个鲜活于记忆的存在。在移民第一代的身上,"日久他乡是
故乡"的心路历程并不鲜见。随着移居时间的加长,移民的生活习惯、家庭状况日
渐产生变化,而随着故乡亲人的逐渐故去,落叶归根的动力渐趋平伏。在调查中发
现,故乡与他乡的看法在德国移民新生代的身上呈现了与其父辈即移民第一代非
常大的差异。海外移民新生代在父母移居国出生或长大,正在或已完成社会化进
程。与其父辈保留大量与祖籍国相关的自身记忆不同,他们对于父母所成长并形
成文化身份认同的祖籍国文化更多的只有"祖籍记忆"。"我感觉从这里长大的会

有这种矛盾。当然有时候也是想：我到底属于哪里？至少在成长历程上真的很矛盾……回亚洲的话，你原来（来源）的地方肯定不是你的家，你根本不熟悉那里的生活环境，所以我想这个是很矛盾的。"移民新生代对"故乡"的概念往往有着与父母不同的理解，并在潜意识里对这一表述有复杂的解读。对他们来说，他们在成长过程中度过人生最重要时刻的地方就是自己的故乡，中国作为父辈的祖籍国更像是一个"熟悉的他乡"或是"陌生的'故乡'"。

这一新现象可以通过两个视角来解释：一方面，可以说"落叶归根"（指回到祖籍国中国或者祖籍记忆根源）的传统思维对年轻移民一代来说已经不再具有普遍性；另一方面，在国际流动性和大环境变化的前提下，所谓"根源"的指向直接发生了变化。当中国移民一代的后代在移居国适应并融入当地社会文化时，他们也在所在国形成了他们自己的文化身份认同，并在有必要追溯个人身份认同形成的根源时，往往将自己的"祖国"而非父辈的"祖籍国"视为故乡。因此从根源上，落叶归根和落地生根都不再是移民后代的文化归属选项。他们的身份困惑不再主要来自对祖籍国文化归属的拉锯，而是来自自身对成长地的归属感与当地对他们接纳程度的错位。

不少在德华人移民二代受到了良好的教育，德语为母语水平，有的甚至在学校里得到了"德语比德国人说得还要好"的赞誉，但在成长过程中却可能屡屡由于自己的种群外貌特征被认为是外国人，产生主观心理归属与客观融入情况的落差，从而容易形成寻找一种泛化身份认同的倾向。"如果问我有什么价值观和文化认同的话，我不会说我是德国人，我会说我是欧洲人。"这样的看法并不鲜见。

## 我属于哪里？文化心理的拉锯战

移民新生代在父辈的移居国成长、接受教育，以所在国的通用语言为母语。但华人父母往往希望子女熟练掌握汉语、了解中国历史和国情。这一方面有着文化传承的因素考虑，另一方面也因为中国经济的迅速发展，希望子女日后获得更好的职业前景。在有着良好教育背景的移民一代身上，这种想法体现得尤为突出。熟练掌握双语和熟悉两国文化固然可以开拓移民二代的视野，获得自由选择身份认同的可能，但同时也会给他们带来一种基于文化心理拉锯的矛盾心态。"有时候人家会说中国怎么样，我就会感觉到要捍卫中国，可当中国人说德国人怎么怎么样的话，我又会说，德国人根本就不是这样的，你又不了解德国。"

绝大部分在德华裔新生代的父母双方都是成年后移居德国的中国移民一代。

一方面,家庭环境内充斥着与中国文化相关的元素,父母讲普通话或者方言,后者尤其在传统非技术移民家庭比较突出,同时在教育理念、婚育观念、生活习惯和价值取向上都呈现出中国文化烙印;另一方面,家庭外的环境受到社会主流价值取向、语言使用、对待移民的政策和接纳度、两国政经外交关系的影响。在家庭内外两种文化环境下成长的移民二代,在身份认同上较移居国的同龄人更易意识到自己思维行为影响来源的多样性,也往往呈现出"弹性身份认同"的趋势。这种趋势在德国华裔新生代群体中呈现出三种特点。

首先,当新生代的认同和对自我的看法相对固化后,他们往往根据场景和互动对象的变化呈现出不同的表现形式,如和德国人在一起会感觉自己往往不是那么"德国",在中国又会感觉自己非常"德国",熟悉了不同文化来源的视角转换后,往往会发现和同样有移民背景的人最有共同语言。"我跟中国人在一起的话就是中国人,跟德国人在一起的话就是德国人。"总的来说,新生代在描述自身的身份认同时往往会借助一种第三方视角来进行表述,如"我觉得我像德国人多一点",显示出他们对于自己在两种文化夹缝中成长的认知和对两种文化的有意识的距离感。中国和德国的社会文化之间既有共性也存在众多的差异性,对于大部分移民新生代而言,尤其在感知中德文化差异的时候,很容易将自己定位为两种文化之间的"中间人"。"我觉得我是德国和中国的中间,但是可能比中国人更德国一点……就是因为说话,在这里长大……其实我像德国人,我一到中国也会认为我是外国人。在德国我原来一直觉得我特别德国人,有时候别人有一些奇怪的感觉,觉得我像是外国人,其实我根本就没有那个样子。""中国现在也造了航空母舰,飞到外星去,听到这样的新闻,我也很高兴。和德国人谈起政治的话,我也会维护中国,但问题是,我们刚好两个语言都懂,两边的新闻、资料我们都知道,两边的情况我们都了解得多。德国人又不了解中国的情况,中国人又不了解德国的情况,我们在中间。""我不知道什么是德国人,什么是中国人。因为有很多中国人问我这个问题。好像我是比较德国化,我一共在中国待了两年,我还比较懂得文化,也有一些我永远不会习惯的事情。"

其次,文化身份的形成是不同文化互动网络中形成的一个复杂的协同效应(Synergie)过程,绝非简单的一加一等于二的过程,也不能将身份认同简单化地按照血缘关系切割。移民新生代在表述自己的文化身份认同时,基本不会认为自己的认同是简单的"一半德国人"加"一半中国人",而是强调一种基于场域、对象、意愿的动态表现。"其实我觉得不是中国人还是德国人的问题,因为我有很多第二代移民的朋友,也不是一个国家还是另外一个国家的问题,还是人的问题。我是这样想的:我觉得中国对我的影响会很大,对我的生活始终有影响,中国的影响很大,但是我没有这样的数字,百分之几,没有这样子。"相反,他们主观感觉到的身份属性总是处于弹性变化当中,再加上德国社会对外来移民态度的动态变化,也增加了经由个人经历导致身份认同变化的个体差异的形成。"我觉得我在中间吧。……说我很像德国人我也不觉得,因为德国人呢也不让你觉得你是德国人,他们在街上会问,哦,你是哪儿来的?一看你不像德国人,就会问你,你是在哪个国家出生的啊?他们就一定认为你不是在这里出生的,不是德国人。就算你是在这儿生的,在这儿长的,他们不认为你是德国人。""有时候,你在柏林不会觉得自己是外国人。有可能人家看你是个亚洲人,但是除非真的人家把你当作一个外国人来看,否则自己不觉得自己是外国人。如果别人问你,你是外国人,不要待在我们的国家,我会说,哦,我是外国人。""人家认为你是外国人的时候。回中国吧,你会这样觉得。但是你在中国的话,你会认为自己是德国人,在这儿的话,你会认为你是中国人。""在德国我还是会特别觉得我是中国人,在中国自己还是感觉我更是德国人。""要看情况。但是你跟德国人在一起你不会想到自己是德国人还是中国人的问题,你跟中国人在一起的时候会。"

笔者曾和一位移民新生代女孩子亲历一个场景。她从小在德国生长,德语说得和德国同龄人并无两样。在逛街的时候,一个售货员听到她说话,冲口而出夸奖她:"你的德语说得真好!"她在此时并没有任何回应,但笔者感觉她明显有一点尴尬,甚至有一点不知道怎么样去应对,因为从她的心理认知来讲,她并未将自己视为德国的局外人,但由于自己的外来移民血缘特征,却轻易被德国人看成一个外来者。尤其在德国土生土长的移民新生代身上,类似的经历并不少见,这往往成为阻碍移民新生代形成某种"纯粹"的文化心理认同的因素。

第三,在年龄上处于青少年期的华裔移民新生代身上,由于其社会化过程还在进行中,身份认同还未完全固定,比年龄更大的新生代呈现出更强烈的不确定感和易变倾向。"我小时候感觉自己是中国人,现在年纪有点长大了,想法也改变了,感觉自己还比较是德国人。哪一个国家的价值观和你比较相似,你就觉得是哪一边的。"其中较为引人注意的是,相对于在德国"土生土长"的移民二代,一些曾有小时候在中国生活经历的移民二代,往往在心理上更容易倾向于认为中国是自己最主要的认同来源地。"我觉得有这样两种背景的人,你在中国,(听到别人)讲德国的坏话,会全力去维护德国,同样这边的人讲中国的坏话,就算中国有很多问题,毕竟还是家乡,必然还有一种切不断的感觉在那边。你很希望她好,她的好对你有直接的影响,但是你又不知道怎么关心,有这种感觉。"移民二代跟随父母移民时的年龄越大,就需要面对越多在学校和社会中接受新规则和被他人接纳的问题,对德国的"他者"意识就会很早变得清晰。"因为以前会蛮挣扎的,中文也不是特别好,德文也不是特别好。以前觉得是一种残缺,现在觉得两边都有,蛮好的,(但)总是觉得还是少了点什么。如果能够接受现状,不去想太多的话,也很好,但是就那个时候的挣扎还遗留到现在。"因此,对于德国华裔新生代这一主流年龄处于 15 至 35 岁的群体而言,其身份认同的动态变迁无法通过瞬时调查得出结论,而需要基于研究案例库进行长期跟踪观察。

尽管必须面对两种文化有时在内心的"拉锯",但移民新生代往往都会认为如果有机会自主选择,还是愿意在移民背景家庭中成长:"移民家庭最大的优势我想就是能了解不同背景的人的区别,你对很多东西会更敏感一些,可能更能理解。因为你从小到大,两个不同的文化背景都了解,都见识过,也弄得懂那种互相摩擦的地方。所以呢,我想如果你碰到不同的人的话可能会慢慢理解,因为你本身就是这样的……但劣势就是没有根的感觉。""我不希望出生在一个真正的德国家庭,因为我不喜欢他们的教育方式。就是爸爸妈妈虽然关系还不错,不怎么体会孩子会想什么,然后 18 岁就搬出去,以后就是两个人生活,和爸爸妈妈好像没关系了一样。我不喜欢这种……然后在中国我就会想到学习方面,因为中国高考特别的难,如果我在这里高考成功,不一定在中国能考得上,所以我觉得像中国家庭在德国这样子是最好的。""我觉得很多不同的事情都有它的好的一方面,所以别指望总是只有一个方向。我知道德国人做事方法怎么样,中国人做事方法怎么样,从两边可以吸取最好的东西,来用它来做事情,就比德国人或者中国人做得好,最大的优势是两个文化都能学到东西。"

## 婚恋观和教育观念的代际冲突

无论父母是否为有着良好教育背景的高技术移民,在许多移民二代接受的家庭教育中,对于跨国婚恋的态度以及父母对教育的强烈重视几乎都是共性的问题。与传统移民流向地北美和东南亚华人移民群体(如潮汕籍移民)对于跨种族通婚表现出的拒绝态度类似,具有鲜明地域特征和已习惯于基于熟人展开人际网络建构的浙江籍移民(如温州人和青田人)中,对跨种族婚姻的态度也基本比较保守。"父母不希望我找德国人(结婚),他们最希望也是中国浙江那边的人。"但实际情况中也有不少移民二代的恋爱对象为非华裔,基于目前许多华裔新生代尚未步入婚姻殿堂,对于跨族婚姻会出现的各种(文化)问题仍多在主观想象范围之内。尽管如此,这些主观的设想也反映了新生代在原生家庭中感受到的与家庭外社会取向不同的各种观念的差异。"我觉得,我跟德国人(结婚)的话,我感觉教孩子会有很多不同的观点,但我也不希望真的在中国长大,因为他们教育也是另外一个样子。最好的就是,德国和中国那两种,当中最好的加起来这样子,在中国的话,会像中国的那方面,在德国,就会像德国的这一方面。"

与婚恋观念相比,移民新生代对于父母在教育方面的观念和行为的文化特点则有着更多的切身体会。德国的教育资源比较注重社会公平,由于人口近年来持续负增长,人口结构呈倒金字塔状,青少年在教育上的上升通道多,竞争压力较小。德国具有悠久的职业教育体系,在世界范围内有着独树一帜的职业人才培养模式,职业教育完成者在劳动力市场上也有着较强的竞争力。但在许多中国移民家庭看来,子女选择职业教育道路却并非最优的选项,与很多中国国内家庭的观念一样,这些移民家庭的父母往往认为读大学才是子女应该追求的康庄大道。"我的父母说现在的孩子必须要读大学,你没有读大学就进不了这个社会。"有这种想法的移民一代家长比比皆是,不仅自身学历较高的家长对子女有着教育程度方面的高期许,许多本身从事餐馆类非技术性工作的移民家庭更会期望子女能获得比自己更好的教育,"改换门庭",获得更高的社会地位。"中国的父母如果发现他们孩子早恋的话就特别的愤怒。"因为在中国父母的固有思维里,"早恋"必然会占去宝贵的学习时间,为成才留下遗憾。在这样的想法指导下,父母容易让孩子感觉到努力学习的迫切性和必要性,同时也感受到比德国同龄人更大的压力。"我觉得中国父母比较重视孩子的成绩,就是学校里要好,德国人好像没怎么说自己的孩子,因为我有很多同学好像都有点儿学习无所谓那种想法,好像什么考试不及格也没什么大不了的。"自身教育程度不高或者由于语言水平所限等原因导致社会融入程度较低的父母,其家庭往往会出现父母的期望值与父母能给予孩子在教育上的指导之间很大的落差。移民二代在成长过程中不得不自己背负沉重的独自成长的压力,并由于自己是家庭中德语最好的成员,在需要时会充当协助甚至代替父母与相关官方部门和机构打交道的角色。父母的艰辛和谋生的不易、望子成龙的压力、长辈对晚辈做出的牺牲、父母事事以孩子为主的教育观在不少移民二代的心理上打下了深刻的中国文化烙印,成为其看待祖籍文化时重要的影响因素。"我妈给我的母爱我受不起,有点太多了。但是我妈的出发点是好的,我一直跟我妈讲,当然我也是想以后有出息，但是我不想就是说我荒废我整个青春，不出去玩，从来没享受过的东西，就一直学习学习，成为顶尖，变成郎朗那样的人……当然也不要全部不管，德国父母的教育方式，我觉得是比较恰当的。"父母与子女在家庭中的互动模式也较容易在孩子心中演变为刻板印象："我觉得孝顺这方面有很大的差别。比如说中国人很注重孩子孝顺他们，每次吵架的时候孩子不能插嘴。他们希望整个人生呢你是欠我的，有点像这样。人和人是需要保持联系，很亲切的那种关系。"

## 难以绕开的文化差异

幼年时曾经历的文化冲突事件往往会对移民新生代的文化心理刻下深刻的烙印。这一点在一些出生于文化教育水平相对较低的移民家庭中的新生代身上较为突出。"刚移民过来的时候还在上学前班，过了三个月以后上一年级。在柏林小学有个习惯，暑假结束一周之后的第一个周六办一个欢迎会，小朋友拿书包放好多糖好像去报到似的，会上会读出小朋友的名字并请他上舞台进行介绍，说几句。那时候我父母不清楚，我放假后第一天就去上课，最后那个房屋管理员跟我说，今天不是一年级上课，你先回去吧，周六再过来。周六最后我还是一个人过去的，因为我父母也不懂这个概念要大家一起去。他们德国人是一家，好几口过去的，奶奶爷爷都去的。我就一个人坐那儿，拿了一种很小很小的书包，就像出去外面旅游的小书包，德国人背的那种背包我就没有。因为我父母也不清楚去上学要买专门上课的书包……后来我两个妹妹上学的时候他们就知道了，就也都准备了。""一年级刚开学的时候，爸爸妈妈他们不知道开学要带书包去，所以我就……还好家里住得很近，我爸爸又开车送我过去的，开车比较快，回家帮我拿书包，我那天觉得我哭了好像。不过就那一次，因为爸爸妈妈也看过我（学校）那里，到弟弟妹妹就没有这样的事情了。"在访谈中，不少移民二代在谈到中德之间的文化差异时，几乎都会回忆起在中小学期间的经历，其中令人不愉快和失望的经历往往在记忆中抹不去。轻者回想到由于父母并不熟悉德国社会文化惯例而闹出的笑话，严重者被学校中遇到的同龄人歧视和冷遇。外来移民的事件影响甚深，在他们心底留下了不愿谈及的创伤。

另一方面，移民二代在德国成长和接受教育，以德语作为最佳表达语言，在家庭外的生活、社交习惯与普通德国人无异，使得他们在回到父母的祖籍地时常常会迅速发展出以"德国人的视角"关注中国社会群体的行为和习惯。"我发觉呢，中国呢，可能也是因为中国人多，但是现在呢比如说，很多孩子呢，到结婚前还是和父母一起住的,这就是很大的不同。在德国呢是这样的,多数在成年后,也有很多十五六岁就搬出去,搬出去以后,从此就很少和父母联系了,觉得他们和父母没有什么亲切的感觉,觉得他们不像晚辈和长辈。"与父辈难以用"他们"来指代华人同胞迥然不同,移民二代往往用这一话语来指代其眼中的中国人。"他们活得好像蛮累的……中国人的那种关系网很密,一个人在一个社会就会被绑住手脚。你做任何事情,好像都要和别人联系在一起,你都要考虑到在别人眼中怎么样,你会有一个什么样的形象,会有一个怎样的后果。你做任何事情都要想得好多。""中国人挺客气的。有时候跟中国人相处有点吃力,有点累。我回中国的话,我的亲戚说德国怎么样,你以后肯定会很有出息的,你是我家里的什么什么的。那我就觉得,虽然在夸我,我就觉得我们不能谈点轻松点的吗? 讲讲你的爱好。我和德国人谈话的话题不一样,讲的都是你的爱好怎么样。我和我亲戚碰到一起的时候,叔叔、姑姑、姨妈,都是你学习怎么样、孝顺你爸爸,就是这几个话题,有点累,不是很轻松。然后就比较客气。"甚至同为华人移民二代,"土生土长"的华裔新生代看待年龄较大才移居德国的移民二代时,也常常会有"他们和我还是不一样"的感慨。"我有一些在中国长大、前两年才来这儿的朋友。聊得上,但是经常会感到文化差异。"

对"他者"与自我的下意识比较往往在移民二代回到父母的祖籍国/地时频繁出现。中国并非移民国家,目前 13.7 亿人口中,国际人口仅占 0.04%,[①]外来移民加入中国籍和取得中国长期居留许可的条件都非常苛刻,而德国目前具有移民背景的人口已经占到总人口的五分之一。在一个移民数量相对较大的社会中,身为具有移民背景群体之一的华人移民二代获得的"异样关注"相对较少。而在中国时,尽管从外貌上不会第一时间吸引他人的"异样眼光",但时间一久,在语言使用、行为举止、生活习惯上展现出的差异会使他们轻易成为他人的关注点,这种关注点也使得不少移民二代感觉到某种程度上的文化震荡。"在中国你才会有这种想法,在德国没有考虑过,就和其他人一样。我爸爸说,你在国内就好好做中国人,不要把你们那些外国人的习惯带过来,去饭店不要给小费,人家打喷嚏,你不要说'祝你健康',表现得很规矩,在中国就做好中国人。这个时候我就想,我就是我,身上的德国的影响还是蛮多的。"尤其在目睹一些不良社会行为的时候,往往容易将某些群体的行为习惯看成整个社会的普遍现象。"我去中国就觉得很烦,他们不好好排

---

① 新华网:"开放的中国需要一个'移民局'",2016 - 07 - 21,http://news. xinhuanet.com/2016-07/21/c_1119253291.htm。

在队里面，都往前跑，都挤来挤去。叫出租车的时候，他们也不会排在后面，他们就会随便走到前面去，在前面等。我觉得不太好。"

## 移民新生代身份认同的"德国特点"

如前文所述，自近现代以来，德国的华人群体呈现明显的二元分化趋势。一方面是与其他中国新移民在欧洲的主要迁入国家如法国、意大利相近的在移民行为和路径上接近于传统移民的移民群体，主要以浙江温州、青田等地移民为代表，他们以非技术性工作签证、家庭团聚身份迁移到德国，少部分以难民身份进入德国或经由其他欧洲国家迁移至德国，在德国从事餐馆、小吃、小商品贸易等非技术性工作，受教育程度和语言水平有限，主要在老乡圈子内构建人脉关系。另一方面是大量受过高等教育、具有留学德国背景，语言水平和职业技能较高，在德国企业或自营企业中从事技术类工作的高技术华人移民群体。长期以来，德国是中国人留学在欧洲范围内的重要目标国度，并由于经济环境良好给外来高层次移民提供了大量的就业机会，因此高技术移民与以浙江籍移民为代表的非技术性移民从规模上较为均衡，并未出现意大利、法国等其他重要的欧洲华人移民移居国所出现的以非技术性移民为压倒性主导的群体比例。一般而言，在德的两个华人移民群体各有自己的社交圈子，仅通过华文学校、教会、其他社团组织有一定的交集，在社会融入上也表现出鲜明的差异。

在这样的背景下，移民新生代由于家庭的职业结构、文化教育水平差异，同样表现出了较为鲜明的亚群体差异。在普通移民家庭内成长的移民二代不仅需要承受家庭给予的"改换门庭"、通过受教育改变职业路径的压力，还常常要作为家庭内德语最好的成员，承担起帮助父母书面处理社会事务的责任。由于家庭往往对子女读书寄予厚望，但又碍于父母知识水平有限无法提供任何帮助，导致不少普通移民家庭的新生代在成长过程中往往在遇到社会融入问题的时候无法向父母求助，必须求助于己。在这样的环境下成长的移民二代不少在心理上较为敏感，也更容易与和自己经历相近的其他（包括非华裔）移民新生代找到共同语言，在社交圈子中走得更近。与之相对，父母受教育程度较高，从事职业、德语掌握水平、交友圈子与普通德国家庭更趋接近的移民家庭内，孩子能够从父母那里得到的社会化成长过程中的帮助更多，同时因为他们往往随从事高技术类工作的父母在国际化程度更高的大城市就学和生活，在个人经历中对移民的融入、族裔冲突、主流族裔对于华人移民后代的看法等问题上并不那么敏感，也更愿意表现出对自己多元文化背景的认可,往往认为自己在德国社会中没有遭遇融入问题,其至认为自己得益于移民背景身份,在学习和就业上拥有比普通德国同龄人更大的优势。

每个硬币都有它的两面。移民新生代中越是认为自己与普通德国人没有区别,朋友圈子和社会行为越"德国化"的,越容易与自己身上的祖籍文化烙印拉开距离。换句话说,父母受教育程度高,融入德国社交生活程度深的移民家庭中,子女常常在文化心理上以德国人自居,对中华文化传统价值观难以形成亲近感。与此相对,以温州、青田移民为代表的非技术性移民群体在社会关系上仍保留大量乡土社会的特点。尽管囿于语言和职业能力,与移居国主流社会仍保持一定距离,但在移民群体内部却仍突出存在费孝通先生以"差序格局"①所描述的传统中国社会以己及彼、亲疏有别的价值取向。在这样的社会关系结构中,移民一代不论在生存和经营模式上,还在心理上往往对同一(地方)文化来源的亲戚、同乡、其他华人有着或多或少的依赖。受到父辈行为和心理的影响,在这样的家庭中成长的移民二代往往对于自己身上的中国文化烙印持亲近和肯定态度。很多浙江移民家庭中由于生存压力和职业等关系,将子女在出生后送回国内生活一段时间,等子女长到入学年龄后再接回移居国的情况并不少见。拥有这样经历的移民二代在心理上往往更为认同自己的华人属性,也更有意保持中国文化特定行为,进行祖籍国文化价值观的传承。

最后需要补充说明的是,访谈中的华人移民新生代多处于 20 岁左右的年纪,大部分还未步入职场,人生的经历和对文化特点的感悟仅来自于家庭教育、学校教育和社会交往。德国以社会福利国家为三大国家支柱原则之一②,在基础教育和高等教育阶段非常注重平等和社会福利,即便是没有入籍的外来移民也可以享受到和德国人一样的免费受教育权利,因此在学校教育层面可以排除机制性的排外和针对具有外来移民背景的学生的学业上升通道受阻的情况。而步入职场之后,一些与文化"内外"心理相关的隐形因素开始发生作用,不少具有移民背景者常常

---

①　费孝通认为,中国乡土社会结构"好像是把一块石头丢在水面上所发生的一圈圈推出去的波纹,每个人都是他社会影响所推出去的圈子的中心。被圈子的波纹所推及的就发生关系。每个人在某一时间某一地点所动用的圈子是不一定相同的"。传统社会格局中的人际关系以这样的方式确定亲疏关系,从自己开始,从小家庭、经大家庭、至宗族血缘关系成员、再及至地缘关系成员,每个人对"我们"的界定和归属都是相对的,通过这样的差序格局动态变化着。参见费孝通:《乡土中国》,上海:上海人民出版社,2013 年,第 25 页。

②　其他两个原则为联邦制国家和法治国家。

能感觉到职业上升通道中的天花板效应,从而回头对自己的身份认同再次进行审视和调整。同样,在华裔新生代中的大部分人到达一定年龄以后,随着他们进入婚姻,开始养育自己的下一代,在(跨种族)婚姻中价值观与生活习惯是否能够融合、反思自己的教育方式是否在重复自己原生家庭的模式等问题均会成为现实而非想象中的存在,也都会对华裔移民二代的身份认同形成重要的转变契机。

最后,德国是一个拥有 16 个联邦州的联邦制国家。每个联邦州的外国人政策、外来移民比例和对待移民的社会接纳程度都有差异。在一些国际化的大城市如柏林、汉堡、法兰克福等,外来移民总体面临的社会环境较为多元化,也较为开放。而在南部和原东德地区的一些人口较少、民风较为保守的区域,则需要面对较为封闭和保守的生存和发展环境。对移民二代而言,这意味着成长过程中可能遇到被排除在"自己人"之外的社会情况更多,文化身份认同也呈现出更复杂、更为隐蔽的趋向。基于上述所提及的年龄特点和地域差异,本章中所列举的在德华裔新生代文化认同特点应被理解为有时效限制的、仅具有启示意义同时不具备普遍适用性的描述。基于研究对象的特殊性,针对在德华人移民二代的研究结论也必须得到长期的跟踪检验。

# 第六章 结 语

从欧亚海轮上的华人水手在 19 世纪中期登陆汉堡港至今,华人在德国的有规模移民已有 150 多年历史。在中德两国正式建交 45 周年的 2017 年,在德国的华人华侨总规模已达到了 15 万人左右。这一数字相对于德国相当庞大的移民背景人群而言占比非常小,但却呈现出独特而鲜明的群体特征:第一,三代以上华人移民家庭非常罕见,绝大部分在德华人属于 1978 年中国改革开放后出国的新移民群体,第一批华人新移民家庭的第二代大部分正处于青少年时期,他们不仅在统计学意义上的移民背景群体规模研究中占重要地位,更重要的是在文化的代际传承中起着承上启下的作用。第二,与其他欧洲华人移民主要流向国相比,德国的华人移民群体呈现出独有的二元平行发展趋势:一方面,以温州、青田人为代表的浙江籍移民数量在德国呈现与欧洲其他国家相似的发展态势,主要从业领域为餐馆服务业,这一群体的移民路径和发展特点与传统中国海外移民差异并不大;另一方面,具有留学背景的高技术移民群体的高比例成为在德华人群体与其他欧洲华人群体差异较大的特点。从清末李鸿章派遣留德武官生以来,德国作为后来居上的工业化国家以及具有深厚的哲学文化底蕴的国家,是近现代乃至当代中国赴西方留学群体的最主要目的国之一。中国留德学人曾在两国交流历史、西学东渐以及将中国文化引介到德国的历程中,扮演了至关重要的开拓者角色,留下了不可磨灭的印迹。尽管在战争、冲突、灾祸不断的 20 世纪,中国赴德国留学潮一度遭受挫折乃至中断,在 20 世纪 80 年代中国重新打开国门后,重新出现了至今不减的留学德国热潮。从辛亥革命前夕的中国留德学生仅有 100 多人的小群体,发展到今天超过 3 万人的德国最大外国留学生群体规模,短短 100 年间,留德学生群体的快速发展对于研究在德华人移民而言有两种意义:在中德两国交往中,教育文化领域的交流成为重要的组成因素;对于在德华人移民群体而言,持续增长的留学生群体深刻改变了在德华人移民群体的组成。近年来，随着德国高技术移民政策的放宽，毕业后留在德国工作的高层次留学人才数量也在增加，但相较于留学生总人数而言，绝大部分留学生在毕业后仍选择回到中国工作，说明中国对德国留学热潮不减的同时，总体并未出现大规模的人才流失现象。中国留德学人群体从第一次世界大战之前就对华人在德国的形象发展方面刻上了自己的烙印。今天德国的 15 万华人中，每 4 个人就有一个是正在留学的学生。这样庞大的群体同样在延续对在德华人移民整体形象的影响，成为中德民间交往的重要桥梁。

本研究的最初动机旨在探寻德国华人移民群体在历史背景下的变迁，探寻这一群体在中国传统移民群体以及在欧洲新移民群体中的独有发展路径。在这一意义上，留德学人群体毫无疑义地成为德国华人移民史独特性的主要来源。改革开放后走出国门的中国新移民群体在德国的移居历史迄今只有 40 年，主要在 20 世纪八九十年代移居德国的新移民群体在代际传承上处于最值得关注的承上启下阶段。他们的第二代成长在一个国际流动性发生了翻天覆地变化的全球化时代，新的"家乡"德国已处于发展后的平稳期，而既熟悉又陌生的父辈"家乡"中国则正处在高速发展期。华裔移民新生代在两种"家乡"的对比中发展出自我与他者文化意识，在移居国的多元文化社会构建进程中经历主流社会对于外来移民的氛围变化，无论是"根意识"的淡薄、婚恋及教育观的代际冲突以及社会政治参与程度的加强，均呈现出与其他中国海外移民新生代相近的共性特点，同时也表现出具有德国特色的文化融合现象的潜力。这一潜力通过移民新生代在社会政治参与领域的表现已经初步转变为现实。由于这一群体目前多处于青少年这一文化心理发展动态最为活跃的年龄段，未来的相关趋势将在下一步的研究中进行继续关注和跟踪研究。

# 参考文献

## 中文文献

陈洪捷.中德之间:大学、学人与交流.北京:北京大学出版社,2010.

陈里特.中国海外移民史.太原:山西人民出版社,2014.

陈凌,张原,国懿.德国人才战略:历史、现状与政策.北京:党建读物出版社,2016.

陈三井.华工与欧战.长沙:岳麓书社,2013.

陈学恂,田正平.中国近代教育史资料汇编:留学教育.上海:上海教育出版社,1991.

陈奕平.和谐世界之桥——华侨华人与中国国家软实力.广州:暨南大学出版社,2014.

陈志明.迁徙、家乡与认同——文化比较视野下的海外华人研究.北京:商务印书馆,2012.

陈志强.近代中国最早到德国的留学生陈观海.羊城今古,2004(4).

池正杰.德国《外国人法》及其对中德民间交往的影响.德国研究,1995(1).

杜卫华.德文档案中的中国留德第一人.江苏师范大学学报(哲学社会科学版),2014(6).

费路(Roland Felber),胡伯坚(Ralf Hübner).中国民主主义者和革命家在柏林(1900—1924)//张寄谦.中德关系史研究论集.北京:北京大学出版社,2011.

费孝通.乡土中国.上海:上海人民出版社,2013.

傅义强.欧盟移民政策与中国大陆新移民.广州:暨南大学出版社,2008.

格雷姆·约翰森,等.生活在高墙外——普拉托华人研究.温州市世界温州人研究中心,温州大学浙江省温州人经济研究中心,译.北京:中国社会科学出版社,2013.

桂世勋.海外华侨华人及其对祖(籍)国的贡献//丘进.华侨华人研究报告(2011).
　　北京:社会科学文献出版社,2011.

国懿,刘悦.文化认同视野下的欧洲浙江海外移民政治参与研究//范捷平.走向欧
　　罗巴——中国海外移民研究.杭州:浙江大学出版社,2018.

韩震.全球化时代的华侨华人文化认同问题研究.华侨大学学报(哲学社会科学
　　版),2007(3).

郝鲁怡.欧盟国际移民法律制度研究.北京:人民出版社,2011.

黄万华.在旅行中拒绝旅行——华人新生代和新华侨华人作家的比较研究.北京:
　　中国社会科学出版社,2008.

季羡林.留德十年.北京:外语教学与研究出版社,2009.

《青田华侨史》编纂委员会.青田华侨史.杭州:浙江人民出版社,2011.

孔飞力.他者中的华人:中国近现代移民史.李明欢,译.南京:江苏人民出版社,2016.

李长傅.中国殖民史.上海:上海科学技术文献出版社,2014.

李明欢.国际移民政策研究.厦门:厦门大学出版社,2011.

李明欢.国际移民学研究:范畴、框架及意义.厦门大学学报(哲学社会科学版),
　　2005(3).

李明欢.欧盟国家移民政策与中国新移民.厦门大学学报(哲学社会科学版),2001
　　(4).

李其荣,姚照丰.美国华人新移民第二代及其身份认同.世界民族,2012(1).

林靖.新时期华裔新生代文化认同的困惑与解决.经济与社会发展,2010(12).

林亦修.温州族群与区域文化研究.上海:上海三联书店,2009.

刘国福.侨情变化与侨务政策.广州:暨南大学出版社,2013.

刘集林,等.中国留学通史:晚清卷.广州:广东教育出版社,2010.

刘宏,侯佳奇.当代英国华人社会与政治参与:以2010年大选为中心.南洋问题研
　　究,2010(4).

刘丽丽.德国移民子女教育研究.北京:中国社会科学出版社,2009.

刘悦.当代德语中的中文外来词及其发展趋势.浙江大学学报(人文社会科学版),
　　2013(4):122-134.

刘正埮,等.汉语外来词词典.上海:上海辞书出版社,1984.

麦劲生.留德科技精英、兵工署和南京政府的军事现代化.上海大学学报(社会科学

版),2006(3).

麦劲生.朱家骅与民国初年留德学人群体的形成//第三届近代中国与世界国际学
　　术研讨会论文集·第三卷:文化—思想.北京:社会科学文献出版社,2010.

潘兴明,陈弘.转型时代的移民问题.上海:上海人民出版社,2010.

乔卫,包涛.中国侨乡侨情调查.上海:中国国际广播出版社,2010.

青田华侨史编纂委员会.青田华侨史.杭州:浙江人民出版社,2011.

丘进.华侨华人研究报告(2011).北京:社会科学文献出版社,2011.

[美]萨缪尔·亨廷顿.文明的冲突与世界秩序的重建.周琪,等,译.北京:新华出版
　　社,2002.

宋全成.欧洲的中国新移民:规模特征的社会学分析.山东大学学报(哲学社会科学
　　版),2011(2).

宋全成.欧洲中国海外移民的规模、特征、问题与前景//王辉耀.国际人才蓝皮书:
　　中国国际移民报告2014.北京:社会科学文献出版社,2014.

宋全成.欧洲移民研究——20世纪的欧洲移民进程与欧洲移民问题化.济南:山东
　　大学出版社,2007.

王春光.巴黎的温州人.南昌:江西人民出版社,2000.

王赓武.华人与中国.上海:上海人民出版社,2013.

王焕琛.留学教育——中国留学教育史料.台北:台湾编译馆,1980.

王辉耀.中国国际移民报告(2014).北京:社会科学文献出版社,2014.

王辉耀,苗绿.中国海归发展报告(2013).北京:社会科学文献出版社,2013.

王辉耀,苗绿.海外华侨华人专业人士报告(2014).北京:社会科学文献出版
　　社,2014.

王洁曼,严晓鹏.温州华裔青少年的文化认同调查.八桂侨刊,2011(1).

王明珂.华夏边缘——历史记忆与族群认同.杭州:浙江人民出版社,2013.

王晓萍,刘宏.欧洲华侨华人与当地社会关系——社会融合、经济发展、政治参与.
　　广州:中山大学出版社,2011.

温州华侨华人研究所.温州华侨史.北京:今日中国出版社,1999.

文峰.欧盟非法移民治理研究.广州:暨南大学出版社,2012.

吴金平.对美、加华裔新生代特点的社会调查及分析.世界民族,2004(6).

夏凤珍.从世界看浙南非法移民.天津:南开大学出版社,2008.

徐鹤森.民国浙江华侨史.北京:中国社会科学出版社,2009.

杨晋涛,俞云平.东南亚华裔新生代的"祖籍记忆"——马来西亚、泰国、印度尼西亚个案比较.世界民族,2007(6).

杨启光.雅加达华人新生代的考察分析——兼论各次文化群体在"印尼华人文化"建构中的整合.海外华人历史研究,2004(3).

叶隽.现代学术视野中的留德学人.上海:同济大学出版社,2004.

叶隽.另一种西学——中国现代留德学人及其对德国文化的接受.北京:北京大学出版社,2005.

叶星球,江敬世.法国一战老华工纪实.巴黎:巴黎太平洋通出版社,2010.

雨春.德国的移民策略.国际人才交流,2010(4).

元清,等.中国留学通史民国卷.广州:广东教育出版社,2010.

岳南.陈寅恪与傅斯年.西安:陕西师范大学出版社,2008.

袁素华,郑荣睿.试析欧美华裔新生代文化身份认同的困惑.湖北社会科学,2009(8).

郑万里,等.梦回东方——华侨华人百年心灵史.广州:广东人民出版社,2011.

周棉.中国留学生大辞典.南京:南京大学出版社,1999.

周棉.留学生群体与民国的社会发展.北京:中国社会科学出版社,2017.

周敏.美国华人移民家庭的代际关系与跨文化冲突.刘宏,译.华侨华人历史研究,2006(4).

朱峰.基督教与海外华人的文化适应——近代东南亚华人移民社区的个案研究.北京:中华书局,2009.

朱慧玲.21世纪上半叶发达国家华侨华人社会的发展态势.华侨华人历史研究,2002(2).

朱勤杰.华侨史.桂林:广西师范大学出版社,2011.

庄国土.世界华侨华人数量和分布的历史变化.世界历史,2011(5).

庄国土.略论东南亚华族的族群认同及其发展趋势.厦门大学学报(哲学社会科学版),2002(3).

庄国土.东南亚华人参政的特点和前景.当代亚太,2003(9).

庄国土,张晶盈.中国新移民的类型和分布.社会科学,2012(12).

邹韬奋.萍踪寄语.北京:北京师范大学出版社,2014.

# 外文文献

Amenda, Lars. China in Hamburg. Hamburg: Ellert & Richter Verlag, 2011.

Ausländerrecht der Bundesrepublik Deutschland. 27. Auflage. München: Deutscher Taschenbuch Verlag, 2013.

Bade, Klaus J. Sozialhistorische Migrationsforschung. Osnabrück: V&R, 2004.

Bundesministerium der Justiz und für Verbraucherschutz: Gesetz über den Aufenthalt, die Erwerbstätigkeit und die Integration von Ausländern im Bundesgebiet (Aufenthaltsgesetz Aufenth G). https://www. gesetze-im-internet. de/aufenthg_2004/index. html, 2005.

Bundesministerium des Innern, Bundesamt für Migration und Flüchtlinge. Migrationsbericht 2012, 01/2014.

Bundesministerium des Innern, Bundesamt für Migration und Flüchtlinge im Auftrag der Bundesregierung. Migrationsbericht 2012, 01/2014.

Bundesministerium des Innern, Bundesamt für Migration und Flüchtlinge im Auftrag der Bundesregierung: Migrationsbericht 2015. 12/2016.

Bundesministerium für Arbeit und Soziales. Fachkräftesicherung: Ziele und Maßnahmen der Bundesregierung, 06/2011.

Bundesministerium für Arbeit und Soziales. Fortschrittsbericht 2013—Zum Fachkräftekonzept der Bundesregierung, 2014.

Butterwegge, Carolin. Von der "Gastarbeiter"-Anwerbung zum Zuwander-ungsgesetz. Migrationsgeschehen und Zuwanderungspolitik in der Bundesrepublik. http://www. bpb. de/gesellschaft/migration/dossier-migration/56377/migrationspolitik-in-der-brd, 2005.

Du, Weihua. The List of Chinese Students in the Berlin University (1898—1949). Berlin: mbv, 2012.

Deutscher Bundestag Drucksache 17/4784. Anwort der Bundesregierung auf die Kleine Anfrage der Abgeordneten Sabine Zimmerman, Jutta Krellmann, Sevim Dag delen, weiterer Abgeordneter und der Fraktion DIE LINKE, 2011 - 02 - 15.

Eurostat. Migration and Citizenship Database 2015. http://ec. europa. eu/eurostat/web/population-demography-migration-projections/migration-and-citizenship-data.

Gütinger, Erich. Die Geschichte der Chinesen in Deutschland. Ein Überblick über die ersten 100 Jahre seit 1822. Münster: Waxmann, 2004.

Harnisch, Thomas. Chinesische Studenten in Deutschland. Geschichte und Wirkung ihrer Studienaufenthalte in den Jahren von 1860 bis 1945. Hamburg: Institut für Asienkunde, 1999.

Hummitzsch, Thomas. Diskriminierung von Migranten auf dem Ausbildungs und Arbeitsmarkt. [2014 - 04 - 04]. http://www. bpb. de/gesellschaft/migration/newsletter/182169/diskriminierung-von-migranten.

Jungwirth, Ingrid et al. Hochqualifizierte MigrantInnen an die Spitze!//Bundesministerium für Bildung und Forschung. Arbeitsmarktintegration hochqualifizierte MigrantInnen-Berufsverläufe in Naturwissenschaft und Technik, 2012.

Knerr, Béatrice. Chinesen in Europe: From the 17th century to present day. An overview.//Knerr, Beatrice, Fan, Jieping. Chinese Diasporas in Europe. History, Challenges, and Prospects. Kassel University Press, 2015: 1 - 22.

Kolodzjej, Daniela. Fachkräftemangel in Deutschland. Statistiken, Studien und Stratgien. Deutscher Bundestag: Wissenschaftliche Dienste, 2011.

Kolb, Holger. Die Green Card: Inszenierung eines Politikwechsels. www. bpb. de, 2005 - 06 - 03.

Lee, Everett S. A Theory of Migration. Demography, 1966: 1, 45 - 57.

Leutner, Mechthild. Politik, Wirtschaft, Kultur: Studien zu den deutsch-chinesischen Beziehungen. Münster: LIT Verlag, 1996.

Li, Minghuan. Seeing Transnationality. How Chinese Migrants Make Their Dreams Come True. Hangzhou: Zhejiang University Press, 2013.

Lian, Yuru. Bestimmungsfaktoren der Westeuropapolitik Chinas. Die Beziehungen der Volksrepublik China zur Bundesrepublik Deutschland in den 80er Jahren. Frankfurt a. M. [u. a.] : Lang, 1995.

Liu, Yue, Guo, Yi. Germanismen in der modernen chinesischen Sprache. Deutsche Sprache, 2017(1): 78 - 95.

Massey, Douglas S. et. al. Theories of international migration. Population and Development Review, 1993, 19(3): 431 - 466.

Mahoe, Künwoll. Vergleichende Untersuchung über die physikalischen und chemischen

Eigenschaften der chinesischen und japanischen Seiden. Unveröffentlichte Dossertation an der Königlichen Technischen Hochschule zu Berlin, 1915.

Meng, Hong. Das Auslandsstudium von Chinesen in Deutschland (1861—2001). Frankfurt am Main: Peter Lang, 2005.

Merkel, Angela. Rede vor der Deutschen Handelskammer am 23. Mai 2006 in Shanghai. http://www.bundeskanzlerin.de.

Özden, Caglar, Schiff, Maurice. International Migration, Remittances & the Brain Drain. Washington: The World Bank, 2006.

Pieke, Franke N. et. al. Transnational Chinese. Fujianese Migrants in Europe. Stanford: Stanford University Press, 2004.

Sarrazin, Thilo. Deutschland schafft sich ab—Wie unser Land aufs Spiel setzen. München: DVA, 2012.

Schäfer, Thomas, Institut für empirische Wirtschaftsund Sozialforschung//Brückner, Gunter: Soziale Homogenität der Bevölkerung bei alternativen Definitionen für Migration. Wiesbaden: Statistisches Bundesamt, 2009.

Seiber, Holger, Wapler, Rüdiger. Aus dem Ausland kommen immer mehr Akademiker// Institut für Arbeitsmartkt—Und Berufsforschung: IAB-Kurzbericht, 21/2012.

Shen, Wei. China in the global migration order—Historical perspectives and new trends. Asia Europe Journal, 2010(8): 25-43.

Statistisches Bundesamt. Bevölkerung nach Migrationsstatus regional 2011. Ergebnisse des Mikrozensus. Wiesbaden: Statisches Bundesamt, 2013.

Statistisches Bundesamt. Bevölkerung und Erwerbstätigkeit. Ausländische Bevölkerung 2015. Ergebnisse des Ausländerzentralrigisters. Fachserie 1, Reihe 2. Wiesbaden: Statisches Bundesamt, 2016.

Statistisches Bundesamt. Bevölkerung und Erwerbstätigkeit. Bevölkerung mit Migrationshintergr und Ergebnisse des Mikrozensus 2015. Fachserie 1, Reihe 2. 2. Wiesbaden: Statisches Bundesamt, 2017.

Statistisches Bundesamt. Bevölkerung und Erwerbstätigkeit. Einbürgerungen. Fachserie 1, Reihe 2. 1. Wiesbaden: Statisches Bundesamt, 2017.

Statistisches Bundesamt. Bildung und Kultur. Studierende an Hochschulen. Wintersemester 2015/2016. Wiesbaden: Statisches Bundesamt, 2016.

Statistisches Bundesamt. Hochqualifizierte in Deutschland. Erhebung zu Karriereverläufen und internationaler Mobilität von Hochqualifierte. Wiesbaden: Statisches Bundesamt, 2011.

Statistisches Bundesamt. Nachhaltige Entwicklung in Deutschland-Indikatorenbericht. Wiesbaden: Statisches Bundesamt, 2012.

ThunØ, Mette. Beyond Chinatown. New Chinese Migration and the Global Expansion of China. Copenhagen: Nias Press, 2007.

Vogel, Dita. Deutschland: Hochqualifizierte Migranten—Offene Regleungen, geschlossene Gesellschaft?. http://www. bpb. de/gesellschaft/migration/newsletter/155575/hochqualifizierte-migranten, 2013 − 02 − 25.

Yu-Dembski, Dagmar. Chinesen in Berlin. Berlin: Berlin Edition, 2007.

Yu-Dembski, Dagmar. Chinesische Ingenieurstudenten-Studium an de Technischen Hochschule Darmstadt 1921—1945//Levy, Katja. Deutsch-Chinesische Beziehungen. Berlin: LIT, 2011: 106-119.

# 在德华人移民二代访谈录

下文中摘选了 6 个和在德华人移民二代的访谈①,参与访谈的共有 10 位德国华人移民第二代,覆盖的年龄段从 16 岁到 25 岁。访谈时其中 2 人已经大学毕业,3 人正在大学读书,5 人为高中生。10 人中 3 人性别为男,7 人为女。除 1 人为中德混血儿外,其余移民二代父母均为华人移民。访谈对象中既有父母身为高级知识分子和企业高管的二代,也有父母经营批发生意或者中餐馆的移民二代,家庭教育背景基本覆盖了今天在德华人移民的常见状态。访谈对象中约一半为在德国土生土长的华裔二代,其余均在学龄前随父母来到德国。

所有访谈对象无一例外都可以讲(较为)流利的中文,访谈也均用中文完成。为展示受访者中文水平的全貌,访谈实录中基本保留了受访者的原话。真实保留受访者的话语,并保留部分具有信息含义的语言辅助表达(笑、沉默、迟疑等),从而最大程度还原其访谈时的思维和情绪变化。通过语言(词汇选择、造句等)也可以观察受访者在两种语言(中文和德语)之间的切换,以及特定表达的优先选择。基于这一考虑,访谈中的德文说法均被保留下来,由笔者在括号或脚注中备注说明。由于所选择的访谈是在 2012 年至 2013 年间进行的,访谈中一些受访者的想法也许目前已经发生了一些变化,但笔者认为,客观展示德国华裔二代在彼时的一些具有代表性的观点和看法,仍然有助于我们了解这一群体的面貌,并可作为动态身份认同的时效性纪录与后续其他研究的实证材料一起构建出这一群体的身份认同动态发展趋势。

---

① 为保护访谈对象的隐私,访谈录中隐去其真实名字,以拼音首字母代替。

## 访谈一:"我不会说我是德国人,我会说我是欧洲人"

采访时间　　2012 年 10 月 11 日

采访地点　　柏林

采访对象　　何 S.(女)

背景信息　　何 S.,1988 年在德国出生。父亲是广西人,母亲是广东人。父母在 1987 年来到德国,父亲在德国读完博士并工作,母亲是家庭妇女,父亲现经营一家进出口贸易公司。我是通过她男友(德国人)的姐夫结识她的。何 S. 成长于德国城市乌尔姆(Ulm),家中还有一个妹妹,接受采访时正在柏林自由大学汉学系读书。她身材高挑,穿着时尚,很有礼貌,中文水平流利。

**问**　你刚才说,有的时候德国人看你不是德国人的面孔,有时候会说一些异样的话,这是你自己的亲身经历吗?

**答**　小的时候,一般的时候,小孩子之间总会有欺负和嘲笑的。我是从别的地方搬过去的,人家是从小到大都认识,也没有别的亚洲学生,(他们)①看到一个中国人是比较新奇的。

**问**　你爸爸妈妈当时来到德国第一站就是比较小的村子吗?

**答**　其实他们刚来德国的时候去的第一个算是比较大的城市,这个城市有很多中国学生,后来我们就搬到了德国的南部。

**问**　然后他们当时从事的是什么工作呢?

**答**　我爸爸当时是通过 DAAD(德意志学术交流中心)从上海来德国,他等于是通过同济大学的一个语言项目来到德国,在 Siegen(齐根)读他的博士。

**问**　按我们的定义的话,你爸爸算是技术移民。你妈妈是做什么工作的?

**答**　我妈妈当时连高中毕业都没有,她带我过来的,原来(爸爸)计划本来就是把我和我妈妈带过来。

**问**　你有兄弟姐妹吗?

---

①　括号内为本书作者所加注释,下同。

答 我有一个妹妹。我们第一次回中国的时候,人家说,你怎么有两个孩子?然后我爸爸就说,我是少数民族。

问 你爸爸是少数民族吗?

答 (笑)不是,也不像。

问 你爸爸是哪年来的德国?

答 1987年或者1988年。他就是"文化大革命"后第一届大学生,大学毕业然后出国。

问 你是哪年出生的?

答 我是1988年(出生的)。

问 你妹妹有没有上大学?

答 我妹妹明年才上,她现在刚刚才高中毕业。

问 他们还住在乌尔姆吗?

答 嗯。

问 你是因为上学才到的柏林?

答 对。

问 你们家过的最重要的节日是什么?会有一些比较特别的习俗吗?

答 春节。以前我父母总是跟当地的那些中国的大学生搞一些活动,去餐厅聚会啊,有一些演出节目什么的,或者就是请朋友们到家里来,然后一起做饭、包饺子,看春节晚会。

问 你们会有红包吗?

答 好像没有,没有红包。

问 那你们会拜年吗,父母会要求你们、教你们拜年吗?说一些吉利的话。

答 从来没有教我们跟谁说,去跟谁说,要是跟他们说,会有些别扭。会跟亲戚打电话,有时候会给外公外婆、爷爷奶奶打个电话。

问 你们小时候会不会过春节的时候有种特别的感受,有点不一样,感觉别的家庭不过,我们过?

答 嗯……也不一定吧,就是到春节、中秋节的时候就会有大型活动。以前我们小时候还上中文学校,中文学校会安排节目,在哪里租个地方,我们总是要上台去演什么。当时做小孩子不想上台去演什么东西,因为德国日常生活时候、上课的时候都不会要求你上去,所以很不习惯,也很不愿意。(春节表演)是一个我不是很乐于(参加的)活动,总是被强迫着演什么东西或者唱歌。

**问** 那你们过圣诞节、复活节吗？

**答** （笑）因为别人都过，所以我们也跟着过。

**问** 入乡随俗啊。

**答** 嗯。

**问** 那等于你小的时候，你的朋友很多都只能是德国人。

**答** 嗯。

**问** 外国人多吗？

**答** 土耳其人比较多。我们当时，乌尔姆有五六个中国家庭，他们的孩子跟我们差不多大，在同一个学校，同一个州，每个周末上两三四个小时中文课，然后按年龄分班。我记得我是五班，有中国的孩子差不多跟我一样大，然后我跟他们有一些今天还保持着联系。但我在感觉上，像国外的亚洲人，尤其是中国孩子之间的交流没有像越南人、韩国人那么亲密。我的那些朋友他们总是混在一起，保持联系啊，我的感觉是中国人之间没有这种感觉。

**问** 你觉得这是什么原因呢？

**答** 我觉得（是）中国人的性格原因吧，另外中国来的留学生是另外一回事。我的感觉是，碰到中国别的地方来的人，也不觉得我们都是中国人，我们应该怎么样，好像韩国人之间更有那种追求：我们是韩国人，我们应该一起互相帮忙怎样。可能今天中国人现在太自私了？没有一起的感觉？

**问** 有可能，也许不一定和自私有关系，但是中国人比较多，很难养成那样的习惯。以前交通很不发达的时候，他乡遇故知是高兴的事，但是现在的话，也不会说在路上看到一个像是中国人的面孔，就一定会特别高兴。

**答** 嗯。

**问** 你的男朋友也是在这边出生长大的吗？

**答** 是的。

**问** 你们之间在一起说德语吗？

**答** 嗯。

**问** 那你在家和你的父母和你的妹妹说什么语言？

**答** 我跟他们说中文。父母很重视我们的中文，我们从小到大总是在家里说中文，我爸爸还给我编了学习中文的课本。

**问** 我能听出来，你的中文挺好的。你能写吗？

**答** 能写，写得很难看，比我原来能写。（笑）

**问** 如果你上网敲字的话也可以吗?

**答** 敲字的话用电脑敲没问题,手写的那种不好。

**问** 你妹妹也是一样的?

**答** 我妹妹就比我慢了,因为我爸爸在妹妹出生后没有那么多时间(辅导她),她中文课一个星期就去一次。

**问** 你爸爸和你妈妈一定很重视对你们的教育。有些移民家庭不一定在家都说中文,我们看到有好多家庭里,孩子之间讲德语,父母不管,有的时候父母甚至主动要求孩子讲德语,但是你们家的情况挺特殊的。

**答** 对,我爸爸还是很重视(中文)的。

**问** 你小的时候有没有感觉他对你们的教育特别的重视,不光是学中文啊,还有可能在德国的学校里面,比如说成绩怎样,以后要考大学,这些他们会跟你们说吗?

**答** 会啊,可是我觉得我认识的朋友每家父母都这样。他们都是爸爸,有时候爸爸妈妈两个都是大学生,他们的要求对孩子来说还是很严的,很多家庭比我们家里都要严,说什么你们考 100 分才算,别的分数都不算啊。

**问** 通常都是德国家庭吗?

**答** 德国家庭应该不会那么严。

**问** 移民家庭,但不一定是中国移民家庭?

**答** 亚洲移民家庭。

**问** 你觉得这是好事吗?

**答** 很难说,我觉得这样是好是不好当然要看个人,看情况。

**问** 那你自己感觉这是压力吗,还是动力?

**答** 嗯……有时候是压力。当然过去了后,我觉得很好,父母当时给你这个压力,当时我可能不会那么努力,但是我总是觉得我要满足我父母的希望,我会感觉到坐着不动,爸爸肯定是说这样那样不好,所以说内心里不自觉地就会有一种压力。我想,对于这些,我父母他们的期望和我自己的期望的矛盾,还有我当时因为男朋友啊,成绩啊,也是我离家这么远的原因。

**问** 你觉得你父母对你的期望是什么?

**答** 当然主要是成绩好了,我看别的亚洲家庭都是,一定要学校成绩好,如果成绩好的话,别的东西也都好了。朋友啊,有钱啊,有自信心啊,不管什么东西,最重要的就是成绩好。

问　有没有规定你学什么专业？

答　没有，其实我爸爸蛮好的吧，蛮自由的，他说你学什么都可以，就是不要学哲学或者美术什么的。后来我说我想学汉学，因为我觉得中国现在这么发达。不知道如果我想学日耳曼语言文学或者什么，他会怎么数落我？

问　你为什么要学汉学？这是你自己的选择吗？

答　对，因为一个是我自己的理想，想更多地了解中国的文化历史。还有我跟同学们比的话当然知道得更多，还会一些 Vorteile（优势），所以搞这个以后可以走很多方面，可以去做 Unternehmensberatung（企业咨询），可以当记者，做 Kulturmanagement（文化管理）的工作。

问　那你以后想从事哪一方面的工作？

答　我希望能读一个 Kulturmanagement（文化管理）的 Master（硕士课程），因为我在这里的孔子学院实习过，当时帮他们一起安排了两个画展，我觉得他们的工作还是比较有意思的。也就是说两个文化、两个国家之间的交流，我挺愿意在这方面工作的，其实我觉得你现在研究的 Interkulturelle Kommunikation（跨文化交际）也蛮有意思的。

问　现在的话，中国的经济方面还是比较活跃的。一方面，是德国的企业在中国继续拓展业务，确实需要从事跨文化交际的人，我把这种能力称为中国能力，这种能力要求跟你的学科无关，跟你的思维开放程度和能力有关。另一方面，现在中国也有一些发展很好的企业慢慢在其他国家落脚，这些企业其实也需要获得跨文化培训、跨文化咨询，如果没有的话，摸索起来很难，现在越来越多的中国企业开始意识到这一点。

答　对。我前两个星期才帮我爸爸做了一个翻译，我爸爸是搞生物的，最近有从中国来的一个代表团，想买一些农业用的机器，喂牛的机器，我就跟他做了一个翻译，我也感觉到德国人和中国人做生意人之间的交流也是蛮有意思的。

问　你觉得交流过程中有问题吗？

答　不一定叫有问题吧，其实两个人这方面的目的，想说的方向是一样的，只是互相交流之后，每个人有不一样的表达方法，有误会，如果是直接翻译的话，而不考虑他本来的意思，或者他想说的是什么，就这样翻译的话，可能的确会有误会，因为可能不懂那个人的意思，就是要考虑一下他说这话是为什么。

问　这就是文化带来的障碍，不是语言带来的。

答　就像他们德国人的老板，他们就想晚上开始工作之前，星期天晚上跟我们吃晚饭。中国人就想和他们谈生意，他们就想随便聊聊，讲讲笑话，讲讲家里人，随便聊一聊。中国人好像没有多少跟外国人打交道的经验，所以也不知道该怎么说，然后那些工程师他们什么也不说。那个（中国）大总呢是唯一一个说话的人，一直在谈生意、谈生意。他们就讲自己的老婆，讲讲 Small Talk（热身谈话）。我感觉中国人根本就没做好准备随便聊聊。德国人吃完饭，想喝啤酒，中国人说啊怎么还要跟他们泡在一起？我们要回家，要说的话都没有说完吗？不能理解。

**问** （笑）你说的这个很有意思啊，这个德国人摸不透啊，他们是跟他们所有的客户都是这样的交流的方式，还是只跟中国客户这样？

**答** 我想他们主要是想，做生意主要是和人打交道，人和人之间的关系要搞好，你和他过得去才能打交道。我想另外他们还没有接触过那么多东亚来的人，所以想特别热情地接待他们，和他们聊聊天，照顾他们。中国人就是想，我们来到这里目的就是这样，我们都是说好的，我们就是这样做，你也不用这么刻意对待我们。

**问** 过去人们常说中国就是特别重视聊一些私人话题，上来就是扯一些和生意无关的东西，比如说，你家里有什么人啊，你太太是做什么的啊，你有几个孩子啊，这种东西是无关紧要的。但是德国人开门见山，他们是直奔主题的。

**答** 嗯……（思考）

**问** 这就会形成什么呢？就是这个信息给了我们一个预设，但这个预设到实际交际的时候的效果是不一定的。你设想一下，如果这个德国的客户，他在跟中国人打交道之前接受了这个信息，他就会觉得，我现在和中国人打交道，我要多跟他谈一点跟生意无关的事情，因为他肯定会跟我聊我的家庭，我不能认为这是一个奇怪的事情，我要做好准备。中国人呢，反过来会觉得，德国人是很直接的，我要做好准备他上来就会和我谈生意，不要废话，立马就谈生意，所以到了你这就变成了一个很奇怪的现象。

**答** 反过来了。

**问** 对，反过来了，这个很有意思。这是跨文化交际的一种新现象。不能一味说德国人就是开门见山，德国人上来就是饭也不吃，只要把生意做成就好了，中国人是反过来，喋喋不休的，饭桌上喝醉了生意就做好了。这个虽然也是一种现象，但是不能把它们普遍化，否则就解释不了像你刚才说的那种现象。

**答** 我们去的那个德国公司，人家可能也比较客气。

**问** 没错。

**答** 他们就是德国很常见的那种家族企业，从一八几几年开始做的时候只是一个人做老板,村子里每个人都认识他。

**问** 说回一个话题:认同。你觉得认同是什么? 你刚才说,你在德国是亚洲面孔,别人看你第一印象的话,可能认为你不是德国人。但是你是在这生的,你就是在这儿生的。你自己会觉得有困惑吗?

**答** 如果人家问我的话,如果问我有什么 Werte(价值观),有什么 Kulturelle Identität(文化认同)的话,我不会说我是德国人,我会说我是欧洲人。另外,我刚开始上洪堡大学的 Area Studies(地区研究专业)的时候,我们研究的是 Globlaisierung(全球化)背景下的 Diversity(多样性),我想这其实很合适我们的这样一个状况。文化方面常常会有矛盾,有时候,人家会说中国怎么样,我就会感觉到要 Verteidigung(捍卫),可是中国人说什么的话,德国人怎么怎么样,我就会说,德国人根本就不是这样的,你又不了解德国。

**问** 嗯。

**答** 其实很奇怪的,但我感觉上从这里长大的会有这种矛盾。然后当然有时候也是想我到底属于哪里? 至少在成长历程上真的很矛盾。所以回亚洲的话,你原来(来源)的地方肯定不是你的家,你根本不熟悉那里的生活环境,所以我想这个是很矛盾的。

**问** 但你父母的话,如果问他们的家乡是哪里,他们会很容易回答,如果问你的话,你会说什么?

**答** 那我肯定会说是乌尔姆或者是 Siegen(齐根)。

**问** 你几岁开始在乌尔姆?

**答** 六岁。

**问** 但是对 Siegen(齐根)的印象还很深刻吗?

**答** 比较(深),还有一些。

**问** 你是什么时候第一次回到中国的?

**答** 我六七岁(的时候)。

**问** 近些年回去的次数多吗?

**答** 越来越多,年龄越大的话,越来越多。因为我那边也有一些朋友,然后我哥哥们,我堂哥、表哥,都是和我同龄,我们感情都很好的,偶尔联系,互相有 E-Mail,反正感情挺好的。

**问** 你会用"回"这个字眼吗,当你去中国的时候?

**答** 会,因为我的父母会说回。对我来说,不是回,就是去过。

**问** 对你来说,还是说回德国,也可以这样子。

**答** 我其实不会怎么注意的,肯定两个都会说,我肯定会说回德国,也会说回中国。只不过我想一下,不是回中国,而是去中国,回德国。

**问** 刚才你说到了价值观。你觉得德国的价值观是什么?

**答** 那也很难说,那也要看你跟哪种人、哪种阶级在一起,什么地方,南部、北部,我认为价值观可能不是看国家决定的,而是针对你的那个社会阶层来说,另外,也是由于全球化各种差别变得越来越细,最主要影响你的价值观是你长大的地方,你的父母、家庭和你的朋友,我认为(影响)我的价值观是跟我混在一起的朋友的那一圈。

**问** 那你觉得你自己的价值观是什么?

**答** 我觉得当前来说,就是要有目标,要互相帮忙、热情、同情、帮人这样,至少我追求的就是变成这样的人。

**问** 那你追求的价值观和你爸爸妈妈是一样的吗?

**答** 我觉得他们的价值观还是和他们来德国当时的生活情况有关系。

**问** 你觉得他们最注重的是什么呢?

**答** 我觉得就是这个安全感,就是有家、有房子,就是 Material(物质)。

**问** 物质上有稳定性、安全感。你觉得你父母他们这一代奉献精神怎么样?因为可能为了你们有一个这样稳定的生活环境,他们也牺牲了一些东西。

**答** 我妈有这样(的情况)。她当时在中国大城市工作,有很高的收入,她父母在那儿,她当时为了出国牺牲了很多,另外一个就是她做女人的概念跟我也不一样。我的感觉就是,她做那些家务,养大孩子怎样,我也觉得 OK,这也是我的感觉,也许她也有别的希望,但她从来没有表达过。

**问** 嗯。

**答** 另外说我爸,他以前留在中国的话,没有想到过一定要去哪个国家,他在德国读的那个专业听别人说有前途,哦,莫名其妙就读了,然后在德国也找到工作了。现在我爸爸那一代,他们的同学都混得挺好的,都在大公司里工作,买了房子,有两个孩子,有汽车,过得挺好的,他们那一代蛮厉害的。

**问** 嗯,你还挺佩服他们的。

**答** 如果我想象的话,我现在出国,去一个不认识的地方,不懂语言,蛮勇敢的。

**问** 你爸爸出来之前学了点德语,你妈妈是来了以后才开始学。她的朋友圈怎么样？

**答** 她的朋友圈就是一些中国女人喽。问题是，她的朋友她们都是和德国人结婚的，我妈妈德语就比较烂，我觉得这是大问题，对于融入当地社会，生活环境是一个 Barriere(障碍)。

**问** 因为你爸爸学历比较高，他也比较熟悉德国社会。你上学的时候是不是也没有遇到什么语言的障碍？

**答** 没有，因为我一上幼儿园很快就学了德文，所以语言上没有困难，我的德文还比别人的还好呢(笑)，我在中学还帮别人改作文呢。因为我的语法和正字法比他们的还要好。真的挺搞笑。(笑)

**问** 觉得你爸爸妈妈希望你成为什么样的人？

**答** 他们希望我找一个好的、有钱的丈夫，给我买房子。

**问** 这是你爸爸的想法，还是你妈妈的想法？

**答** 他们就是希望我能稳定下来，做个家庭妇女，有个家庭，有个孩子就 Ok 了。

**问** 你爸爸现在是自己经营企业吗？

**答** 嗯。

**问** 你爸爸是广西人，他会回广西吗？

**答** 他在那里有栋房子，我想他会回广西的。

**问** 他的亲戚呢，给你爷爷奶奶吗？你爸爸是独生子吗？

**答** 不是，他是老大。下面还有弟弟妹妹。

**问** 弟弟妹妹都在老家？

**答** 对。

**问** 你爸爸妈妈会跟你说"孝顺"这个词吗？

**答** 就是那个忠孝的那个孝？

**问** 嗯。

**答** 他们可能不会专门说，但是他们可能还是教了我应该要尊敬爸爸，要孝敬爷爷。

**问** 那你小的时候他们会不会对你说一些中国文化传统的东西，比如说孝顺是我们经常说的一个词，是晚辈对长辈应该有的一个态度，孝顺这个词稍微狭窄一点，里面有一个顺字，顺不太好解释，顺是顺从的意思。当我们用孝道这个词的时候，实际上它的含义要广阔一点，也不一定要顺从，去帮助你的长辈去选择最好的道路,做好的选择,诸如此类。会和你们说这些吗?

**答** 可能不会专门说吧,以前他们有时候给我们看一些课文啊,文章,给我们聊几句他们这样题目的思想、人生态度。其实在家里真的比较自由的,所以我第一次、第二次回中国跟人交流,人家还觉得奇怪,(觉得这人)不懂礼貌啊,当时说话。

**问** 你当时是很直接的就是想说什么就说出来吗?

**答** 对啊,或者有时候想要什么不知道该怎么说,有时候说得比较直接,他们就觉得有点奇怪。

**问** 你现在知道怎么说了?

**答** 也不是什么很明显很大的区别,我妹妹很明显。我妹妹吧,有时候就是小事情就嚷嚷。比如我外公外婆做饭的时候,我外公外婆就开玩笑,我妹妹当时就:"外公你急死我了!"大声对他吼。但是我肯定不会这样。

**问** 你觉得你以后会跟你父母住在一起吗?

**答** 我肯定不会。

**问** 一定不会?

**答** 不知道,但是我目前没有这个想法。我猜他们有这个想法,他们当然希望我住在他们附近,但是没有提出来过。其实我爸妈也蛮开放,有时候会说只要你自己过得舒服,能自己养自己就好,不一定要有钱。

**问** 还好,我觉得你们这样子。有一定的压力,但不是特别大。你其实有没有也会接触一些华人移民的后代?但是他们的父母不是技术移民,而是比如说中餐馆老板啊,或者做小生意的这种?

**答** 有一些。

**问** 你觉得他们的压力跟你比呢?

**答** 我妹妹的最好的朋友,他父母就是温州来的,开中餐馆的。然后我的感觉就是,他首先整天打工,那就没有空去教育孩子。孩子整天都在家里。然后对于学习成绩的压力,因为没有时间跟孩子在一起。所以孩子就比较自由自在。所以常常这样的孩子有些成绩就不好,有些就读不了大学。

**问** 你在中国待得最长的一次是多长时间?

**答** 最长是6个星期吧。没有超过6个星期的。其实我也很希望半年一年体验一下。

**问** 那你在中国待一段时间以后,有没有想回德国的感觉?

**答** 有。偶尔会想德国的饭啊。其实中国吃的方面还比较好。

**问** 除了吃的以外最想念的是什么？

**答** 也是在日常生活中的一些东西。在中国如果没有朋友的话，其实还是感觉不是那种一定那种能完全融入当地的社会。比如说很难找到能讨论各种各样的题目的人，我觉得在中国也有那样的人，但是很难找，要找到那种感觉，能不能接近特定的题目……

**问** 那你在德国的时候有没有觉得想念中国的时候？

**答** 嗯，最主要在吃的方面。有又便宜又好吃的东西。24小时，到处都有。

**问** 最喜欢中国的什么？

**答** 嗯，风景、吃的。

**问** 那德国你最喜欢的是什么？

**答** 这里的生活质量比较好。还有就是生活特别自主，外貌，穿什么衣服，等等，都是你的想法，人家也不会管你。

**问** 那你最不喜欢中国的是什么？

**答** 就是那个 Nationalismus（民族主义）？

**问** 民粹主义？

**答** 对，就是跟人家说，那种大民族宣传的想法和看法。还有现在很多中国人总是跟人家比较。什么东西更好更大。

**问** 那德国有没有什么东西是你觉得也不太好的？

**答** 那肯定有啊。比如说那些小地方来的德国人没有见识过外面的大世界，那种人各国都有，会说："你们用筷子吃饭啊？""你们家有这种传统？""你们要追崇自由啊！"什么的。

**问** 这个时候你会跟对方辩论一下吗？

**答** 看情况吧。有时候朋友之间也会碰到这种情况，我会跟他们解释中国家庭之间或者父母孩子之间是这样的。

**问** 你觉得你们家对你的教育是偏严厉还是偏宽松？

**答** 嗯，两个都有。但是我当时跟我爸爸妈妈也吵了很多架，差不多吵翻了。怎么说，为了得到我的一点点自由，能够自己做决定，我挣扎了很多。

**问** 你们家教育很严格是吗？

**答** 还可以，我爸爸实在是比较好。如果我有一些地方不是他的想法的话，我也不会和他吵架的。当时我交男朋友跟他吵了很大的架。一两年的时间我们没有说话的。他也不跟我打招呼，我也不跟他打招呼。

**问**　当时的男朋友是现在的男朋友吗？

**答**　不是。我爸爸当初设想就是上大学以后或者大学毕业以后再交男朋友。我爸爸当初最大的担心就是影响学习，我就跟他吵翻了，吵了两三年，吵得很严重。

**问**　那你妈妈当时充当了怎样的角色？

**答**　我妈妈当然是跟着我爸爸了。总是想互相劝劝，劝不了，没有用。我也不想凑合为了满足爸爸。

**问**　他们会不会希望你也找一个华人二代？

**答**　当然。

**问**　不想你跟德国人在一起，找一个德国人？

**答**　嗯。

**问**　但是你当时找的是德国人吧？

**答**　对（笑），有一点原因吧。不过（他们）现在也适应了，也没什么。

**问**　那你现在男朋友你爸爸认可吗？

**答**　嗯……好像也有问题（笑）。

**问**　你现在每个星期能跟他们通话吗？

**答**　每个星期跟他们打一次电话。

**问**　假期的时候就回去？

**答**　嗯，一年大概两到三次。我离家距离也是比较远，八百公里吧。一般九个小时的火车。

**问**　你现在在柏林的学费由你父母承担吗，还是都是你自己负担？

**答**　其实我到上个月为止都是一直在大学图书馆里面打工，然后另外还干了很多临时活儿，所以他们给我补充一部分，然后另外一大部分，就是百分之六十几都是自己打工挣钱。然后现在我就一边打工一边找实习挣钱，完全都是工作。但是我爸爸，这个方面上其实是很宽容大方的，他说你需要什么就跟我说，我完全给你提供，到你找到工作为止。

**问**　这种举动，在一般的德国人那里也是这样的吗？

**答**　很少见，德国人很重视你这个独立的方面，所以这个也是很少见的。我看人家亚洲家庭都是上学的时候像我家一样，然后人家（德国人）就说，你也要学着过独立生活，自己养活自己，他们不能养活你一辈子。

**问**　如果你自己能选择的话，你还愿意生长在一个移民家庭吗？

**答**　愿意，因为你能接触的东西还是比别人更丰富的。所以还是学得多一点，见识得多一点。

问　最大的优势是什么？

答　最大的优势我想就是能了解不同背景来的人的区别，你对很多东西会更敏感一些，可能更能理解。因为你从小到大，两个不同的文化背景都了解，都见识过，也弄得懂那种互相摩擦的地方。所以呢，我想如果你碰到不同的人的话可能会慢慢理解，因为你本身就是这样的。

问　那我们说有得必有失，就是优势是这样，但是你觉得不好的地方是什么？

答　那当然就是没有……不一定有这个根的感觉。当然在当地的社会里，比当地的人还是会有更多的困难，就是被承认什么平等的。当然也是要看你自己家庭，所以我也算是比较幸运的。如果（生在）难民或者是某些越南的移民家庭里，那当然也不可能过得很好，所以我也是蛮幸运的。

## 访谈二："我觉得我像德国人多一点"

采访时间　2012 年 9 月 20 日

采访地点　柏林

采访对象　叶 L.（女）

背景信息　叶 L.，出生在 80 年代，父母都是浙江移民，从事非技术性工作。叶曾在柏林工业大学担任助教。我通过她在大学的教授结识她。访谈时她刚毕业不久，正在找工作期间。叶是一位朴实的女孩子，举止很细心，父母都是来自浙江的新移民。她的男朋友也是华裔，他的爷爷奶奶从中国移民越南，到了其爸爸这一代又到了德国。

问　你爸妈都是青田人吗？

答　对，是的。

问　他们是什么时候来的呢？

答　1990、1991 年左右。

问　你父母是在青田就已经认识了？

答　对，他们是结了婚生了两个孩子才过来的。

问　你是第几个孩子？

**答** 我是老一,在中国生的。

**问** 你也是在青田出生吗?

**答** 我也是六七岁才过来的。我和他们一起过来的,我是 1984 年生的。

**问** 第一站就是柏林?

**答** 对,柏林。

**问** 当时为什么选择是德国呢,有没有问过他们?

**答** 这个问题,我就……(思考)

**问** 因为我们在意大利、西班牙见到很多很多华侨。

**答** 我知道,中国人有机会出国的话就去呗,没有说想得周到。有可能那时候因为我爸有朋友在德国,我也听到青田人很喜欢去巴塞罗那,或者马德里。

**问** 你会说青田话吗?

**答** 会,我和爸妈说的是青田话,我和两个妹妹说的是德语,可我爸妈和两个妹妹说的是普通话。

**问** 哦,这样的。

**答** 青田人或者福建人一般跟小孩子说普通话,他们觉得家乡话没必要学吧。

**问** 你爸妈也是刻意地不要你妹妹学青田话了,先把普通话说好?

**答** 嗯,是的。

**问** 你两个妹妹在这边出生的?

**答** 嗯,两个都在这边生的,也挺大的了,她们两个也 20 岁了。一个上大学了,还有一个现在刚高中毕业,她说她不想马上去读书,想歇一年。我说你歇一年要么去上班,要么找点事情干,你这样在家里很无聊,她现在去做那个 Freiwilliges Soziales Jahr(自愿社会服务年)。刚开始不知道好不好。我说在家里坐一年,人都会懒的,应该找份工作。

**问** 你爸妈现在做什么工作呢?

**答** 我爸妈他们一般在中国,他们觉得年龄也大了,就想……因为他们语言不好,在这里很难,会失业,我爸妈……唉,怎么说呢,也待了二十多年,语言不行,不会说德语,随便看医生都要我们一起陪。他们总说,要看你们小孩子的脸(色),算了,我们回去中国自己去看医生。

**问** 怎么说得这么可怜(笑)。

**答** 因为有的时候是很那个,人老了病多吧,敏感一些,要看什么医生,要看什么病,有时候是很郁闷的。

**问** 也可能你们还有很多亲戚还在青田。

**答** 亲戚还好吧,也不多,亲戚也没几个,德国应该没几个,有很多在美国。

**问** 你刚说你姑姑在西班牙,是吗?

**答** 那个是我姨。

**问** 你姨在西班牙,也是全家都过来了,在巴塞罗那大家有个照应?

**答** 我觉得青田人有一个出国的话,很多人都会跟上,很多在美国。

**问** 青田人比较注重互相帮助。

**答** 对,怎么说,他们觉得,好像,中文不知道怎么说,有一种 Verpflichtung(责任感),就是好像必须要把姐妹们给办出来的,有这种概念。

**问** 有一种责任感吧。

**答** 对对,责任感。

**问** 他们以前是做什么的,开中餐馆吗?

**答** 开是开过,开过一个小 Imbiss(小吃店),可是经验不多,就开了一年,生意不好就没开,我知道很多亲戚开餐馆,我们也试过,开得不好。因为我父母他们德语也不行,我们还小,帮不上忙,就开了一年。因为我爸爸还在中国发展,在中国做了小生意,在这里也没开过什么店。

**问** 那你们小时候知道吗?

**答** 很久很久以前的时候,我爸开过进出口贸易(店),开了几年。

**问** 你小时候感觉你爸妈生活不易吗?

**答** 这个问题时间过了,现在很难说。那时候跟德国朋友在一起长大的话,在中国家庭里少了那种温暖的感觉。就没有跟德国人一样……我不知道怎么解释,中国人好像很多那种概念,有房子给你住,有东西给你吃,衣服给你穿,应该可以满足一个人的要求。那时候觉得跟德国人在一起,自己家里少了那种,总是听家里说有东西给你吃,钱给你花,还要什么?

**问** 有书给你读。

**答** 对对,我就觉得,好像少了一些,现在中国有很多概念也变了。

**问** 也跟家庭生活状况有关,比如父母还处在很辛苦的打拼的状态,而且你们家孩子也比较多。

**答** 因为我父母在农村长大的,兄弟姐妹也挺多,我爸加起来有九个姐妹,我妈有六个姐妹。

**问** 你爸爸在这个家里是唯一的男丁吗?

**答** 不是，总共三个男丁。因为我觉得那时候他们也挺辛苦的，那个时代应该也挺穷的，他们那个时候，真的有吃有穿就很幸福了。他有可能会说，跟我们自己孩子一比的话，他们比我好多了。可我现在往回看的话，那我就跟我两个妹妹比，她们多轻松啊，我那时候像她们这个年龄都上班了，还要照顾她们。如果年龄大的跟年龄小的，两代不一样的再相比的话，就会出现这个问题。

**问** 小的时候你羡慕德国同学他们家里什么东西吗？

**答** 因为我觉得那时候，十三四岁的时候，要照看两个妹妹，每次出门带着两个小的，因为我妈那时候也上班，我爸一般也在中国，不在家嘛，这两个孩子就像我的孩子似的。

**问** 你是不是还有一个姐姐，还是哥哥？

**答** 哥哥，可是他不管。我哥哥是男孩就不管，因为有时候送幼儿园我要送，接也是我接，因为下午出去玩也带着两个孩子。因为那时候自己也就十来岁，也贪玩，也想和朋友们出去玩。带着两个孩子，别人不是看不起你，就说会觉得她过来应该很烦，总是带着两个孩子，是比较烦，跟她们出门很不方便。

**问** 我很理解，你这个年纪在中国很少有兄弟姐妹了，年代再早一点会很多，大家都这么过来的，不会觉得不对的，你可能小的时候是牺牲了点。

**答** 还好吧，现在回头看，我两个妹妹过来到柏林玩的话，觉得我挺凶的，她们都不想过来。我妈还说呢，她说这两个小的，去外面一点都不敢跟别人说话，这个不敢，那个不敢，在家里就知道来骂……说我这个说我那个（笑）。

**问** 你两个妹妹，现在在外地呢，都搬出去了？

**答** 在慕尼黑，现在。

**问** 上学吗？

**答** 上学。

**问** 两个妹妹不一样大吧？

**答** 不一样大，相差一岁半吧，好像。有可能那时我父母到德国说再生两个吧，反正能生又没有人管。

**问** 那你哥哥还在柏林吗？

**答** 我哥他现在在中国，他有的时候在这里上几个月班，就跑去中国玩，没钱再回来，再去上班。他挺好玩的。

**问** 用很多中国人的标准来说，你算是这个家最孝顺的孩子。

**答** 没有没有。

**问** 和你妈妈待的时间最长吧？

**答** 也不是，因为那时候我妈她们和两个小的一起也搬到慕尼黑了。很多中国人那时候觉得在柏林好像读书没有南方好，很多人就往那个方向搬，她们也搬到那边去了。

**问** 你们小时候，你们父母会不会讲"一定要多读书，一定要上大学"这样的话？

**答** 对对对，他们是这么说的，他们总是说读书是帮你自己上的，什么什么的。

**问** 从小就是要你们上大学，但是德国很多人上到高中就不上了。

**答** 上大学倒没说，因为上高中的时候有分 Gymnasium（文理高中）、Realschule（实科中学）和 Hauptsschule（主体中学），那时是（他们）要求要上 Gymnasium（文理高中）。大学的话，他们也没……我的概念是我两个妹妹最好是能上，可有的时候，我的小妹妹很懒，不想上。我妈还开玩笑，说你真的不想上的话去开一家中国店，中国餐馆，我的另一个妹妹还笑呢。

**问** 你哥哥也读了大学了？

**答** 没读，因为那个时候过来的时候，怎么说呢，因为我来的时候正是一年级，因为像他这样子，他来的时候是三年级，课很难攻，没有家长帮你做作业，就是……就是，应该那时候的不习惯吧，就他那个，不是那个六年级的升学建议是去读主体中学（嘛），因为成绩不好，就给了他主体中学。那时我父母也不懂，（其实还）有 Gesamtschule（综合中学），因为你自己语言也不通，你不会说，因为 Gesamtschule 有发展机会，但 Hauptschule 就没有，或者很难很难才有，最后他就去了那个学校（主体中学）。但我觉得他去了综合中学就会好点，因为我有一个朋友，他也是十岁过来的，直接上的那个三年级，最后他是实科中学，可是他爸呢，之前已经来德国生活了十来年，在中国也学了德语，他说，他对语言这方面是没问题的。有可能帮他女儿上课啊，或者做作业啊，最后就读了实科中学，可是他爸那时候也争取给他上文理高中，也上了文理高中，他现在也大学毕业了，现在找到了一个很好的工作。我觉得这个有可能，小孩子的发展，我个人感觉，跟父母的培养有关系的。

**问** 你父母那时候语言这么大的关没有过的话，确实可能日常生活中，有一些文书上的东西，法律上一些规定啊，他们可能也是比较艰难摸索的。

**答** 对，反正他们自己某些东西也不会去打听的。

**问** 但是青田人在一起的话，会不会有一些人懂得比较多一点，大家不懂的话，统一可以去问某一个人？

**答**　这个有东西不懂的话，总是会去问。我第一件事情，还记得的是，我第一天第二天来的时候，因为我爸（到了以后）我们过了半年才来，第一天到的时候，我刚好住的是四楼，三楼楼下也是青田人住的，那时候刚好是一点，他就跟我妈说，德国人吃中饭吃得很晚，一两点是很普遍的，你就不需要十一点半做饭，这个我还记得，觉得那个挺好玩的。对，因为中国十一点到十二点很早……这个我还记得挺清楚的。

**问**　你自己小学的时候，你觉得你的适应阶段过得快吗？

**答**　我觉得小学的时间还挺，怎么说呢，挺那个……因为刚过来的时候上Vorschule（学前班），去了好像三个月，过了三个月以后上一年级。在柏林有个习惯，不是放了暑假后第一天是上课的时间，是过了一周之后的第一个周六，他们办那个 Empfang（招待会），小朋友拿了 Schultüte（书包），放了好多糖，背了新的书包过去，先好像去报到似的，他们会读出你的名字，你上他的 Bühne（舞台），他会介绍他是谁，就这么说几句。那时候我父母不清楚，我第一天去上课，最后那个 Hausmeister（房屋管理员）跟我说，今天不是一年级上课，你先回去吧，你周六再过来。周六最后我还是一个人过去的，因为我父母也不懂这个概念要大家一起去。他们德国人是一家，好几口过去的，奶奶爷爷都去的。我就一个人坐那儿，拿了一种很小很小的书包，就像出去外面旅游的小书包，德国人不喜欢买那种大的 Rucksack（背包），那种 Schulranze（学校背包），我就没有。因为我父母也不清楚去上学要买专门上课的书包，就拿了一个 Schultüte（书包），就没有，因为他们自己也不清楚，可是后来我两个妹妹上学的时候他们就知道了，也都准备了。挺好的，反正我觉得适应也不是很好，因为刚开始也不清楚老师跟你说啥，你也就只能听……

**问**　也没有说专门的培训，像语言类的那种课程？

**答**　没有，没有。

**问**　那你刚开始交朋友的时候难吗？

**答**　反正那时候，这里的 Grundschule（小学）跟中国幼儿园差不多吧。

**问**　你说学的东西是吗？

**答**　对，因为一两年级也是小孩子一起在玩的似的，我觉得小孩子和小孩子交流总比大人跟大人交流简单，可是还好。

**问**　你们小学里移民后代的比例多吗？

**答**　我班里的好像没几个，也就我一个不会说德语吧，另外几个他们都会说。

**问**　小时候你会不会旁边的德国孩子看你会有外国人的感觉？

答　有是有过,可是也……

问　很快就过去了。

答　嗯。反正我觉得都有,可是没这么明显。

问　你应该在国内的话是上了幼儿园的,还有印象吗?

答　幼儿园好像上了不久,上了时间不是很长。

问　印象不深刻了?

答　不是很深刻,我就知道也上了那种,中国不是也有像 Vorschule(学前班)这样的?

问　有,我们叫学前班。

答　嗯,我也去过,我还知道要回家学数数呢,从一数到一百,老师还会叫你站起来背呢,这个我还记得。可是,我在中国也就读了几个月,最多有半年吧,不多,两三个月。

问　你来的时候会有对比吗?印象最深刻的东西,比如德国这个东西怎么跟我们这个那么不一样?

答　这个我就……(思考)这个我觉得我那时候年龄可能太小,有这个吗?……好像没有。可我现在会反过来……

问　你回去的话会适应吗?

答　有时候可能把自己当成德国人,就会说,在德国怎么怎么的(停顿),就有这种比较……

问　回国的话有什么不适应吗?

答　回国有很多不适应。

问　比如说?

答　第一件是洗手间。

问　没有卫生纸,比较脏?

答　对,味道,一进来就闻到那种……这一点,你去了哪都一样,一个地方习惯了,去别的地方就不适应,你就会比。比如说我现在去了西班牙,就会觉得巴塞罗那怎么这么破,这么旧,这么脏,可一回来柏林也好不到哪去,就有这个感觉,一到不熟悉的地方就会开始比。可像我一样在杭州待了五个月,一到北京也会开始比。这个不是说光在德国这样。

问　那除了那些硬件的东西,比如人和人交往的东西有什么不适应吗?

答　也挺多的,我觉得,人的适应……我觉得我小时候很不希望父母说,哎呀,你应该这样穿衣服啊,去别人家做客你应该……怎么说呢,他们总会看别人的……他们总是说没面子,就是很多东西不是帮自己做,都是……

**问** 要面子,要别人看的。

**答** 对,这个我觉得很累。

**问** 那你回去,你觉得别的中国人跟你打交道的时候……

**答** 他们会说你不是中国人。

**问** 因为你不是那么好这个?

**答** 因为我觉得我也不像中国人,比如,如果去超市,不说中文的话,就说英文,他们也不会说这个女人很像中国人,我如果说是日本人、韩国人,他们会相信,很多人跟我说,他们说你一点不像中国人,你有点像新加坡的,或者有点像泰国的,就是不像(中国人)。

**问** 那你自己觉得呢,你会不会在小的时候曾经提过一个问题,我到底是中国人还是德国人?

**答** 没有想过。

**问** 那我要是现在问你这个问题,你怎么回答?

**答** (思考)……那我觉得我像德国人多一点,因为毕竟在这里住了差不多 25 年了,对中国没这个印象了。因为那时候我们 1991 年来的时候,第一次去中国的时候是 1999 年。

**问** 隔了 8 年。

**答** 对,第二次我去的时候是 2005 年,最后又去了一趟的是 2006 年,再后来就是 2008 年,最后就是 2010 去做交流生,总共加起来没有超过五六次。回去的机会不多,因为我两个妹妹 1999 年走了以后,每年都去。暑假的时候,因为我父母想去嘛,因为她们还小,要去的话也要带上两个小的,她们去的(次数)比我还要多。

**问** 你觉得两个妹妹和你情况差不多吗?

**答** 她们更德国。

**问** 因为什么?

**答** 因为她们中文比我还要差,因为毕竟她们一般青田话也不会说。

**问** 你中文算已经很好了,现在能书写吗?

**答** 认得多,写得少,有些字不会写,能认,但不是很多。

**问** 你妹妹她们呢?

**答** 我有一个妹妹很好玩,她前一两年还到中文学校上过课呢。她有可能比我写得多，认得多，比我说得少（笑）。

**问**　你小时候有没有去过中文学校？

**答**　去过，小孩子贪玩呗，大人又不陪着你去。没有那种，陪你去看你有没有去（上学），我跟我哥出去玩三个小时再回去，好像上过课一样。

**问**　那是你父母想让你去中文学校？

**答**　怎么说呢，我父母想我们学中文，想我们读书，上大学。可是我小时候就跟我父母说了，你们要我们做这个，做那个，你们的要求也是我们做得很好的那种，可是你们却没有好像一直支持我们，或者……怎么说呢……

**问**　可能他们想，但不一定做得来。

**答**　对，我个人觉得他们要求很高，他们也没有怎么说，这个应该怎么解释，就是好像没有 sich die Zeit nehmen（拿出时间），sich um dich zu kümmern（关心你），就是一直陪着你，去帮你，就没有。就是有要求你一定做得很好，你懂我的意思吗？

**问**　我懂你的意思，我在想，这个好像也不太好，用身体力行来讲也不太对，那个是做一个榜样，但是他们在要求你做这个事情，但没有能力给你辅导更多……

**答**　对对对。因为有可能哪里做得不好的话，就有可能被骂，不问你为什么做得不好。小的时候，你就觉得，小孩子就会开始想，他为什么要求我做得好，可又没有时间来管我，没时间来培养这个过程？你就会觉得做得不好（他们）就会过来骂，做得好的话也没有奖励。我还记得小的时候，一年级，不是上了一两个月学嘛，有考试，我有个同学刚好考了一百分，他就跟我说了，我父母跟我说了，如果我考了一百分的话，他们就会奖励一百块钱。我就回去，我那时好像也考了一百分，那我这样给我爸说。好像，他就笑，他说哎，你这个书是你自己帮你自己读的，你还要向我要钱，这个有点……（他们）不那个吧。反正觉得挺好玩的，反正我那时候就觉得有可能文化的问题吧。你跟德国文化有交流，家里又是中国文化，就觉得有很大的距离。小孩子嘛，就觉得为什么是这样的呢？

**问**　是的，这个也是很典型的问题，就像你们这种移民家庭来说，如果只是在一个地方待着，大家都这样，不会有困惑，有一个比较以后……

**答**　因为这个问题我觉得我父母他们自己学也上得不多，我妈普通话说得也不是很好，字也没有几个字认识的，我爸还好，好像自己学的，中文写得还很不错，我妈就不行。他们不属于在中国上过小学，上过高中，又上过大学的那种，没有那个，怎么说呢……

**问**　能力。在异国他乡生活，需要一种特别的能力。如果你自己能选择的话，你愿意还在一个移民的家庭里生长吗,还是说宁可在一个中国的或德国的家庭里成长?

**答** 我觉得在一个移民家庭里生长还是不错的,因为你可以在两个不同的文化里面跟两个不同的文化打交道,可是如果像我父母一样,他们没有这个能力去接受另外一种文化的话,我觉得挺难的。打个比喻,像我们同学觉得周末在别人家里睡觉是很正常的,中国人觉得自己家有床有被的,你还去别人家睡觉干吗,就觉得很不理解,那时候就很那个……我觉得,中国家庭,打个比喻,我们家庭,没有规矩,规矩不多。规矩有是有,可是跟德国人的规矩不一样,像德国人一样,他们固定的六点钟吃饭,你必须五点钟回来,睡觉的话,八点钟睡觉,像我们那时候很随便,因为父母回来很晚。

**问** 估计也没有时间管你们。

**答** 对,我们睡觉的话是十点,看电视啊,没有固定的时间表。

**问** 你爷爷奶奶、外公外婆一直没有来过?

**答** 没来过。

**问** 如果有的话,家里照料你们的话可能好一点点。

**答** 因为我们那时候年龄也很大了,也不需要……因为我两个妹妹一生出来的时候他们就把她们送到中国去了。

**问** 后来几岁了才又带回来?

**答** 三四岁了,很多时候是这样的,生了孩子就送到中国去了,那我就想你为什么生孩子啊?

**问** 没时间看。

**答** 对。我个人如果生孩子的话,就不会送到中国去,对德国人来说,他们觉得最之前的一到两年,一到两岁是很重要的,他们觉得孩子不跟你一起的话,有可能对以后的关系有影响。我也是这样觉得的。

**问** 聊聊你们家的习俗吧。你们家过的最隆重的节庆是什么?

**答** 应该也是春节,或者有时候我们也是有那个概念,12 月 24 号,我们坐在一起吃饭。

**问** 圣诞节?

**答** 嗯,圣诞节,都是 24 号。

**问** 你们家信教吗?

**答** 也不信教,就是觉得大家都坐在一起,我们也会。

**问** 也就是一个气氛。

**答** 对,也不是 25、26,就是 24 号,接下来就是中国的春节。

**问** 中秋节过吗?

**答** 如果大家在一起的话,也就吃个月饼。

**问** 端午节过吗?

**答** 端午节是春节吗?

**问** 不是,农历五月初五。

**答** 也不过,我就知道在中国的话,像我外婆一样,端午节的话她会……

**问** 吃粽子。

**答** 那那个四月五号是?

**问** 是清明节。

**答** 哦。(记)错了。

**问** 你们清明节的时候会做祭拜仪式吗?

**答** 以前啊,有,我们有时候会做,我爷爷走的时候,我爸就从中国带了一个相片。有时候我妈会做几个菜搞一搞。我小时候,我跟我哥每次就笑。因为觉得太别扭了,一个人都不在了,他还说什么还叫你要过来吃饭,把大门还开个小缝,因为真的有那个进来的话,(就)不要把门锁了,我和我哥就觉得很好笑。因为我们那时候还小,觉得这个拜来拜去的多别扭啊,

**问** 现在还拜吗?

**答** 现在很少,有时候我妈会做,但现在很少。跟以前比起来,反正现在这种传统的东西很少了。以前刚从中国出来,馄饨皮、饺子都自己做,现在很少很少。以前真的每两天就自己做,有可能那时候这种东西都不好买吧,只能自己做。

**问** 而且做的话是家里过节必须要做的一个仪式性的东西……

**答** 我觉得那时候馄饨皮都有卖,我不知道那时候有没有卖,可能自己做比外面买的要便宜吧。

**问** 有的时候也不一定是好吃,或者是更便宜,是大家一定要做的一件事情,不做这件事情,今年就过得不舒服。

**问** 那你们春节怎么过呢?

**答** 也是坐在一起吃饭。

**问** 就是除夕夜吃一顿饭?

**答** 嗯。

问　第二天还要拜年吗？

答　不拜。

问　你们有红包拿吗？

答　红包就是父母给的红包，去别人家拜年是没有的。现在我也很少拿过红包。因为红包我两个妹妹有，她们上次我爸给过红包，也顺便帮我拿了。以前小时候红包都是包包意思意思，回头还是要还的。真的，不是说红包包了以后，那时候一百马克是很大，就意思意思，包了一下，回头第二天你还是要还，还换了一个十块、二十的，真的(笑)。

问　那你们放鞭炮什么的吗？

答　鞭炮的话，德国鞭炮也就是元旦，因为平时没有机会。

问　也买不到。

答　对。

问　你们会不会穿一些红色的东西？

答　没有。

问　团年饭自己家做吗？

答　自己做，可是有时候第二天后，或者年后，我爸妈就说要说好话，不能骂人。

问　初一不能扫地，过年前要大扫除，你们家吃团圆饭之前会大扫除吗？

答　那我们在德国没有这个习惯。

问　团年饭有没有什么东西是一定要吃的吗？

答　一般是要吃虾和龙虾。

问　你爸爸妈妈能够接受你们兄弟姐妹找德国人做男女朋友吗？

答　如果我哥找德国女朋友的话，应该不可能的。给我来说，因为我不像我哥，我不会说我妈、我爸说有什么不好的话，我就不去理他们，就不会被他们说，他们也习惯了。我哥，有可能，一个男生，他们要求可能要高一些。

问　那你自己找男朋友的话……

答　以我的个性来说，真让我找一个传统的中国男的，不太合适，没有可能性，我觉得这样应该不适合吧，觉得性格……

问　要是德国人呢，有移民背景的德国人呢？

答　也要看吧，我觉得，应该问题也不大。给中国人来说，他就说你这个人很德国，一点不像中国人，可是给德国人来看，你有时候好中国啊，他会这样觉得。

问 你自己觉得呢,有什么地方很中国?

答 嗯……买礼物吧,德国人买礼物的话一般要个人用得到,我去买东西,要用得到,也会觉得太便宜会拿不出去,别人会觉得很不好。

问 有点面子意识啊。

答 对。

问 你觉得你是一个爱面子的人吗?

答 不是说我爱不爱面子,我就会……怎么说呢,在德国人里面他们这么说,mir macht schon etwas aus,was andere über mich denken(别人怎么看我是有所谓的)。可是这么说的话,我觉得跟中国的要不要面子,不是很……

问 差别不是很大?

答 不是很大,但也不是一回事。

问 嗯。

答 我觉得这个不是一回事。

问 可能我们大多数人都是这种状况,我们不忽视这个东西,我们一点也不在乎,但是我们可能不一定爱它,一定要不可。

答 我就不喜欢欠别人东西,这个可能有点像中国人。还有中国人做什么人情啊,就觉得……小时候很搞笑,别人送东西给我们,我们第二天又送东西回去了,搞来搞去的很麻烦。这一点我又不喜欢,我不喜欢欠别人东西,如果真是好朋友的话,他请我吃顿饭,我下次请他就行了,可中国人好像收到一份礼物,他就心里想,哎呀,下次怎么还给他。

问 德国人就心安理得一点。

答 对,就觉得有点不一样。

问 你们家里有没有什么摆设,刻意放一些跟中国有关的东西?

答 没有,一方面我父母挺 pragmatisch(实用主义),很随便,很实用,能放衣服,能摆就行了,没有说特意摆中国的。

问 有没有字画之类的?

答 我们有是有,就是没挂。

问 你们以后,你觉得你会不会跟你父母生活在一起?

答 (没有迟疑)不会。

答 肯定不会?

问 肯定不会。

**问** 他们有没有想和你们住　起？

**答** 我觉得也没有。他们有时候还说，哎呀，钱自己还是存一点吧，等你们来养我们就别想了。他们有时候就这样想，因为像我奶奶、外婆，我父母年年都会给他们钱花。

**问** 他们会不会想以后和你哥哥住一起？

**答** 觉得也不会，可能性不大。

**问** 你觉得你以后对待父母的方式和一般德国人对待父母的方式有区别吗？

**答** 应该会。这个应该会有。德国人有很多老人家自己一个人住，孩子们可能也就是节日过来看看，其他事情一般情况也不会帮吧。

**问** 打个电话就算很孝顺了，我们可能要求做得更多一点，你也会这样做吗？

**答** 应该是吧，现在就这样子，有事情就打电话给我，没事情就不打给我。

**问** 你觉得你跟你父母有没有什么最大的不一样？

**答** 不一样，（迟疑）不清楚。

**问** 其实教育方面，我估计在你以后教育子女的时候，有些东西你肯定不会这样做了。

**答** 那当然，现在还没有子女，就很难说，因为我有时候就，因为自己现在没有孩子，你去想这方面，具体到时候真的会怎样还很难说。

**问** 你觉得爸爸妈妈他们那代吧，不仅仅他们身上，在德国的移民，有优点的话，你觉得优点是什么？

**答** （思考）

**问** 会是勤奋吗？

**答** 勤奋……这个真的有点很难说。

**问** 说不出来？

**答** 说不出来，因为没想过这个问题。没想过。因为有时候和他们出现问题，也很少，跟她们讨论的机会没有，他们很少坐下来跟你讨论一个问题，他们觉得好像我说过的话就算。

**问** 你会不会说我现在想和你谈一个事情，你能不能坐下来，我有事情说。

**答** 这个就没有。

**问** 你也不会讲。

**答** 现在我妈自己觉得没朋友，打电话跟我聊天，那我就觉得很傻，我觉得你要聊的事情，有些问题不是应该跟你女儿商量的，还是找几个朋友商量好。

问　你朋友里德国人多还是中国人多？

答　德国人多，没几个中国人。有的话，我们也是说德语。

问　你妹妹呢？

答　更是这样。

问　你哥哥呢？

答　我哥哥在中国有中国朋友，我觉得他在德国也没几个中国朋友。

问　你朋友聊天的时候，会不会刻意说一些跟中国有关的事情？

答　会。会说，有时候在上班的时候，我老板挺爱说某些……因为他也去过中国，他就会说某些文化的区别，他就问我，还挺喜欢（说）的。

问　最后问你一个问题，你觉得你最想做个什么样的人？

答　我有时候觉得家庭小一点的话，我就觉得属于自己的时间会不会多一些。现在家庭大了，爸爸妈妈有时候打电话，说又出现这个问题，那个问题，打电话给医生约时间，我觉得挺多的，像我两个妹妹出现什么事情，第一先给我电话，问我这个，问我那个。给我来说，有时候觉得很累的，就两个小的就像我自己的孩子似的，还要我要管她们，还要安排她们生活的一些事情，我觉得挺累的。

问　有一句老话是长兄为父，长嫂为母，你不是长嫂，你是长姐。

答　有时候觉得挺累的。

问　你觉得压力很大。

答　对。有的时候释放不了。

## 访谈三："小时候的挣扎还遗留到现在"

采访时间　2012 年 8 月 28 日

采访地点　柏林

采访对象　黄 Z.（女），韩 R.（男）

背景信息　黄 Z.，1988 年出生在上海，少年随妈妈来到德国，随后妈妈在德国组建了新的家庭。我是通过黄 Z. 的妈妈结识她的。再通过黄 Z. 接触到了韩 R.。韩 R. 是黄 Z. 的朋友，1990 年出生在德国，爸爸是青田人，妈妈是杭州人。韩 R. 在德国高中毕业后去了英国读大学。黄 Z. 则留在了德国读大学。

问　你是哪年来德国的？

黄　我是 1997 年来的。

问　你当时几岁？

黄　10 岁。

问　我听你妈妈说，她先过来，过来一段时间之后，再把你接出来的。

黄　对。我妈大概我两岁的时候过来的。也是 1989 年之后，在这边求学，然后就把我接出来的。

问　你出来的时候是九几年？

黄　1997 年。

问　香港回归那一年。当时你已经在国内上小学了？

黄　在上四年级。

问　出来的时候有没有不适应这边的学校，觉得轻松了很多？

黄　我那时在想，就是回不去了。如果回去的话就跟不上了，那就算了，只能待在这边了。

问　你们觉得自己的母语是什么？说得最舒服的语言是什么？

韩　对我来说应该还是德文。像中文，我现在就是说，等我去了伦敦之后，中文的水平就降低了。

黄　对啊，卷舌音都不会了（笑）。

韩　对，连讲话的词都想不起来。要是德文的话永远都是比较流畅的，所以说，特别对我来说，我在这里出生，这里长大，母语还是德文。

黄　嗯，就是看环境吧。因为我刚回北京半年，我去北京实习半年，所以那个时候就觉得说中文其实没有问题。因为有那个环境，词汇量也会慢慢地增加，说起来会比较顺口。但是讲中文好像就会比较放松一点，不要考虑语法问题那么多，所以我毕竟是 10 岁来的，在中国上过学，所以……

问　你比他有优势一点？

黄　也不是，我说德语有时候会考虑好多，会想想语法的问题。虽然讲得很顺口，但是就是还需要考虑语法的问题，如果不用脑子随便讲的话，那应该是中文最舒服。

问　你还记得你当时来的时候大概用了多长时间，说德语才说得和你的德国同学一样好吗？

黄　小孩又不用讲很复杂的德语，大概半年就差不多了。因为我自己平时就喜欢自己学点东西，就随便瞎学，就发现有些东西用中文表达，有些东西用德语表达更容易。

**问** 比如说什么东西？

**黄** 其实用德文的话有些东西表达得更精确一点。但是你要写感觉的话，不要太多框框架架，往往中文更容易表达。

**问** 你们会说方言吗？

**黄** 上海话我会讲。

**韩** 我说我会，我父母说我不会。杭州话有时候我说起来，开开玩笑。

**问** 你父母是杭州的？

**韩** 我爸是青田的。有些人不知道青田嘛，我爸是青田的，我爸和我妈讲青田话，我妈和我爸讲杭州话。他们两个和我讲普通话，所以我一直没跟他们讲方言，我一直讲的是普通话。

**问** 那你听得懂方言是吗？

**韩** 对，杭州话我好多都听得懂，杭州话相对比青田话听得懂多一些。然后我有时讲起来的话，就讲得像是杭州乡下话。

**问** （笑）那还可以。你回青田听当地人说话有问题吗？

**韩** 应该还可以吧。有时候一两个词听不懂，但是也能猜得出来。

**问** 父母从小就把你送到中文学校里面去学？

**韩** 就是五六岁的时候，但是我妈当时也有把我送去家教老师那里。因为她觉得大班学习，不是很有针对性的。

**黄** 他中文很好。

**问** 是很好。

**黄** 我当时认识他的时候，还认识几个比他晚来很多的人，6岁来的，七八岁来的，都没有他讲得好。

**韩** 不过我妈不这么认为。

**黄** 讲得很不错。

**韩** 我妈特别注重（我的中文学习）。记得童年，她把我送到家教那里，哦，累死了，有时候我就说："读好了，读好了。"我妈说我知道你读好了，要念给我听。我就念嘛，有时候，听得出来（没学好）嘛，然后她就说你没有好好念，我就得查字，把它写下来。从那时候，我的中文水平一下子就上去了。

**问** 不错。

**韩**　（笑）我很辛苦。

**问**　你们等于现在基本都是三门以上语言的背景。英语讲得好，德语也是母语水平，然后中文的话也能听，也能讲，也能写。在你们认识的移民二代这批人身上，这样的情况多吗？

**黄**　我觉得如果是有中国跟德国背景的，中、德两个语言都会的话，英文一般都不会差。

**问**　比如说你们在柏林这边接触的移民二代，父母是来自于哪里的比较多？

**黄**　上海我认识一些。香港人也有。

**韩**　就很多青田、温州人。

**黄**　但是那些我都不认识。

**韩**　因为我父母做餐饮业的嘛，有不少，有听说，有认识的。

**问**　那你们的朋友圈里面移民二代的比较多还是德国人比较多？

**黄**　我是有很多二代朋友，但是是来自不同国家的，土耳其人什么的。好像不知道为什么，和那些人……

**问**　土耳其人多一点？

**黄**　对，德国朋友也有，好像还是有些不一样，如果你跟那个土耳其二代聊天，就很随便，好像就不知道为什么容易走得近。

**韩**　我的话中国人也不太多，但是差不多，挺平衡的。有些是外国人，有些是德国人。

**问**　你们在德国的学校里，德国人，德国孩子，同龄人，看你们会有什么异样的感觉吗？

**韩**　因为柏林西边、南边的话，土耳其人、阿拉伯人、印度人，什么人都有，他就根本不会动这个脑子，就是说注意你是中国人。

**问**　就是说你们在学校里面，移民的第二代的比例也比较高，你们也不觉得特别显眼。

**黄**　我班上那时候有一个香港学生。

**韩**　我呢就是，当然我上学那个区也是外国人挺多的，刚上七年级的时候，很多大部分都是土耳其人，到九年级的时候一半也就走了，就是跟不上，十一年级的时候，大部分自己就自愿走了，所以等十二、十三年级的时候，那时候似乎就全都是……

**黄**　德国人了。

**韩**　德国人挺多的。

**问**　你们小时候没有这样的意识，我和他们不一样？

**黄**　我来的时候肯定有，但我那时候就在想，我在这边上的小学就很杂，我那个班上大概有六个不同国家来的学生，班级就一点点小，所以那个时候，也没有觉得怎么样。那时的德文老师是班主任，她嫁的是一个土耳其老公，她自己又对外国的那种文化又有了解，就根本就没有感觉好像自己和人家比很特别，没有觉得因为我是中国人就怎么怎么样。班上还有两个越南学生，亚洲人也有，土耳其人也很多，所以……

**问**　就是说你没有那种感觉，我要改变我自己的一些行为的方式，来变得跟他们一样，变得不那么引人注意？

**黄**　其实没有，就有时候，你在柏林不会觉得自己是外国人。有可能人家看你是个亚洲人，但是除非真的人家把你当作一个外国人来看，否则自己不觉得自己是外国人。如果别人问你，你是外国人，不要待在我们的国家，我会说，哦，我是外国人。

**问**　你们上了大学以后，成年了以后，有没有这种感觉，就是说身边的德国人会不会把你们当成一个特殊的群体看？因为我经历过一个例子，以前我跟一个在这边长大的华人二代一起逛街，她长得就是一个很典型的中国人的样子，但是她从小是在这边生长的，她的德语说得就是母语者的水平。她逛街的时候，一个售货员夸她："你的德语说得真好！"在这个时候，我感觉她有一点点尴尬，她在这个时候一句话也没有说，我觉得她有一点不知道怎么样去应对，因为这个对于她来说不是一个特别爱听的话，我本来就是在这里成长的，但我被你当作一个中国游客来对待。

**黄**　我无所谓吧。

**韩**　我有这个经历。我不是觉得人家排外或者怎样。有一次挺搞笑的就是，我以前都是中国籍嘛，16岁的时候才转为德国籍。我刚刚拿到德国护照的第一天，我在 Spandau① 的火车站，有两个巡警来问我，查我身份证，那边有很多越南人，偷渡过来的。我说，你真可爱，我刚刚拿到我的身份证，你就来查啊。但是他们也就是当作玩笑。还有一次，就是我当时德语老师有时夸我，说我不是德国人，但我的文章、语句、用词还比有些德国人用得好，有些夸张，但是我从来没觉得她用另

---

① 柏林的一个区（原西柏林）。

外一个角度来看我,那绝对没有。

**问** 那我刚刚说的那种情况,你们自己有没有遇到过? 就是德国人不认识你的时候,突然夸你,你德语真好。

**黄** 有啊,有啊。就说谢谢,没有什么。不用去跟人家说,没有啊,我 10 岁就来了,其实也无所谓,人家也是好意的夸奖。

**韩** 我觉得(德国人)对中国人不是特别(另眼看待)……像我很多朋友也是外国人。其实我对外国人没有什么看法,不会把他们看作外国人。有些 Neukölln①的阿拉伯人,或者土耳其人啊,好的也有很多。但是就有一些土耳其人就是说会捣乱,看到这些人,他们就会说,他们是外国人。但是一般的话,他们不会(这样说)。

**黄** 但是,因为如果你在大学的话,大学的中国学生还是没有一个很对外的团体。所以,有时候,我的德国同学会说,你看,那边是不是中国人? 但是不会跟他们有任何交流。

**问** 留学生会把你看作和他们不一样的群体,而且和德国人又不太一样的群体?

**黄** 也不会,就是当德国人吧。

**韩** 看你自己。因为就是像我在伦敦也有同样的情况。从中国出来的中国人,很多就是不跟任何人交往,中国人跟中国人自己玩儿。所以说,像她和我,反正说的也是德文,开的玩笑都是德文的话,人家就不会说什么。这完全不是你的长相(决定的),完全是你自己的背景怎么样,他们就把你当作怎么样。

**黄** 我觉得也是。因为有个共同的背景,就是那个文化背景,你讲起话来,和人家沟通起来,和人家开个玩笑,看到你会懂,有互动这样,(德国人)根本就不把你当作外国人。反而跟中国某些学生交流起来,你就会觉得,唉,怎么我讲他听不懂,是这个样子。

**问** 文化有时候确实打下了一个很深的烙印。你们现在回国的次数多吗? 当然我讲是回国,你们可能不用回这个词。

**韩** 我懂你的意思。

**黄** 每年回国一次。

**韩** 平均两年(一次)吧。最近回得比较少。

---

① 柏林的一个区(原东柏林),外来移民数量较为聚集。

**问** 那你在中国的时候,你会想念这边的家吗?

**韩** 我小的时候,一回国就很开心,有得吃,有得玩。

**黄** 现在有变化吧?

**韩** 对,也可能和自己长大了有关系吧。我发现(中国)有些人很乱,人又多,就是说气氛就很紧张,这是第一点。然后,虽然很多中国人很有钱,很多大学生。但是你上车,男孩子和女孩子抢位子,往地上吐痰,这种情况(很多)。

**黄** 你说哪里? 杭州吗?

**韩** 杭州。去年去的上海,上海也是,反正就很挤,大人抢位子,就是这些情况。去年回去的时候,我待了四个星期,后来有点想回柏林了,这里比较清静。但是,总的来说,倒也没有这种很强烈的我要回家或者我不在家的感觉。

**问** 在国内你最不习惯的是什么? 人多是吗? 有压迫感?

**韩** 人多,还有就是天气。这两点。

**问** 我们的环境是不太好,空气。

**韩** 空气我倒没有什么感觉,就是我们一般回去都是夏天回去嘛,夏天就很热。还有人多,就这两点。另外的话就没有。

**问** 说一个别的话题,你们家里对你们要求严格吗?

**黄** 但是第二代的中国家长一般都会要求小孩比外国家长严一些。我妈妈还好吧,就是我认识的同学,6 岁来德国,也是上海人,母亲在开中药店,就对他要求一直很严,就像国内家长一样。

**韩** 像我妈妈也是,她从来都没有考过德国的试,我说我都考 1.3[①] 了,你还要怎样?

**黄** 中国家长就比较严一点,相对来说。

**问** 比较严,也比较舍得给你们教育上投资。

**黄** 我妈还好。他们会比,这个小孩怎么怎么样,你那个怎么怎么样,我那个很好啊。

**问** 和你们的德国同学啊、朋友啊相比起来,家庭教育这块会不会是你们感到最不一样的一点?

**黄** 其实好像亚洲,包括土耳其的家长也会这样。

---

① 德国教育体系分数分 1～5 分,共 5 档,1 分为最高,1.3 次之,属"优",2 分为良好。

**问** 你们觉得这样好吗？

**韩** 我妈给我的母爱我受不起，有点太多了。但是我妈的出发点是好的，我一直跟我妈讲，当然我也是想以后有出息，但是我不想就是说我荒废我整个青春，不出去玩，从来没享受过的东西，就一直学习学习，成顶尖，变成郎朗怎么样，所以我觉得（她的爱）有点多了。当然你也不要全部不管，德国父母的教育方式，我觉得是比较恰当的。

**问** 那你爸爸呢？

**韩** 我爸……反正我爸比较支持我妈。我妈怎么样，他就怎么样。

**问** 一条战线的。

**黄** 因为我现在的高中的话，有的小孩受家里环境的影响，他自己会对学习比较感兴趣，有些（家庭）做完作业就不管小孩了，这种也有。

**韩** 我妈有的时候就（光顾着说）学习学习学习，现在常常讲 soft skill（软技巧）嘛，跟朋友交流啊，就是另外一些东西嘛。但我妈就是这种（一味说）别缺课啊。

**问** 抓得很严。

**韩** 但是也不一定好。因为知识多了，但是另外什么东西都不会的话，也没有用。

**问** 你说父母很注重你的学习，对你比较严格。如果你们以后有小孩的话，设想一下，你的教育方式会和父母一样吗？

**韩** 绝对不会的，绝对不会的。我一直就不赞成惩罚制的。

**问** 你妈妈怎么惩罚你？

**韩** 惩罚，就是你不可以看电视，不可以……

**问** 有没有体罚过你？

**韩** 体罚那小时候也有。我觉得就是惩罚小孩子的话，小孩子自己没有搞懂。像我妈，说实在的，把我管得很严。但有时候，我想做的东西还是会耍小聪明，打个比方，我妈说你高中没毕业，不能有女朋友，但是你还是可以给她混过去，你父母不知道的。就是得全部跟小孩子讲清楚，后果全部跟他讲清楚，当然是要在一定的底线，不能去吸毒，不能去杀人抢劫，这是底线，在这种情况下，让他做自己、做他的选择。

**问** 你刚才说，好多德国家长对待孩子的方式，你觉得比较恰当，你会用那种方式。

**韩** 对。

**黄** 我妈没怎么管过我。我爸他想管，但是管不到，他在国内，所以没办法。

**问** 你们现在关心和中国有关系的事情吗？

**韩** 蛮关心的。

**问** 奥运会你们会给中国队加油吗？

**黄** 会啊。

**韩** 他们好的时候会，不好的话就不会。

**问** 那中国和德国队比赛的时候呢？

**韩** 那还是……像今年奥运会，中国金牌拿得很多，那我也很高兴。或者中国发明了哪方面的科技，也挺高兴的。足球比赛的话，我还是会支持德国。我这个人本身就是，谁踢得好，我就帮谁。

**黄** 我是有一次，是在高中的时候，十年级，十六七岁的时候，上地理课，我们那个地理老师是一个上地理课和德语课的一个老先生，有一次在上地理课的时候他讲到中国，看到湄公河，他说："你知不知道有关的事情？"我说没有了解过，他说我以为你会知道，因为你是中国人，你会对自己国家更感兴趣，应该了解多点。那个时候就有点是敲醒了我，地理和历史是要自己去关心一点。

**问** 那你经历过那之后，有没有真的是多去了解一下知识？

**黄** 反正那次就一下子给我的印象还是蛮深的。因为我那时候的问题是我要很努力地学德语，如果我不努力地学德语的话，任何成绩都会很差，所以当时没有管那么多。但是很想去学啊，没有这个时间。

**问** 你们现在如果要看一些和中国有关的实事新闻，你们会上德语的网站、德语的媒体，还是中文的媒体？

**韩** 我都看的。像现在有关薄熙来的情况，我都有看，都有去关心，德国的或者英文媒体的，中文看有点累。

**问** 不习惯，还是？

**韩** 首先有时候我看报纸，看报纸和看小说，那些词语不一样，我就看不懂，虽然字认识，但是也看不懂。德文是一个单词一个空格，看中文就密密麻麻的。时间长了就看累了，所以我就看外国媒体。

**问** 断句很费劲。

**黄** 其实我觉得如果看这种政治性的东西的话，只要了解一下他大概的立场就可以了，不一定去看报纸。国内现在有很多新媒体，你可以上微博，或者网上的短新闻，你也可以了解一个大概，就是国内的看法，所以会两边的声音都去倾听一下，了解一下。

**韩**　德国的、西方媒体对中国媒体有一些偏见吧，就是有些东西他们不报道啊，或者报道的不是很真实啊。有段时间，他们报的东西，我也是两边看，也有发现德国媒体的报道也不是很真实。但是总体来讲的话，我个人还是比较相信德国媒体的报道。

**黄**　如果要细看一件事的话，你会去看德文的报纸，去看一下中国那边的声音，但你不会去轻易相信任何一方。

**问**　有没有一个你们印象中的新闻事件给你们印象比较深刻的？

**黄**　其实我对德国媒体的失望就是 2008 年的时候，其实还更早，因为那个时候那个 Speigel（《明镜周刊》），在中国的经济发展得很好的时候，出了很多次特刊，讲中国怎么怎么样，讲了很多次，那时候还蛮气愤的。① 而且包括 ARD（德国电视一台）到现在，很多时候（都有不实报道）。像 Speigel 是一个很好的杂志，但是它有时候报道中国新闻的一个专题，它会拿很老套的图片出来，就是执政党换人，几个领导出来，为什么到现在他们做事情还是这个样子呢？只是为了让德国群众看到会联想，啊，我们是维护正义的，怎么怎么样……

**问**　实际它可能是在迎合它的读者群体的一种期望。

**黄**　对啊。经过 2008 年之后，（我觉得）德国的媒体不应该这样。因为那时候，两年前我去参加过一次中德大学生的讨论会，我们那时候也去了 ARD 的 Studio（演播室），就跟那个在中国的记者也有谈话，她说那个时候也说我们做得不够好，ARD、ZDF（德国电视二台）都做得不够好，然后对这件事情也有反思。但是事后，包括到现在，德国媒体还是用这个形象出现，讲到中国，就会一下子脸沉下来，就是人权问题，这很可惜。

**问**　你也有这个感觉吗？

**韩**　最近我没有这个感觉。但是她刚才说起来的时候，想想有时候，也是 2009 年左右的时候，我们当时在家里看到（中国画面）的时候，在想，它怎么这个样子（了）？中国也开始发达了嘛，杭州上海北京很漂亮的。他们有时电视放这种纪录片讲中国的，报道中国的纪录片，还是给观众看很破烂的（场景）……

---

① 《明镜周刊》仅在 2007 年至 2008 年就刊登了四期以中国为封面内容的"深度报道"，基调均非常负面，其中 2007 年第 35 期毫无根据地直指中国在德留学生中有大量的"技术间谍"，一度引起了在德华人群体的强烈反弹，并通过抗议、游行等方式表达了自己的愤慨。

**黄** 因为德国称自己是自由媒体，所以对它的要求要更苛刻一点。因为德国自己说自己多么好，多么自由，你就会觉得……

**问** 换一个话题：我想知道，你们觉得有没有一个典型的中国人的行为方式？

**韩** 客气。中国人挺客气的。有时候跟中国人相处有点吃力，有点累。我回中国的话，我碰到我的亲戚，（他们）说德国怎么样，你以后肯定会很有出息的，你是我家里的什么什么的。那我就觉得，虽然在夸我，我就觉得我们不能谈点轻松点的吗？讲讲你的爱好。我和德国人谈话的话题不一样，讲的都是你的爱好怎么样。我和我亲戚碰到一起的时候，叔叔、姑姑、姨妈，都是你学习怎么样、孝顺你爸爸，就是这几个话题，有点累，不是很轻松。然后就比较客气。就是这两点。

**问** 客气的话，是说有时候说话会比较转弯抹角吗？

**韩** 对，可以这么说。

**黄** 没有一个典型的吧。因为我觉得每一代人都不一样。

**问** 那父辈这一代，有没有什么典型性的东西？

**黄** 他们活得好像蛮累的，就是怎么讲，中国人的那种关系网很密，一个人在一个社会就会被绑住手脚。你做任何事情，好像都要和别人联系在一起，你都要考虑到在别人眼中怎么样，你会有一个什么样的形象，会有一个怎样的后果。你做任何事情都要想得好多。就像我爸爸妈妈离婚这件事情，我爸爸在国内肯定会比在这边痛苦好多倍，任何人对他这种看法，他总会去说，这件事情不要讲出去，经常会这个样子，这个很累。我妈妈的姐姐，一年前有来过这边玩，她就总想到，我要送这个人（东西），我要送那个人（东西），德国人会先把我自己的家顾好，你自己活得开心以后，然后才会想，我要给这个人带点什么，高兴一下。中国人本身就会做得很多，自己就会减少到很少很少，或者自己就没有界限，所以就会很困在这个社会里面。就算有时候你会突然有这个念头，我其实可以换一个方法思考，让自己更舒服点，但是这个念头很快就会被消灭，因为你身边那些影响，你完全没有办法抛开。

**问** 那相对来说，德国人的行为方式，你们觉得什么东西是典型的？相对来说？

**韩** 总体来说比较随便吧。

**黄** 但德国人我觉得还是，不是所有人，但是大部分德国人都很强调我的权利、我的自由、我的怎么样。就是说你半夜倒个垃圾，邻居就会吵："你为什么会这么响？"其实他也没有睡，别人倒一下垃圾也不影响他，但是他就认为你侵犯到了他的权利。这个方面我觉得德国人的自我意识还是蛮强的。

**问**　我总结一下，可能有的人会说，他的自我权利的意识比他的自我义务的意识要大很多，可能很多人想到我应该得到什么，而不是说我应该做什么？这里其实也有一个，就像你说的，中国我们也不能把它简单化，就说中国人现在就这样，因为有很多群体，各个地方的人也不一样，男的女的也不一样，年龄也不一样，而且传统和现代，我们的价值观也发生变化，可能德国这边也是这样，你们有没有感觉到，比如德国有一些传统的价值观可能也在变化之中？

**韩**　正好反过来了，像德国人他们就说，我们这一代人上大学，压力越来越大，越来越紧张，特别是现在有 Bachelor（学士课程）和 Master（硕士课程）。我觉得以前的话，像我的历史老师说他当时高中毕业三年了没上大学，他都无所谓的，不紧张。现在三五年的话都紧张死了。中国人现在好像有点……像我的中国的一些朋友，他们随便了，不像以前那样一定要学习，一定要有出息。中国人现在好像比较清闲了，德国人好像就紧张一点。

**问**　我比较感兴趣的是价值观。如果说让你们列举一下你感觉的中国的主流价值观的话，你会想到什么样的词语？比较有代表性的。

**韩**　就是孝顺，有出息。我的家庭环境中，这两个（重要性）是最高的。

**黄**　这些我家会有。但是大部分是钱比较重要，赚钱。

**问**　很现实。

**黄**　我有个朋友，他来德国六年，他最近才和他的一个大学同学见面，就是从小一起长大的朋友，这个朋友在国内做公务员。他回来跟我说，谈不到一起了，就是价值观有很大的区别。他生活很无所谓，他也没有什么钱，工作生活很开心就好。但是他朋友就会想，你房子买了没有，车怎么样，怎么样再赚更多钱。比如投资一个什么东西，虽然你不懂管理，但是你要去投资一个企业，因此赚更多的钱。

**韩**　像你说起现实的话，我所听说的话，我的印象，就是（中国）现在父母给你找对象的话，都是问有没有车，有没有那个……

**黄**　我有一次去杭州，我后边坐着一个中国男生，两个德国男生，去玩。我前边和司机聊天，那个司机当我是中国人的小姑娘，说，杭州的交通这么堵塞，都是你们小姑娘啊，要车要房。我说我不要车也不要房。他说是吗？快点到杭州来，嫁给我儿子。（笑）

**韩**　但我觉得不一定男孩子多，女孩子少，男孩子的价值就高。我觉得问题出于，像德国女孩子就会觉得嫁给一个没有房子没有车的无所谓，我们互相喜欢开心就可以，我们可以一起去工作，可以租个房子住，没有问题。但是我的印象就是，中国人必须要女儿嫁出去就肯定有起码自己买来的房子住,我觉得这不是男孩子多,就是他们这个想法,也是社会的情况。

**问** 你们回到国内的话,有没有什么东西你们会想,如果德国的一些方式可以带到这边来,那样就好了,有没有这样的想法?

**韩** 带到中国?

**问** 就是有些观念啊,或者说行为方式啊。

**韩** 没有过。

**黄** 有可能,我感觉就是说,特别是服务业的人。在德国,碰到一个服务员的话,他们不会给你感觉是在讨好你,在服务你,她是一个个体,她是一个人,离开服务业,她根本就不比你差。国内……

**问** 你想说有一种等级的观念?

**黄** 对,国内就是很少看到一个服务员,她在心情很好地在服务,没有,很少。这不是他们的问题,是整个社会的。作为客人,很多客人也会认为,我是消费得起才来这里,对服务员应该给的礼貌也不给,这是两方面的事情。

**问** 那反过来的话,有什么中国的东西也是希望可以带到德国来的?

**韩** 工作效率,工作效率高点就好了。因为德国人比较死板,就得这样子,就不能这样子。有时候,即使根本没有问题,结果不会有改变。他们就说条律就是这样子,所以你就没办法。有时你办一件事情,就需要老长老长时间才能办。在中国的话,你就会很快。

**黄** 对,就像他讲的,有些时候,我觉得该认真的时候还是要认真的。但是在德国,比如接个网不用花很多钱,很方便,电话也是。但德国人就那个 Vertrag(合同)还有 Abwicklung(过程),搞死搞活,而且还很贵,就觉得这方面……

**韩** 像我们申请 BaFög(德国的大学生贷学金),就要五个不同的表格要填,三个表格上面要我的地址,我说你们干嘛不问我一次的地址,输入到电脑里面,然后你们再发给大家,何必让我每次填,要我填柏林的,不能填伦敦的地址,我就填死了,又花时间,厚厚的一沓寄过去,还又花钱,我就不太搞得懂。他们表格多。有时你去办一个事情,忘了这个表格,忘了那个表格,他说不可以,你下次再来一遍。或者在德国,很典型的,你去医生那里,想约个时间,他有时给你拖个三个月,三个月,我病自己都医好了,还来找你干吗?他说你只是急诊的时候才来,但是他的急诊的概念又和我们不一样。

**黄** 国内很多事情很方便。

**韩**　就比较快。

**问**　英国效率会不会好一点？

**韩**　英国会稍微好点。

**问**　这次奥运会，很多中国的运动员在抱怨英国的效率也很差劲。

**韩**　英国的问题是他们的交通很差劲，伦敦的地铁是世界上最老的地铁系统，像我们在伦敦乘地铁的话，手机是没有信号的，我很气愤。有时我很气，像我去超市，骑自行车，其实是很重要的一条马路，因为 BBC 总部也在那儿，连接两个区的马路，很窄的，就只有两条道，这个城市早几百年就建好了，现在要改变就比较难。交通方面比较差。但另外一个方面，效率和德国比起来的话，伦敦办一些事情就比较方便一点，像我那里申请学费贷款，效率比较高，比较快一点。

**问**　问你们关于价值观的一个问题，你们理想的人格是什么？

**韩**　这个要想一想。首先是善良，对我很重要；然后，真诚。我其实就这两点。两点行吗？

**黄**　我觉得其实一定要有爱，就是有爱的话，不光爱自己，（还要）爱一切。然后更重要的就是另外一点是，做任何事情要有一个度，你爱任何东西有个度，但是不能爱得太过，有可能取个折中吧。

**问**　那你觉得你们描述的这个理想人格和你父母对你的期望吻合吗？

**韩**　那大部分来说是。

**问**　父母对你的要求更多一点吗？

**韩**　说起真诚的话，我妈说不可以撒谎，但是她会有意撒谎。比如（她）说"我刚才在上厕所，没听到你电话"，其实她听到了，但是她不想接，但是这是小事情，但总的来说，都是善良的。

**问**　你呢？

**黄**　他们对我没什么要求，就没有怎么讲过这方面的事情，没有让我怎么怎么样。

**问**　你们家里的节庆日是怎么过的？都过什么节？

**黄**　圣诞节。

**韩**　我不太多，我们从来都不送礼物啊，最多就过生日吧。

**问**　生日？大家的生日都过吗？还是你的比较隆重？

**韩**　小时候我的比较隆重，现在他们的比较隆重。

**问**　那春节呢？或者你们家最重要的节日是什么？

**韩** 就是生日。

**问** 春节有气氛吗？会给红包吗？

**韩** 小时候有,因为家里以前的经济情况也不是很好,也不是很富裕,想买什么就买什么,所以要经过考虑,考虑觉得 Ok,买的是礼物,但以后也要有用处。所以就是说,而且我们家都不是特别注重这些礼物,因此似乎也没有什么礼物,没有什么红包。小时候有买礼物。

**问** 中秋节过吗？

**韩** 中秋节就买点月饼吃,但像什么买礼物、买好吃的,都没有。

**问** 过世的长辈的祭日你们会过吗？

**韩** 我知道,回国的时候回去上上坟。这里,如果今天谁过世,我会坐下静静地想想他。

**黄** 我们差不多,但是圣诞节有过一下。主要因为我妈妈的先生是德国人,所以我们会想到这一点。圣诞节是一年的年末嘛,总要想表达些什么。

**韩** 以前我小时候,元旦去朋友那里一起,放放鞭炮,他们开餐馆的,烧点好吃的东西。十三四岁开始就淡了。

**问** 过中国传统节日的意识就比较淡了。

**黄** 其实也还好,柏林现在中国人的活动也会多一些,比原来多很多,比十年前多很多,受气氛感染,春节也会过一下,大使馆会有些节目啊。

**问** 你过生日的时候怎么过？大概怎么过？会有什么隆重的事情？

**韩** 吃蛋糕。

**黄** 还吃面。

**问** 你们家里和老人一起住吗？

**黄** 已经不在了。我的都不在了。

**韩** 回国的时候有我远房的亲戚,我喊他小爷爷。小奶奶还在,我回国的时候跟她一起。

**问** 你们因为多次谈到"孝顺"这个词,我想知道你们觉不觉得中国人在这方面做得比德国人要好？就是对待父母的这个方式。

**黄** 就相互这个关系吧。德国人会对小孩说,18岁之前你去玩吧,去闯吧,就不会管你了。中国的小孩到了成家的那个时候,还住在家里的有很多,父母会很关心,管得很多。我有可能的话,希望以后有机会的话多为父母做些事,如果住在一起的话我是不介意,有可能不要在一个屋檐下。

**问**　比如说对门。

**黄**　对，住得很近。

**问**　你呢？

**韩**　中国的孩子对父母比德国人要孝顺，我自己的感觉，我觉得是好事。但反过来讲的话，我觉得有时候长辈会把孝顺当作一种压力，就是交给你的一项任务，你必须……你就必须……这我觉得不太好，什么事情做过了都不好。父母要求孩子孝顺是很正常的，但多了话，就有点……

**问**　那你能接受，你以后成家了，你爸爸妈妈还跟你一起住，你能接受吗？

**韩**　就像她刚才说的，住在一个小屋里面，那有点受不了，但是住近一点，有个关照。

**问**　你们现在还花家里的钱吗？还是完全靠自己活着？

**韩**　我还花家里的钱，因为伦敦那边读书比较紧张，没时间去做工。

**黄**　我也花家里的钱。

**问**　你申请贷学金，国家给一部分钱。

**黄**　我在工作。

**问**　那你觉得和你们同龄的德国人，完全独立的多吗？完全一分钱不花家里的。

**黄**　有，但不是很多，靠家里每个月四百、五六百（欧元）。

**问**　国内八九十年代的媒体讲很多关于外国的事情，其中有一点很影响我们这一代的对国外的印象，就是外国的孩子是非常独立的，18岁以后，踢出家门，完全不管你，完全靠自己。可能这个有点绝对化了。很多人来了以后，他有一个冲击，实际上他看到的东西不是这样。

**黄**　确实没有这个观念。

**韩**　你必须给我搬出去，踢出去，那也没有。也是看父母和孩子的关系怎么样。一般正常情况，不会说你现在必须给我去工作。因为孩子毕竟还是在上大学的时候，这很正常的事情。

**黄**　有可能小孩如果参加职业教育，他每个月有1000（欧元）的收入的话，那不用家里资助。学生打工，每个月也只能赚五六百块钱，那房租就没有钱了，家长应该会（帮忙）。

**问**　你觉得家里有没有东西，是你们父母那一辈是要坚持的，什么东西是比较中国的？有没有什么是德国人这样做不行，我们家里就要这样。

**韩** 其实是教育方式,我妈就这样,德国人教育太放松了。

**黄** 没有。

**韩** 你好幸福啊,你父母都不管你的。

**问** 你今天才知道?

**韩** 我当时就知道,但是不知道这么轻松。

**问** 你们会不会有一种兴趣想知道,几代以前是做什么的?

**黄** 很想知道,家里没有记录。

**韩** 我没有这个强烈的愿望。

**问** 讲到家庭,你们觉得你们父辈身上最大的优点是什么?

**韩** 父母对我的投资,他们对我投资的精神。他们最大的优点就是我妈对(待)我的毅力。虽然我觉得有些吃力,但是作为她来讲,这种毅力我挺佩服。

**黄** 我爸和我妈好像是两个蛮不同的人,对我的付出的话,两方面都有。但是我爸爸,小时候,妈妈不在国内的,他带我长大的,对我的付出要比一般的父亲要多好几倍吧。我妈,她身上让我蛮佩服的是她三十几岁才出来留学,学的是艺术,放弃国内的老公和小孩,出来再学一门东西,一个人,那时候好像也没有现在对外国人这么友好的环境。等我来德国的时候,她四十几岁开始,又是学医,学护士专业。年龄这么大了,又有这个能力和这个毅力去学这一切。而且她跟她现在的丈夫也是白手起家,现在的一切也是两个人靠努力。我对自己往往没有这个自信,三十几岁去追求一个艺术,是很有胆量的一件事情,我没有她这个胆量。

**问** 那你们觉得,这些特质是父母所特有的,还是说在他们这一代的移民的群体是比较有代表性的? 勤奋、有韧性,对孩子愿意付出啊这种?

**韩** 我觉得,总体来说,像我妈这样对孩子的付出,就是像虎妈,像郎朗的父亲有很大的(代表)意义。但是在柏林这种圈子的话,我所认识的华人的话,我妈还是付出比另外的(人)付出的还要多一点。

**问** 你越这样讲,我们越同情你。(笑)

**韩** 因为我们这个圈子很多都是开餐馆的。我知道很多的父母,很多华人,不管孩子,就去开餐馆,搞自己的事业,甚至把孩子叫到餐馆一起洗碗,一起做跑堂。

**问** 但是你妈妈坚持……

**韩** 我妈当时开了小餐馆,生意还可以。因为我不是很自觉,钢琴学得速度不是那么快。我妈当时就打算把餐馆卖了,回到原来我妈管我、我爸去赚钱的情况。

**问** 我们把这叫牺牲精神,为了你她愿意牺牲。

**韩** 对,这我懂,对我来说是有点太多了。但对我妈来说,是好一点。

**问** 因为你们父母成年了之后才到德国来,他们要面临的一个问题,是在你们身上不太存在的,就是要融入这个社会,能很好地在这个社会生存。你们觉得他们融入的情况怎么样?

**黄** 我妈还不错啊。她比很多人都更有礼貌一点,我妈妈和德国人交流,讲话会慢慢的,很有礼貌,这可能和她的个性有关吧。店员对她有时候不太礼貌,我就会跟人家说你为什么对我这么没有礼貌?态度好一点!我妈妈就会(说),啊,没事。

**问** 是在德国吗?

**黄** 是。

**韩** 我父母的话,融入德国的社会,首先就是他们的德文说得还不够很流畅,像信件啊,去办事情,都需要我去翻译。

**问** 他们朋友圈子呢?

**韩** 朋友圈子也是中国人多。

**黄** 我妈妈有个好处,她做护士的急诊。在急诊室里面,就是那些土耳其的清洁工都愿意和她做朋友,和她关系都很好,很好说话,她照顾的病人往往会送她礼物。

**问** 像你们父母这么不容易,在德国立足的过程中,有什么东西你们是比较佩服的?就是说如果换成我,我可能做不到的?

**韩** 我爸当时是二十几岁,什么东西都没有就先去意大利,意大利文也不懂,我爸说当时出来也不会煮饭,就有这胆量出来,从意大利到德国。我觉得我二十几岁,(还)没做到什么东西。我爸妈当时都出来了,从中国到意大利,语言都不通,钱也没有多少。

**问** 有一种开拓精神,还有吃苦耐劳的精神。刚才讲,德国人有一种保卫自己权利的意识,如果你们父母在工作的过程中,受欺负了,或者吃亏了,他们会有那种反抗的意识吗?或者说算了忍一下,事情不大也就算了。

**黄** 我妈妈有时候会,但是她先生对她说,千万不要这样。该是你的就应该要争取。比如,她接待很多外宾,国内大学医学院来的,账算得不清楚,我妈说没事,好了好了,自己跑得很辛苦,没事没事。

**韩** 他们会忍一忍,没有像德国人这样条条律律的、规规矩矩的,有事情就按照合同。忍一忍,随便怎样处理。

问　选举的时候,你们父母参加吗?

韩　父母没有德国籍,不去投票。

黄　我妈谈不上积极,但会关心一些。

问　你们这一代会不会对从政兴趣会稍微高一些?

韩　从来没想过做政治家。

问　你选举吗?

韩　选举(时)有投票。

问　你每次都投?

韩　到现在能投的都投了。

黄　就是在学校教育中(比较积极)。

问　如果你们说到中国的时候,在你的心中是一个什么样的形象?

黄　没有想过。

韩　对,我想不出来。

问　那你觉得中国和你有距离感吗?

黄　其实,我觉得有这样两种背景的人,你在中国,讲德国的坏话,会全力去维护德国。同样这边的人讲中国的坏话,就算中国有很多问题,毕竟还是家乡,必然还有一种切不断的感觉在那边。你很希望它好,它的好对你有直接的影响,但是你又不知道怎么关心,有这种感觉。

韩　中国现在也造了航空母舰,飞到外星去,听到这样的新闻,我也很高兴。就像刚才她说的,和德国人谈起政治的话,我也会维护中国。但问题是,我们刚好两个语言都懂,两边的新闻、资料我们都知道,两边的情况我们都了解得多。德国人又不了解中国的情况,中国人又不了解德国的情况,我们在中间。

问　你们自己感觉对中国文化了解吗?

黄　总之不够吧。

问　德国朋友有问题想问问你,中国是怎么回事? 你感觉我应该知道但是我不知道。比如你刚才提到的湄公河。有没有一些文化的东西是你觉得必须了解的?

黄　但是现在他们会问的问题,都是商业上会遇到,比如和中国的商人如何作交流?你会讲一些比较典型的,名片要这样塞,吃饭的时候要这样,都是很表面化的东西。德国好像很少有人会问真正的历史性的问题,我自己也没有接触过。

韩　自己感觉也不是很了解,大概有几个朝代的概念,大的历史事件我知道,但是具体细节我就不知道。

**问** 你们在双元或者多元文化背景里成长起来,你们会觉得这个背景是一种优势吗?

**黄** 会。

**问** 优势在什么地方?

**韩** 语言是最大的优势。(还有)价值观、概念。我个人的哲学(是),我觉得很多不同的事情都有它的好的一方面,所以别指望总是只有一个方向。我知道德国人做事方法怎么样,中国人做事方法怎么样,从两边可以吸取最好(的东西),来用它来做事情,就比德国人或者中国人做得好,这是最大的优势,两个文化都学到东西。

**黄** 而且好像德国人会去美国感受一下其他国家的文化,或者上大学去另外一个国家,这(对我们)根本没必要,你本来就一直在这个环境下长大的。

**问** 如果有选择,你们还愿意有这样的成长背景吗?

**黄** 我不确定。

**问** 你10岁才出来,你的情况不是那么普遍。

**黄** 因为以前会蛮挣扎的,中文也不是特别好,德文也不是特别好。以前觉得是一种残缺,现在觉得两边都有,蛮好的,总是觉得还是少了点什么。如果能够接受现状,不去想太多的话,也很好,但是就那个时候的挣扎还遗留到现在。

**问** 现在还有这种感觉吗?

**黄** 不会觉得完全觉得,哦,好开心这样,不会,总会有些挣扎在里面。

**问** 德国其实也有很多对土耳其移民后裔的研究,有一个观点就是说,这些移民的后代会有一些身份的困惑,我到底是土耳其人还是德国人,我不知道你们到底有没有这样的困惑?

**韩** 我小时候感觉自己是中国人,现在年纪有点长大了,想法也改变了,感觉自己还比较是德国人。哪一个国家的价值观和你比较相似,你就觉得是那一边的。

**黄** 我的观念,在中国你才会有这种想法,在德国没有考虑过,就和其他人一样。我爸爸说,你在国内就好好做中国人,不要把你们那些外国人的习惯带过来,去饭店不要给小费,人家打喷嚏,你不要说"祝你健康",表现得很规矩,在中国就做好中国人。这个时候我就想,我就是我,身上的德国的影响还是蛮多的。

**问** 你们说的"我"这个概念啊,比如说,你觉得自己是百分之多少的德国属性,百分之多少的中国属性?还是说自己这个个体实际上不是这么机械拼凑的成果,而是在某个场景可以表现得很中国,换一个场景又可以变得很德国?

**韩** 第二种吧。我跟中国人在一起的话就是中国人,跟德国人在一起的话就是德国人。

**黄** 会不一样的,要看情况。但是你跟德国人在一起你不会想到这个问题,你跟中国人在一起的时候会。

**韩** 就是我说的,你跟德国人比较随便,比较是你自己。你跟中国人,就是有一些礼貌、客气,就全压上来了,你会……

**黄** 你会去想应该怎么才更像一个中国人。

**韩** 我觉得不一定是因为你有外国背景,如果你是中国人的话,你跟中国人相处你也要想怎么去做。

**问** 其实我们有时候说中国、外国也太笼统了。中国有很多省份,南方、北方,不一样。比如我们国内说到上海,上海人我们会给他贴一个标签,这个标签可能是不对的。比如说我们说德国,那什么是德国?可能也太笼统了一些。德国虽然小一点,但也有地域的差异。

**黄** 我去北京的时候就很尴尬。同学们说,北京人好像不是很欢迎上海人①。哦,这个我知道,(他们)也不是很欢迎外国人。我就在想,我要怎么介绍自己。

**问** 你们会不会有一种面子的观念?

**韩** 当然面子每个人都想有,穿漂亮点的衣服,这是很正常的。但是没有像中国人这样的夸张,这么极端。比如像刚才她说的,她爸爸说你这个不要说出去,那个不要说出去,家丑不可外扬。

**问** 我想知道你妈妈向你的亲戚、朋友介绍你的时候,讲到什么她会觉得有面子?

**韩** 学习呗,说我学习好,就很有面子。

**问** 你在伦敦哪个学校读书?

**韩** 帝国理工。

**黄** 很有面子。

**韩** 但我也和我爸说,我现在在做实习,刚开始学习,其实在研究所里不是很多人去照顾(我),我爸就整天会问,他们给没给你们事情在做?我说这个无所谓的,好还是坏,不是很重要的。你为什么不问和同事相处得怎么样?老不谈论轻松

---

① 黄 Z. 出生在上海。

的话题,就是谈到这些,就很累,我就会跟我爸说,你和亲戚说这个孩子很聪明,这个孩子很孝顺,你为什么不说,这个孩子很喜欢帮助人?

**问** 你父母说有出息的时候,你觉得他们指的是什么?

**韩** 等于也就是经济上的,我妈说一定要叫我做百万富翁,比上不足,比下有余,就是这样子。

**问** 你父母的朋友可能因为是开餐馆的比较多,他们的孩子像你这样读书好的多不多?

**韩** 那我不太清楚,因为我不太关心这些东西。但是,什么叫读书好,什么叫读书不好?

**问** 我采访过一个中餐馆的老板,他是浙江人。早期来这边的浙江人是很苦的,走街串巷,先是做小贩,后来有一点钱后就自己开餐馆,开完餐馆再有钱就自己做一个公司,现在做一点国际贸易,但是他们很多人有一个想法,就是改换门庭,这是一个很传统的中国的观念,我的孩子,要从做体力劳动的变为做脑力劳动者,要做受人尊敬的职业,挣钱不用挣辛苦钱,这是他们的想法。当时采访这个中餐馆的老板的时候,他说,不论如何,我的孩子要让他上最好的学校,都考上大学,念完大学。但是我还记得,当时他的儿子正好在吧台调酒,后来知道他儿子中断了学业,没有念下去。实际上他的爸爸是有这样一种愿望,他希望他的孩子能够读书,但是我观察到的情况,很多时候不是这样,就是孩子各种各样的原因,不够努力,缺乏天赋,或者没有这方面的兴趣,他就没有再念下去。

**韩** 我觉得什么叫作读书好,读书不好?我知道也挺多(移民二代)上大学的,有些上洪堡大学,有些上柏林工大,有些上自由大学,也是有的。

**问** 基本上会不会有继承父母餐馆的想法?

**韩** 那也要分情况。有些人继承餐馆也是不错的事情。

**问** 大部分呢?

**韩** 大部分可能还是不想做饭店的。

## 访谈四:"德国人也不让你觉得你是德国人"

采访时间　2012 年 9 月 19 日

采访地点　柏林

采访对象　卢 E.（男），彭 X.（女），张 L.（女）

背景信息　我是通过柏林的一所中文学校结识这三位华人二代的。三位移民新生代都出生在德国，采访时正处于高中阶段。卢 E. 是三人中唯一的家里的独生子，他的父母来自香港。彭 X. 的父母来自福建和江苏，张 L. 的母亲来自浙江。除了彭 X. 的父母从市高技术性工作之外，卢 E. 的父亲和张 L. 的母亲都从是非技术性工作。张 L. 的继父是德国人，其余二人父母都是华人移民。三人都在这所中文学校上了很长时间的周末中文班，所以都可以用普通话完成整个采访。

问　卢 E. 是不是广东人？

卢　我妈和我爸是广东的。从香港来的，应该是吧。

问　彭 X. 的爸爸妈妈是福建和江苏的。张 L. 的爸爸妈妈呢？

张　我的生父是香港的，但是我跟他没联系了。我妈是浙江温州的。我表弟、舅舅他们也住在杭州，很多亲戚都是在杭州的。

问　你们最早一次回中国是什么时候？回想一下，给你印象最深刻的是什么？

彭　我四岁的时候第一次去的，但是我想不起来（了）。

问　没印象了？

彭　我去了南京和福建，但是我真的不太记得了。

问　后来又回去了几次？

彭　这几年，前五年或者四年，几乎是每年去一次。

问　你最近几年有没有一些感受？你觉得什么东西给你留下的印象很深刻？

彭　（印象）最深的是，那里的人非常的多，特别热闹。随便到哪里去玩儿，都有很多人。如果你去看什么风景的话，一般哪里都是那么多的人，特别热闹，所以有一点烦那边人那么的多。

问　会不会人多的时候你在想，哎呀，还是快点回到德国，安静一点就好了？

彭　没有。我在中国也只待一个月，就是暑假的时候，所以短时间在中国是不错的。

张　我第一次是三岁回去的，好像还待了九个月。

问　后来呢？最近一次回去是什么时候？

张　已经很久了，到现在三年了。但是那一年呢，是回去了两次。也是觉得中国生活的步骤特别快，很不一样。这儿呢比较安静，就是像她刚才所说的，那儿很热闹，很多人。但是呢，那边和这边不一样的，比如说，一些（人）乱开车的……

问　不守规矩是吧？

张　就是不守规矩，和这边来比的话，比较不守规矩，可能是生活环境不一样。

问　那你在国内啊，你看见乱开车或者随地吐痰或者扔东西，会说吗？

张　那不会。

问　为什么不说呢？

张　我不习惯，其实是不好，但是人家的生活环境是这样，也没法管，就是说，那也不是没人管。应该是太多人了，管不了了吧。

卢　我第一次回去香港应该是三岁。但是我妈跟我说，我们去我外婆那里，然后两年前去的香港。其实跟她们说的一模一样，有很多人的。但是我觉得我不会在香港生活，我不喜欢那里的天气和那些生活的环境和生活的氛围。因为他们全都是挺……我也不知道怎么说，他们去打工是因为要养自己，还要付那个房子。因为他们买房子，所以他们要挣比较多一点的钱，压力挺大的。还有他们如果在饭店吃饭的话，他们吃东西的时候就会发出很奇怪的声音。我觉得有一些不习惯，因为我们在这里低着头吃东西，不应该发出声音的。如果我们发出声音的话，（人们）就会觉得你像猪。

问　但是你说的这些是在学校里面的规矩，但是家里爸爸妈妈是不会这样讲的？

卢　没有。我爸我妈没有讲，是小时候在幼儿园影响的。

问　你们在回中国的时候有没有见到大家吃完饭抢着付账的情景？

卢　有，有。

问　会不适应吗？当时什么感觉呢？

彭　（笑）我觉得有点太过分了。

问　你有没有意识到，他们是在抢着付账单，或者你以为他们可能在吵架？

彭　我知道他们是要付钱，但是听起来真的是像在吵架。感觉应该是个好事情，但是吵什么呢？

张　但是应该说中国有些人挺大方的，请人家吃饭。但是呢，不仅在中国，这儿也有看见过，经常那些中国人也抢着付钱，不仅是吃饭。

问　你们自己会抢吗？

卢　如果跟华人吃饭的话我会。我跟这些德国人或者是其他国籍的人，我想我们应该是 AA 的。

问　反正你也不要去抢，他也不去抢，很自然的。那么为什么你跟中国人在一起,你去抢着付账呢?

**卢** 我觉得应该是因为是文化,所以我会抢。

**问** 就是你在那个时候要表现得和中国人一样。

**卢** 是的,要做得中国化的。

**问** 那你们爸爸妈妈,他们或者他们这一辈人,你们觉得,就是付账这件事情,和你们一样吗? 还是他们也会……

**卢** 我想他们应该和我们不一样,应该是抢着付钱。

**问** 你见到过吗?

**卢** 我妈、我爸,确实都一样的。

**问** 你们俩呢?

**张** 这个我不太清楚。我也不知道。应该也会,但是呢,有时比如那些很要好的朋友,他们觉得麻烦,就是说呢,你付你的,我付我的,就这样。可能是因为在这生活久了。

**问** 很好的朋友,你讲的是德国人还是中国人?

**张** 中国人。

**彭** 如果我爸妈请人吃饭的话,他们应该会付钱,有时候人家要和他们抢,大家就一起抢,他们要请别人,所以他们应该要付钱。

**问** 因为很多德国人看见这个场景会很费解。你们可能会理解,但是不一定会跟着这样做。

**张** 就是说比如我吧,我呢就是挺理解的,但是我自己这样也挺为难的。有一次呢,不是跟我的中国朋友,是跟一个韩国朋友出去,我们买吃的,她呢就硬要给我付,我说不用了,真的不用了,她还是给我付了,后来我也觉得很为难,不舒服。后来呢,我们之后去吃了其他的东西,我就帮她付了。

**问** 我希望你们不要觉得不舒服。如果我们在中国呢我们会很自然的事情。我们是这样,大家如果是平辈的话,是朋友的话,这次是我,下次是你,礼尚往来。那你们知不知道什么是面子?

**彭** 知道。

**张** 知道。

**问** 为什么知道这个? 是爸爸妈妈说的? 还是你们自己看书知道的?

**卢** 我是我爸和我妈说的,面子这个问题,其实也有些不知道怎么解释。

**问** 有没有给你提什么建议呢?

卢　其实没有。因为我比较西方化，所以他们让我自己选择。

彭　我不是我爸妈和我说的，从人家那里听到面子是什么，我也不太清楚。他们也不会说要我怎么样……

张　就是我跟我妈长大，就会经常会和中国人打交道，她经常会提起来，你不能乱说话，你不能没礼貌，让我没面子，这之类的。

问　我说你是一个要面子的人，你会觉得是吗？

张　（笑）我其实也不知道。

卢　我想应该每个人都要面子。但是我想我爸妈应该要面子吧。

彭　我也不是特别清楚面子是什么。

问　你可以把它看成是一种社会认可。

张　应该多多少少也要一点吧，也不是很注重吧。

问　这是父母啊。那你觉得德国人要面子吗？

彭　应该都需要一点，就是人人都需要一点。

问　那如果这样讲的话，那这个东西也就不算是中国人独有的一个东西，如果我们说人人都需要一点，德国人也讲面子。

张　只是方法会不一样。

问　或者程度不一样。

彭　但是大家都需要一点。

问　你爸爸妈妈是从事什么样的工作的？

卢　我爸是大厨，我妈是 Buchhalterin（会计）。我妈妈在公司里工作。

问　那你爸爸是自己开餐馆吗？

卢　以前有，现在没有了，去打工了。因为经营餐馆挺辛苦的，是不好做的，放弃了。

问　自己做餐馆就是没有节假日了。你有没有兄弟姐妹？

卢　我有，我有一个姐姐。

问　你姐姐多大了？

卢　26，大我 8 年。

问　工作了吗？

卢　她工作了。

问　你姐姐是做什么工作的？

卢　不知道中文怎么说。Lebensmittelchemikerin（食品化学工程师），在

Stiftung Warentest(商品测试基金会)工作。

**彭**　我妈是 IT（行业）。Telekom（德国电信的）IT 工程师。我爸是 Unternehmensberater(企业顾问)。

**问**　那你爸爸会经常去中国吗？

**彭**　有时候吧。他会一直去，但是与中国交流比较多。他打电话，但是他不一定自己去。

**张**　我妈是在超市打工。以前是打过跑堂这些的工。

**问**　你们现在快读大学了，选专业的时候，这个专业是完全你们自己选呢？还是父母的意见也起了一定的作用？

**张**　我呢是自己选的。我妈其实说呢，我想读什么，她依我。但是呢，她说呢，让我有多一点的选择，就是申报的时候，让我多报几个，但是我没有报，她就有点……

**问**　着急。

**张**　（笑）嗯。我一开始在一个学校上学的时候重点是理科，数学。但是我原来就一直爱画画，我就想学艺术那类的东西。

**问**　那还都是你自己的想法。

**张**　对，一开始他们就不支持。最后两年我就换了学校，他们也就同意了，现在也觉得挺不错的。

**卢**　我比较自由一点。我爸和我妈不会说什么，他们只是提示我不要读音乐或者美术，因为没有出头之日。

**问**　是吗？那他们希望你做什么样的工作？

**卢**　他们没有希望我做什么工作，只是说不要读美术和音乐。

**张**　就是我妈也是这样的，不要找一个以后找不到工作的专业就行，她也不需要我呢以后很好，就是找一个稳定的工作就够了。

**问**　你们的爸爸妈妈有没有一定要你们多读书？

**张**　那应该是希望我上大学，不希望我之前就不读了这样子。但是呢，其实现在基本上呢，每个人呢都能上大学，只是看专业吧。

**卢**　我也是这样的。

**问**　你们从小成长的时候，你们身边的像你们这样的华人二代多吗？

**张**　小伙伴挺多的。因为我妈是基督教的嘛，我们从小也去教会，从小去，那边认识的很多，很多中国人。

**彭**　就是我爸妈有几个朋友,他们的孩子我都认识,但是现在也不是特别多,就是几个最好的(朋友)。

**问**　都是华人的?

**彭**　对。

**问**　最好的,为什么呢?是因为你们性格合得来?还是你们背景很相似,所以共同话题更多一点?

**彭**　那些有的也是他们在德国上大学的时候认识的同学,所以和他们打交道多一些,现在就是挺好的朋友。

**卢**　我以前和华人朋友还可以,就是在中文学校那些。我那些好朋友就是那些老外,没有一个是中国人。

**张**　我的最好的朋友可能还是中国人吧,是我很小就认识的。

**问**　也是在这边长大的?

**张**　是的。外国的朋友我也有,以前也有很好的,但是渐渐地就不好了,因为没有联系了。从小长大的那些华人我还有联系。

**彭**　德国人。因为我中国人都见得不太多了,见的时候,也是和我爸妈,或者和他们的父亲一起见面,所以不是特别多。

**卢**　我(的最好朋友)也是德国人,但是有一个是德籍土耳其人。

**问**　问一下你们在家里过的最隆重的节日是什么?

**张**　我们可能是圣诞节吧,我的继父是德国人,所以会和他的家人一起庆祝。德国人很注重圣诞节嘛,所以应该是圣诞节。

**彭**　可能也是圣诞节啊。我们也和别的中国人一起聚会。

**卢**　我和她们不一样,我们家应该是生日。

**问**　生日?谁的生日?

**卢**　我爸、我妈、我姐。

**问**　一年四次。

**卢**　比较隆重一点。圣诞节和别的节日一样,差不多一样的。

**问**　那你们家里过不过春节?

**张**　也过,但是就不是那么隆重。我妈呢,每次还会和我看春节联欢晚会,通过网上看春晚,就给我红包。其实没有怎么庆祝。

**问**　就是给红包。会吃一顿丰盛的晚饭吗?

**张**　那不一定。因为我的继父不庆祝这个,所以……

问　家里过不过春节？怎么过？

彭　应该也不过。我们去年也看过那个联欢晚会，然后我也得了红包，我也没有印象是哪一天。

卢　我们也过春节，还有那些端午团圆什么的，我也不知道，那些节日我们都过，但不是很隆重的，吃一顿饭就可以了。

问　比如圣诞节的时候，家里会有一些装饰，圣诞树这样的，那么春节有没有装饰？

卢　有，春联。

问　放不放鞭炮？

卢　不放。没有的。

张　我们那儿没有装饰的。就是春节的时候，我妈就老是认为每次得打扫，家里得干干净净的，因为是新的一年，这样子。

问　马上有一个节，你们知道是什么节吗？

张　好像是端午节吗？

问　不是，不是，端午节是农历五月份，已经过去了。

张　是和团圆有关系的吗？我就不知道那个节日叫什么。

问　德语你们应该知道啊。

彭　Mondfest。

问　中秋节。

大家　哦，对。

问　中秋节，每年的农历的八月十五。

张　端午节是吃粽子的吗？

问　是吃粽子，为什么吃粽子你们知道吗？

卢　他（屈原）为了国家牺牲了，当地人民做粽子放在水里，（鱼）不会吃他的尸体。

问　你们生日的时候，家里会送什么礼物给你们？

张　一般我父母，他们现在都大了，会问我想要什么？然后我如果说得出来的话，如果不是太贵的话，他们会买给我。然后呢，平时如果没有什么具体的要求的话，他们就会给我钱。

彭　如果我想要书的话，他们会给我买书。

问　都会先问你吗？会给你一个惊喜吗？

**彭** 一般我妈买礼物,她一般知道我想要什么,所以她买的东西我都挺喜欢的。有时候我会和她说要什么,但是一般就是她自己挑。

**问** 那你们过生日的时候会不会吃一些特别的东西?

**张** 基本上,有时候会吃蛋糕吧。有时候我们会出去吃饭,有时候呢,妈妈就做多一点的东西,就比平时多,但是也没有很特别的。

**彭** 吃蛋糕,晚上有时会出去吃饭。

**卢** 我跟他们一样,但是我姐不一样,有一次她和我妈说一定要吃什么长寿面还是什么,所以她比较传统一点。

**问** 你说你们家的重要节日是每个人的生日,那爸爸妈妈的生日,他们会不会一定要吃长寿面?

**卢** 没有。

**问** 也无所谓的?

**卢** 也无所谓的。每年不同。

**问** 你们的亲戚在德国的多吗?爸爸妈妈的亲戚。

**张** 我这儿的只有我父亲这边的,但是我基本没怎么联系了,所以也没什么。我妈妈那边的都是在中国的。

**问** 你们见到这些亲戚的时候,会怎么样叫他们呢?称呼是什么?

**张** 有时候是乱叫的。因为那个,我以前管我的外公外婆,我都叫成爷爷奶奶了。因为我觉得呢,奶奶爷爷呢,我妈以前是这样和我说的,那我也觉得,奶奶爷爷比外公外婆叫得亲切。

**彭** 应该是他们说什么我就叫什么。我不太会说哥哥、妹妹,就直接叫名字。只是对年龄大的,舅舅,我还会那样子叫。

**问** 你呢?

**卢** 在中国有阿姨和舅舅。因为我妈兄弟姐妹比较多,所以叫阿姨和舅舅。我爸爸有两个兄弟,所以叫叔叔。

**问** 对的。你们的德国的朋友,他们在家里叫他们的爷爷奶奶,一般叫什么?

**卢** Oma(奶奶),Opa(爷爷)。他们没有分什么外公、外婆,奶奶、爷爷,没有的。

**问** 那叫他们的爸爸妈妈的兄弟姐妹呢?

**张** 我的这一辈的都是叫爸爸妈妈。就是比较奇怪的是呢,我妈妈呢,叫她的婆婆,叫我继父的妈妈,也是叫名字的。我继父的姐姐,其实不是我奶奶亲生,也是叫她名字。

**问** 你们会叫 Onkel（叔叔）、Tante（婶婶）这一辈的人，你们会叫他（她）的名字吗？

**张** 会。

**问** 中国亲戚？

**张** 哦，中国人，中国人不会。

**问** 为什么？为什么觉得不习惯，为什么不会？

**卢** 因为我们是后辈，我们要尊重他们，所以不可以说什么……

**问** 直呼其名。

**张** 中国人比较注重这种礼仪这种事，但是呢，德国人就不怎么注重。比如说我叫我继父的姐姐也是叫她的名字。其实我继父我也是叫他名字的。他们也不介意的。

**问** 如果你的继父是一个中国人的话，你就不会叫他的名字了？

**张** 可能不一定吧。因为中国人会很介意这种事。但是呢，我呢叫我继父不叫他爸爸的原因呢也是，不一定是因为他叫我叫他的名字，是因为以前呢，我不认他这个继父，我就没有说。但是呢，其实我现在是认了，但是我已经习惯了叫他的名字，就是偶尔呢叫爸呢觉得奇怪。我不是说我不尊重，就是很奇怪，他也不介意。

**问** 你们为什么到现在还学中文？是你们自己选择的结果吗？

**卢** 因为我们是中国人，所以应该要学中文。

**问** 这是你从小的时候就有的想法？

**卢** 还有觉得中文有比较多的机会，和工作机会。因为中国现在发展得不错，所以我们还有机会去国内工作。

**问** 你们都是这样的想法啊？

**张** 就是呢我知道我们中文学校有一些人呢，是他们父母逼着要去。但是呢，我们基本上都是自愿的。因为觉得不能放弃。因为虽然可能用口试（说口语）的还是可以的……

**卢** 让我们写就有一点困难。

**张** 一旦放弃很多字就会忘了。

**问** 也不愿意放弃啊。那有没有想过以后，想做一些和中国有关系的工作？

**张** 我希望以后在外企做工作。

**问** 就是在德国在中国的分公司这样？或者合资企业？在中国吗？还是在

德国？

**张**　这我还不清楚。但是我呢也想在中国生活几年吧，然后呢，再看一下那边的生活适不适合我。如果不适合的话，可能会回来，应该都会回来吧。但是应该在跨国企业工作。这是最理想的，能不能实现是另外一件事。

**彭**　我能想象在中国待一年，然后在那里先工作工作，试一试，然后再学一点中文。然后再看就是过几年能不能到那里去工作。现在还不知道，现在还没法想象在那里生活。但是待几年应该可以吧。

**卢**　我还没有想过。但是我想应该会在中国工作两年。

**问**　你刚才说的那个经历我很感兴趣。就是在幼儿园的时候，老师会说吃饭不能出声音，否则你就会怎么着啊，可能那个时候你就会意识到，你有没有这种意识，我和他们还是不太一样，跟老师说的。老师说这个事情是针对你说的吗？

**卢**　不是。

**问**　针对别人。那为什么这件事对你的印象这么深呢？

**卢**　其实我也不知道。是从小开始就是这样的。就习惯。

**问**　你们有没有类似的经历？让你在中国的时候觉得这个在中国可能是一个习惯，但是在德国的话，学校里或者是这个社会要求的是不一样的，有没有这样的？

**张**　比如是习惯。我知道中国好像不是这样的，德国呢，吃饭的时候也不能这样的，所以中国是允许的吧，不是很重要的。这是和那个吃饭出声音一样（的）。以前像上幼儿园的时候，幼儿园的老师就一直强调，这种也是不对的，就是这种。还有因为呢，德国是用刀叉吃饭的，我以前就一直不知道，他们放刀叉也有那种规矩的。直到我的奶奶跟我说，她说吃饭的时候，刀叉是放在盘子上的，吃完的话，刀叉要放在一边在盘子上面，然后是还吃的话，刀叉要放两边的。我以前都不知道的，就是幼儿园老师其实也没教过我们，就是这种吧。像这个就是没得比，中国就是用筷子吃。

**彭**　我觉得挺奇怪的不是我小时候发现的，就是现在。我去中国的（时候）就觉得很烦，不好好排在队里面，他们都往前跑，都挤来挤去。叫出租车的时候，他们也不会排在后面，他们就会随便走到前面去，在前面等。我觉得不太好。

**问**　很笼统地说，你们觉得中国人和德国人最大的不同是什么？

**张**　我觉得孝顺这方面吧有很大的差别。比如说，中国人呢很注重孩子孝顺他们，每次吵架的时候孩子不能插嘴。他们希望呢整个人生呢你是欠我的，有点像这样。人和人是需要保持联系，很亲切的那种关系。我发觉呢，中国呢，可能也是因为中国人多,但是现在呢比如说,很多孩子呢,到结婚前还是和父母一起住的,这就是很大的不同。在德国呢是这样的,多数成年,也有很多十五六岁就搬出去,搬出去以后,从此就很少和父母联系了,觉得他们和父母没有什么亲切的感觉,觉得他们不像晚辈和长辈……

**问** 你会这样吗?

**张** 那不会。因为这是我妈从小教我的,和我长大的环境就是,我跟我妈有很多经历,我就不会这样。但是呢,他们(德国人)好像不会像长辈和晚辈一样,德国人比较像朋友一样。

**彭** 我觉得中国人管小孩比较严。他们会觉得父母和小孩不是平等的,而且父母他们说什么,小孩就必须弄,就是有上下的感觉。

**问** 上下级的感觉。

**彭** 我觉得在德国(压力)有那么大。就是这里小孩很快就很自由。

**问** 这个从称呼也可以看到,刚才说,和叔伯婶母之间叫名字,好像就没有那种感觉。

**卢** 我想应该中国家庭的那些爸妈比较保守一点,跟这里的家庭不一样。比如说,自己的女儿很小就已经有男朋友,中国的父母就会说,这不是很好的(事情),如果你有男朋友或者女朋友,你不会努力读书,工作的机会也没有那么多。

**问** 还是要先读书,先把事情做好。

**张** 然后那个,这里的德国人反而,父母呢,如果孩子已经早恋呢,他们还感到骄傲,有些就很奇怪的。中国的父母就特别的愤怒,(如果)发现他们孩子早恋的话。

**问** 你们会不会觉得,我的父母要是像德国父母一样宽松就好了。还是说,你们觉得这样也挺好的?

**张** 我觉得这样挺好。两方面都有坏,也都有好。我妈就是特别严,因为这里呢西方比较开放,孩子呢比如说早上 4 点回家都可以。我现在虽然还不是很大,但是我妈也是让我 11 点多回家,12 点到家。

**彭** 我现在,因为我 18 岁。18 岁前他们一直挺管的,害怕我晚到家,所以……

**卢** 我其实跟她一样,我爸和我妈在(我)18 岁以前就说,不可以出街出得那么晚。但是现在还可以,他们知道我不会做些什么不应该做的事。他们对男孩子有比较松一点,因为女孩子是另外一个问题。

**问** 有一个问题,稍微比较敏感一点,我想听你们的实话,你常得你自己是中国人吗? 还是说有的时候我自己很中国,有的时候我自己很德国? 还是说你们从来就没有这样的困惑?

**张** 我觉得我在中间吧。大家都应该是在中间吧。我有一些在中国长大,前两年才来这儿的朋友。聊得上,但是经常会感到文化差异,就是说话,他们觉得好笑,有一些文化差异。但是呢说我很像德国人我也不觉得,因为德国人呢也不让你觉得你是德国人,他们在街上会问,哦,你是哪儿来的? 一看你不像德国人,就会问你,你是在哪个国家出生的啊? 他们就一定认为你不是在这里出生的,不是德国人。就算你是在这儿生的,在这儿长的,他们不认为你是德国人,有文化差异。但是中国也不是(没有文化差异),比如说语言我也不是很好,就是文化差异。

**彭** 我也觉得我是德国和中国的中间,但是可能比中国人更德国一点……

**问** 哪方面你比中国人更德国一点,具体来说?

**彭** 就是因为说话,在这里长大……其实我像德国人,我一到中国也会认为我是外国人。在德国我原来一直觉得我特别德国,有时候别人有一些奇怪的感觉,觉得我像是外国人,其实我根本就没有那个样子。

**卢** 我跟她们一样,是中间。因为回香港的话,我妈的那些朋友常问,你儿子会说中文吗? 我妈说我儿子会说中文。但是和那些在内地长大的谈话的时候,他们也会觉得你很奇怪,他们一听到你说话就会觉得你是外地来的,他们会问,你是不是外地来的? 我当然要说我是在外地长大的,所以他们对你的态度也不一样,跟那些在内地长大的不一样。但是我们在这里生活,跟那些德国人谈话的话,他们也会问你,你是不是从内地出来的?(笑)

**问** 那你们听到这种话的时候会感到不愉快吗?

**张** 我觉得他们还没搞清楚,就以为你是那儿的。其实他们也没有考虑过,其实你也是在这儿长大的。就是觉得你是在那儿长大的,然后来这儿的。

**问** 你们爸爸妈妈这一代其实最近二三十年才来的。这是个现象,其实在德国也有很多土耳其的后裔,可能别人看到一个土耳其人就不一定会这样问。因为华人的二代的数量毕竟还比较少,没有想到那里去,有没有这种可能?

**卢** 我想他们对中国的认识不多,所以他们会问你是不是从内地来的。我有一些同学说,内地来的那些中国人全是挺有钱的,来这里只是读书,爸妈给钱,你来这里读书,不要去工作,只是读书,没有什么好做的。

**问** 你们内心有没有问过自己:我是德国人还是中国人?

卢　有。

张　有，就是有吧。想不出来答案，应该没有答案吧。

问　什么时候脑子里会浮现这个问题呢？或者是什么促使你们想这个问题呢？

张　就是人家问起的时候吧，问起你是哪个国家来的，就是这种问题，人家认为你是外国人的时候。回中国吧，会这样觉得。但是你在中国的话，你会认为自己是德国人，在这儿的话，你会认为你是中国人。

彭　是，但是我觉得在德国我还是会特别觉得我是中国人，（在中国）自己还是感觉我更是德国人，感觉自己是德国人，只不过有时候……但是我也不太在乎，如果人家还以为我是在中国出生，因为我又不认识他们，他们也不认识我，他们那样子想，我想那是他们的问题。

问　如果是中国和德国国家队，比如说踢足球比赛的话，你们会给谁加油？

卢　我不会加油，我什么也不说。

问　你们的爸爸妈妈会不会想，以后退休了回中国？有没有过这种想法？

卢　有，我爸和我妈说，如果我上了大学，我们就会走了。

问　真的，把你一个人扔在这里？

卢　因为我姐还在这里嘛。我爸特别不想留在这里了，因为他说，三十年德国，够了。回去！因为他比较习惯中国，特别是香港的文化。我妈其实也是，因为在这里的朋友比香港的少，认识德国的文化是多，但是也不是挺多。所以他们就说，退休的时候回去，下半生就在中国过。

问　这样的，你爸爸妈妈呢？

张　他们可能想过，他们的亲戚都在中国，好朋友也在中国，但是应该他们现在不会再回去了，他们已经打算常在这里，就一直留在这里。

问　你觉得你跟你们爸爸妈妈做事的方式的最大的差别是什么？

卢　我比较慢慢地去做，不是挺急的。我爸和我妈就说，你一定要今天做，所以他们比较急地做事，做得比较踏实一点，没有那么紧张。他们踏实。

彭　我有时候想，我今天什么也不干，就躺在床上，随便弄什么。但是他们就有时候过来会说，你怎么不那个呢？我就会说，我没有作业，什么的都没有，他们会说，trotzdem（尽管如此）。就是有点奇怪，他们好像就一直得做事。

问　很勤奋。

彭　嗯，对。

**问** 我们有时会闲不下来,觉得人不要懒惰,能做什么事情,赶紧把时间都调动起来。这确实是我们父母这一辈突出的一个特点。

**张** 忙,好像。

**问** 你们觉得,你们爸爸妈妈想让你们做什么样的人,成为什么样的人?

**彭** 我妈一直说的,unabhängig(独立)。

**问** 独立。

**彭** 独立。结婚的时候……

**卢** 不要靠那个男的。

**彭** 靠自己的生活,要不然就一直那么 abhängig(依赖)地生活。就(会)想,我该怎么办? 我什么也不是。

**问** 就希望你靠自己。

**彭** 对。

**问** 你呢?

**卢** 我跟她一样,也是靠自己,然后踏实,不要做那些坏的东西。

**张** 也是吧,独立,自觉,然后还有最重要的是要快乐,要善良,但是不要天真,不要太蠢了,被人家骗。

**问** 那你们自己想做什么样的人?

**张** 也就差不多这样。

**问** 是受父母影响吗?

**张** 也有吧,但是自己也是这样。

**问** 你们想做什么样的人,实际上反映的是你们自己的价值观。你们能不能每个人跟我说三个词,三个你们觉得最重要的,对你来说最重要的价值观?

**卢** 我觉得靠自己是最重要的。

**问** 独立,Verantwortungsbeeausst(责任感)、glücklich(快乐)。

**问** 好,三个。

**彭** Selbstständig(自立)、bodenständig(自食其力)。你的第二个是什么?

**卢** Verantwortungsbewusst(责任感)。

**彭** 我也是。

**张** 我也是快乐、孝顺。

**问** "孝顺"德语怎么说?

**张** 我觉得"孝顺"德语没有一个对应的词。知足吧,我也觉得很重要。因为很多人说,他怎么这么好,有这个,有那个,我怎么没有,但是我觉得每个人应该知足了,每个人都有他们好的……

问　你们是孝顺的人吗,自己觉得? 你们孝顺吗? 自己孝顺吗?

彭　孝顺是什么?

问　孝顺是一个很难在德语里找到对应词的词语。就是一般指,在一个家庭里面,晚辈怎样对长辈。这个词是由"孝""顺"组成的,孝就是子女应该恭敬地对待父母,要尊重他们,要听他们的话,"顺"是顺着他们,不要违背他们的意愿,不要顶撞他们。

彭　我想小的时候会听他们的话,因为自己可能不懂事,大了也发现可能也不是什么都那么对,所以,也得……

问　如果你们以后成家了,你们会和父母一起住吗?

张　那不会。

彭　肯定不会。

卢　不会。

问　你们以后的想法也会变。你们自己变成父母以后,你们也不希望你们的子女和你一起住吗?

卢　可能还是希望和孩子一起住。

问　那怎么办呢? 自己不想和父母住……

张　但是我妈也不希望我和她一起住。因为她也和我说过,如果我和我的父母住,我的老公也会想和他的父母一起住。中国人也经常说,如果一起住,婆媳关系就不会好。所以我也不希望以后每次我教育我的孩子(的时候),我婆婆说我不对,这样子的。

问　你们平常会看中文的网页吗? 会关心中国的新闻报道吗?

彭　新闻会比较少吧,我妈妈会跟我说。

问　自己上网的话也不会去看看中文的网页。

张　有时候上微博。

问　光看吗,自己会写吗?

张　很少写,都是看。

问　经常看吗?

张　以前比较多,最近比较少。但是还会看的。

彭　我一般不看。很少看报纸,我试着读报纸。但是有时看不懂词,然后我就问我爸爸妈妈,看网上的报道我有点困难。

**卢** 我比较少,如果有时间的话我会看报纸。但是我姐和我妈常常说中国一些政治问题。其他那些娱乐杂志,我也不知道。

**问** 你们会关心那些和中国有关的新闻吗?比如电视上出现一个和中国有关系的新闻,你们会不会特别留意一下?

**张** 其实也不怎么会的。

**问** 你们家里有没有特别和中国有关系的摆设?或者是家具?有没有什么特别具有中国气息的东西?

**卢** 没有。

**张** 没有。因为我们家比较西方吧,因为我继父是德国人。

**问** 你们的中文水平想达到一个什么样的水平?

**张** 目前吧我还没有什么打算。希望呢,如果以后读大学呢,希望去中国留学一年,在那儿学中文,如果可以的话,希望能达到高中水平吧。

**彭** 我还没考虑好,但是我想比现在变好多一点。

**问** 上了大学以后还会继续学吗?

**彭** 我也会接着学。

**卢** 我想应该要好一点。

**问** 你们觉得爸爸妈妈或者亲戚,他们这一辈人身上最大的优点是什么?

**彭** 我觉得他们很大方,很热情,德国人有一些 geizig(吝啬)。

**问** 抠门儿。

**彭** 对。我觉得中国人比较大方,我觉得很不错。互相分东西,我觉得什么东西好吃就想让人家也吃。德国人有的人就会想,嗯,我觉得好吃所以不给你。

**张** 我也不知道,还没想到。应该也是大方吧。比如那个付钱吧。

**问** 你就说你妈妈好了,你妈妈身上最大的优点是什么?

**张** 大方,然后呢,以孩子为主,就是我是她的第一。

**卢** 我想应该是知足吧。善良。

**问** 你们觉得爸爸妈妈都把你们放在第一位吗?比如说,家庭、工作、孩子、金钱,比如说让他们排序的话,你们是不是他们排第一的对象?他们愿不愿意为了你们牺牲别的东西?

**卢** 我妈有了我姐之后,就没有工作了,因为要教育我姐,然后她不工作了,然后我又出生了,她又没有去工作,所以……

**问**　已经牺牲了。很好的一个例子,已经很说明问题了,你们是第一位的。

**彭**　我也觉得我是第一位。因为他们一直关心,所以管得也会严一些,就会一直为孩子着想。

**张**　我是我妈的第一。因为呢,我以前有段时间是单亲家庭,我妈是自己养活我,很辛苦,打好几份工,好的她都愿意给我。她也和我说,我永远是她的第一。

**问**　以后对她好一点。

**张**　是。

**问**　那你们会有压力吗? 如果爸爸妈妈牺牲自己的工作来让你们得到更好的教育。

**张**　会吧,因为觉得不知道怎么报答他们,所以⋯⋯

**彭**　是的,可能他们老的需要照顾,这样子才可以还给他们。

**卢**　我想应该,因为不知道怎么报答他们,孝顺他们。

# 访谈五:"我一直觉得我是中国人"

采访时间　2012 年 9 月 21 日

采访地点　柏林

采访对象　尹 Y.(女),郭 K.(男)

背景信息　尹 Y. 和郭 K. 都是在柏林一个中文学校的学生。两人都是高中生。我是通过这所中文学校结识他们的。郭 K. 出生在德国,父母都是北京人,大学毕业后一起来到德国,访谈时郭 K. 正在读中学 11 年级(18 岁),他的爸爸在柏林的这所中文学校从事教学管理。尹 Y. 的父母是浙江青田人,经营一家进出口贸易公司。她出生在青田,5 岁时被父母带到德国。访谈时她正在读中小学 9 年级(16 岁)。

**问**　尹 Y. 多大来的德国?

**尹**　我生了两个月后就被带中国去了,5 岁的时候才出来的。我还有一个弟弟和一个妹妹。他们也是在这里生的。

**问**　那你妹妹弟弟也是这样吗?

**尹**　我妹妹是 1 岁的时候到中国,然后待了一年,然后到德国。我弟弟在德国生了(以后)两年,在中国待了半年,去西班牙玩了一阵子,然后又回到德国。

问　是你爷爷奶奶把你带大的?

尹　我在我姑妈家,我妹妹在我外婆家,我弟弟在我奶奶家。

问　那你在国内有没有上幼儿园?

尹　有上。

问　然后5岁再过来?

尹　对。

问　也是进到这边的幼儿园,对吧?

尹　对。

问　有没有什么不一样的地方?

尹　就是一过来,就是语言不会,然后,就跟孩子没有说话,就只能跟他们玩,这样子。

问　那后来学语言快吗?

尹　还好,我也是两年后才上一年级,晚一年上一年级,因为语言不通,他们不让我上一年级。

问　谁不让你上?

尹　就是那个学校校长,然后那些人说你德语还不会,一年级怕跟不上。

问　那你妹妹、弟弟现在多大?

尹　我妹妹今年13岁,弟弟7岁。

问　你爸爸妈妈来欧洲的第一站是不是德国?

尹　是来的德国,他们一直待在德国。

问　你们爸爸妈妈是做什么工作的?

尹　批发。

郭　老师。也是在这所(中文)学校。

问　那你妈妈在国内也是老师吗?

郭　没有,在国内他们也读过大学,可是好像在德国不认可,他们毕业以后来的。我管他(中文学校的校长)叫爷爷,就是我外公的弟弟,他是校长。他开的学校,爸爸是几年前才开始帮他管理的。

问　你们在家讲什么语言?

尹　跟妹妹讲德语,跟爸爸妈妈中文。

问　中文是讲浙江话还是普通话?

尹　我跟妈妈讲普通话,跟爸爸讲青田话。

问　你妹妹她们会不会?

尹　我妹妹她们不会。

问　因为你5岁之前还在青田,所以就会了?

尹　嗯,对。

郭　(会讲)普通话。然后,爸爸跟我说中文,妈妈跟我说德语。

问　妈妈为什么跟你说德语啊?

郭　不知道,她习惯。然后不管是爸爸还是妈妈,我都是用德语回答。

问　那你今天很努力地在跟我讲中文是吗?

郭　嗯,也不算是努力吧。就是习惯说德语。

问　你们的家里每年过的最重要的节日是什么?

尹　最……(思考)应该是生日吧?

问　谁的生日?

尹　就我们孩子的,我跟我妹妹还有弟弟的生日吧。

问　嗯,你们三个人,爸爸妈妈生日过吗?

尹　爸爸妈妈生日他们不过。

问　你们知道(他们的生日)吗?

尹　我们知道,但没过,有时候会买礼物给妈妈,但爸爸就没买过。(笑)

问　是吗?是爸爸说他不过了,算了?

尹　不是,爸爸就没怎么说想要什么,而且也不知道买什么给爸爸,我妈妈呢,就比较,也没有说自己喜欢什么东西,但是应该比较好找一点。

问　那他们会送你们什么东西?

尹　送我们,他们会问我们喜欢什么? 我们就说我们喜欢这个或那个。

问　那一般是什么呢,衣服,首饰,鞋子?

尹　一般我就说,你们就给我钱,我跟同学出去自己过。

郭　(她家)跟我们家情况差不多啊。就是我的生日,爸爸妈妈也不怎么喜欢庆祝自己的生日。

问　那你知道他们的生日吗?

郭　我也知道。

问　那有什么东西是在生日的时候一定要吃的吗?

尹　蛋糕。吹蜡烛,蛋糕。

问　长寿面吃不吃？

郭　也不吃。

尹　没有，就吃蛋糕，有时候也会出去吃这样子。

问　家里过不过春节？

尹　春节不怎么过，但就会说那天吃的东西烧好一点，也没有说过春节。

问　年夜饭，就是过年前，除夕夜？

尹　过年也会大家在一起，晚上说话，然后也是在一起吃、一起玩这样子。

问　有红包吗？

尹　红包以前有，现在他们说我们大了，不给了。

问　那还是过一点，但是不是特别隆重地过，你们小孩子也会收到红包。

尹　打鞭炮什么的。

问　放鞭炮。拜年吗？

尹　没有，但我妈会……中国的过年她会去拜佛。

郭　也是这样，当然没有像中国那样隆重的那种……

问　你在中国过过年吗？

郭　没有。

问　那你怎么知道隆重？

郭　就是听爸爸妈妈说，然后我们课文里头也都会讲，老师也会跟我们讲。

问　那你想体验一把吗？下次让他们春节的时候带你回去。

尹　我只知道中国过年，他们从早上开始就放那种红色的鞭炮。

问　家里亲戚在欧洲的多吗，比如爸爸妈妈的兄弟姐妹？

尹　大部分都在欧洲。有一家，我伯伯在这里。然后，姑妈，三个姑妈、一个叔叔在西班牙，然后一个舅舅在葡萄牙，一个小姑妈在意大利，还有，就一个姨妈在中国。

问　那爸爸妈妈在国内还有兄弟姐妹吗？爸爸妈妈的那些姑啊，姨啊，舅舅啊，都出来了，还是留在国内？

尹　我妈妈的姑姑她们，大部分，有一些都在中国，然后外公外婆也在中国，奶奶就到处走。

郭　就是像爷爷奶奶、外公外婆还在中国，我妈妈有个姨妈在荷兰，还有一个小阿姨在丹麦，还有我的阿姨，就是妈妈的姐姐，在美国，然后都分散了。

问　你们家里面的摆设有什么东西是比较中国的吗？家具啊，或者墙上有没有挂一些中国结啊，什么字画之类的？

**尹** 我们就有一个柜子摆的是佛像这样子。（在）起居室柜子上面，可以关和开的，柜子里面大部分都是有关佛的一些东西。

**郭** 我们家里书架上都是中文书，也都是国内的片子，因为我很喜欢看那些金庸以前写的武打片（书）。

**问** 真的，你都能看得懂？

**郭** 嗯，还有那些挂历。

**问** 你们两个觉得自己的中文怎样？

**尹** 我觉得可以啊，就是沟通不会困难，大部分问我，跟我说我都能听得懂，所以不算很难，但有些字的意思就比较难理解。写我比较不好，但从电脑用拼音写的话，我比较会一点点。

**郭** 我觉得跟以前比起来，有点退步了。

**问** 多以前啊，在北京的时候？

**郭** 就是以前还是跟爸爸妈妈都用中文沟通，现在一直说德语，有点那个……

**问** 德语越来越好？

**郭** 对。

**问** 为什么现在还在学中文，是父母要求的，还是你们自己想学的？

**尹** 一半是父母要求的，但他们也经常跟我们说，这个对你以后有用的，说中文会变成世界上第二个世界语言。就是说你学会这个以后，找工作会好一点。然后我觉得学中文有好处的是，你又多一种语言，然后你又是中国人，去中国不会中文就觉得不好。嗯，学中文的话，就是电脑上有些事情啊，爸爸妈妈以后如果想去中国的话，都是中文的话，也比较好一点，如果以后英语不好的话，还有中文可以用。所以，我也是想学好中文。

**问** 你一直觉得自己是中国人吗？

**尹** 对啊，我一直觉得我是中国人。而且别人说中国不好，我就会说，那你们国家又好到哪里嘛。

**问** 你指的是在学校里面吗，你们同学那种？

**尹** 对，他们也都是开玩笑了。我也会跟他们说，你们国家也好不到哪里去啊。（笑）

**问** 你们同学，比如中国有什么事情的时候，有时候会跑过来问问你？

**尹** 会，他们提到中国的事情，他们就走过去会看着你这样子，或者轻轻地叫你的名字什么的。

问 这是在课下还是课堂上?

尹 课堂上。

问 老师会这样做吗?

尹 老师不会,学生很多,也不知道你是哪个国家,而且大部分老师都以为我是越南人。

问 为什么呢?

尹 因为我班上大部分都是越南人。德国人越南人很多,中国人他们遇到的应该比较少,所以就以为(我)是越南人。

郭 就是,在德国人当中,我还是觉得自己和他们不一样,想法啊什么的,可是回到中国……也……

问 也会觉得跟他们又不太一样……

郭 对啊。

问 尹 Y. 会有这种感觉吗?

尹 有,我去买衣服什么的,他们就会把价钱提得很高,然后我又不会杀价,我表姐就在旁边说,为什么这个会那么贵,我上次来那么便宜。我表姐就一直帮我在那杀价。

问 那你这时候会不会比较生气啊?

尹 有时候就想算了吧,然后有时候觉得这提得太高了,有点过分,我也会说,你为什么会提那么高? 是欺负我们是从外国来的吗? 这样子,但也不会跟他们吵。但有些人会激动起来,在那里叫,我也不知道为什么。

问 你们这种想法:我在德国和一般的德国人不太一样,然后我回到中国又和中国人不太一样,是从小就有,还是这两年才有的?

尹 这个……我其实没有过,因为我觉得,在同学们的范围里面,我觉得跟他们是一样的,在中国,我也觉得,跟他们一起玩也是一样的,所以没有那种不一样的时候吧,就觉得是一样的。

问 就从来不觉得是一个问题是吗?

尹 对,就是有时候他们说什么中国人吃狗肉,我就会说你们吃马肉。(笑)真的,因为我在德国看见那个地方有卖马肉的时候,吃马肉的地方,我就说你们德国人吃马肉的。

问 那他们说什么?

**尹**　他们也没说什么。

**郭**　可能，以前就是，问题就像德国人好像很喜欢说我们喜欢吃狗肉，这种，然后也就是这些了。

**问**　你上一次回青田是什么时候？

**尹**　三年前。

**问**　当时觉得有什么不习惯的地方？

**尹**　不习惯的地方是大家盯着你看。（笑）不知道在哪里经过就有人盯着你看，我就觉得奇怪的是，中国警察，我看见人在打架，警察就在旁边看也不阻止，我就觉得这一点有点不好。

**郭**　我是前年吧，在参加山东夏令营，然后在山东那边转了一圈。中国学生有很多住在学校里的，那些硬板床啊……然后，还有中国的厕所。蹲的。

**问**　除去街上的那些设施不说，大家打交道，人跟人之间的打交道的方式你们有什么东西不理解吗？

**尹**　他们态度很不好，就是我去超市买东西，在德国嘛，我们给他们钱，他们会说谢谢，然后找回来我们也会说谢谢。但在中国呢，有一次找回我就说谢谢，他们就盯着我看，就觉得好奇怪，为什么要说谢谢，就盯着我看，很那个怪的表情这样子，我就觉得我说错什么话了吗？或是怎么样。

**郭**　我没有那种的体验。

**尹**　每次回来我会很舍不得中国，每次从中国回来我都会想哭，都有哭这样子。

**问**　最舍不得什么？

**尹**　最舍不得的就是大家一起玩的朋友，还有表姐、表哥这样子，本来就特别少见面，好不容易见到一次，又离开，这样子。

**问**　你们自己的朋友是德国人多还是像你们一样的移民的孩子多？

**郭**　我还是德国人多，德国朋友多，因为这里的中国人没有像别的国家那么集中在一起，就是有很多在慕尼黑，在汉堡也有很多中国人，在柏林的比较少。

**尹**　嗯……我是亚洲朋友比较多，德国的就班级里认识的几个，认识的话我大部分就认识认识亚洲人，德国人不怎么多。

**问**　你们学校是不是因为移民的后代也很多？

**尹**　对，很多，非洲的也有，但我班级里没有。有土耳其的、印度的，韩国的也有，就各种各样的。

**问** 那你最好的朋友都是哪里的？

**尹** 越南的（笑），还有一个德国的。

**问** 为什么跟他们比较谈得来呢？

**尹** 因为……我也不知道，观点差不多吧，因为都是亚洲的，长得也不会太不一样，然后就比较聊得来。说话，我们说的笑话大部分我们能听得懂，但外国人就很难理解我们为什么会笑，就根本不好笑，这样子。

**问** 你们觉得在德国学校里学的东西够吗？太多，还是太少还是合适？

**郭** 爸爸每次都说我们学得太少，练习的时候也练得太少。像什么数学啊，什么之类的，他每次都骂德国人为什么不好……

**尹** 我爸爸妈妈他们说过德国人给的作业太少了，作业不多，说中国哪像你们这么轻松，在家里有时间玩玩电脑，都不去看看书，作业就那么一点点，怎么学得起来……

**问** 你们爸爸妈妈最经常对你们说的话是什么？

**尹** 努力学习。

**郭** 我爸爸老是跟我说，脑子别那么死，灵活点。妈妈就说努力了就好啦，因为每次考试的时候我没得 A，（她为了）不要让我伤心，就说考个 B 也可以。

**尹** 唉，你妈妈跟我妈妈正好相反。（她）就说，对于中国人来讲，你们必须得拿好成绩，它那么轻松，你们必须拿最好的分数。我拿个 2①，又说我粗心大意，为什么会看错这样子。

**问** 你妈妈什么都要你拿 A，你觉得压力大吗？

**尹** 压力肯定没有像中国那么大吧，但有还是有一点，就会想到高考考得不好又要重复一年，时间又不会太多，就会想。

**问** 你们爸爸妈妈会不会说以后你们一定要考大学？

**尹** 有。他们说，现在的孩子必须要读大学，你没有读大学就进不了这个社会。

**问** 做什么职业呢，他们会跟你们说吗？

**尹** 他们就希望我们能在办公室里，然后在德国工作。他们当然也希望我们去中国工作，但也得看机会怎样，不像在中国说一个月一千、两千这样子，（折合）在

---

① 成绩的一档，相当于"良"。

德国就差不多一两百,他们就觉得太少。在中国虽然也不算特别多,但对有些人就过得去嘛。他们就想(如果)在中国工作的话,工资要高一点才可以。

**郭** 还不知道,读大学的时候。因为我看过爸爸妈妈的成绩单,他们中学毕业的成绩单,成绩很优秀。然后,叔叔也在哈佛读过书,所以压力很大。即使他们不说,你一定要考好成绩,我自己的压力(也)很大,所以可能要在国外读大学,在哪里我还不知道。

**问** 你们觉得德国人和中国人有什么地方不一样吗?

**尹** 教育吧。德国人,就是我们在课上也说过,18岁就搬出去,不管是男的女的。但在中国呢,也不管是男的或女的,18岁以后也没有说搬出去的事情,还是等到女的嫁人去老公那边,男的大部分应该都是在爸爸妈妈家里这样子。

**郭** 我觉得中国父母比较重视孩子的成绩,就是学校里要好,德国人好像没怎么说自己的孩子,因为我有很多同学,他们好像都有点儿学习无所谓那种想法,好像什么考试不及格也没什么大不了的。

**问** 你们有没有想过以后做一些和中国有关系的事情?

**尹** 我有想过去中国工作,但是我还得考虑我的中文程度,因为小时候在这里生活,又不知道中国是什么样的,也不清楚以后做什么工作。

**郭** 就是妈妈和爸爸经常说,现在要学好中文,因为中国的经济越来越好,然后很多国家都想和中国工作,做什么东西。然后像我们这些人,会说中文,又会说德语的,又会说英语,就是……

**问** 你们知道什么是孝顺吗?

**尹** (笑)你先说,我想想。

**郭** 就是知道父母对我有恩,以后要好好报答他们。

**尹** 我觉得,孝顺就像跟爸爸妈妈以前对你有多好,然后你以后也要回报他们,也要同样对他们好,以后我们不做自己的事情,也要想到他们,自己两个人,一个人在家里啊,也要陪下他们,或者他们有什么愿望啊,可行的,我们能帮他们实现的话,帮他实现啊这样子。

**问** 要是爸爸妈妈对自己不好呢?

**尹** 对自己不好,我应该会觉得他也是关心我吧。因为有时候说骂你、打你不算是说不喜欢你怎样,也是对你好,希望你以后能成功啊,发展,对自己有好处……

**问** 你们觉得,父母想让你们做个什么样的人?

**尹** 应该是希望我们有点成就,如果可以的话,也可以帮世界上的人啊,希望我们过得好就行,他们要求应该没有多大,希望我们过得好就可以。

**郭** 我觉得,他们只要求我以后过上快乐的生活,然后……

**问** 那你哪来的那么大的压力?(笑)

**郭** 压力就是……(笑)我看爸爸妈妈成绩都那么好,全家成绩都那么好,阿姨和叔叔的成绩也那么好,叔叔还在哈佛读过大学,然后自己总不能跟他们差别那么大,要跟他们一样,成绩也得那么优秀啊。(笑)

**问** 你们家里会不会说,你们要好好学,好好做某件事情,不能给家里丢脸,会有这样的说法吗?

**尹** 有。就是我妈希望我成绩最好一直往上,不要往下。然后,她也会觉得说,她朋友的孩子有些大部分读书也是蛮好的,就希望我们能跟他们差不多,希望我们自己也好这样子。有时候会拿我来跟别人比较。而且我还有个伯伯,也是两个女儿,一个儿子,我妈妈有时候不会拿我来跟他们比。她也会有这种说法,别人会的,你必须也得会一点点,就算你不是特别的好,你还是得会一些,不能退后啊,就这样子。

**问** 你们觉得你们自己跟父辈的性格、行为方式啊,有什么特别大的不一样吗?

**尹** 他们有时候也会想到,孩子慢慢大了,他朋友在面前也会说,以后结婚啊这种事情。然后因为在德国嘛,中国人又不怎么多,也比较难找……他们也没有说,但我觉得,他们应该也会想是家庭条件也要差不多的才行……

**问** 而且不希望你找一个德国人(结婚)。

**尹** 不希望找德国人,他们最希望也是中国浙江那边的人。但我妈也说过,不要找温州的,因为他们说温州男的特别会说话,温州人蛮会说话,花言巧语被他糊弄了,就完蛋了。但老婆呢,弟弟嘛,说,温州的女的会讲,以后会对他有帮助,什么这样子……(笑)我就觉得,我也想找中国的,没有说找德国的,但家庭条件,我觉得这些事情应该跟他们熟悉的不一样,如果彼此喜欢的话……

**问** 不应该考虑那么多。

**尹** 对,因为以后也得靠我们自己打拼,然后过自己的生活。

**问** 你为什么不愿意找德国人?

**尹** 我也不知道,因为我觉得,我跟德国人的话,我感觉教孩子会有很多不同的观点。

**问** 教育方式可能有冲突。

**尹** 嗯,但我也不希望真的在中国长大……

问　可能也没有共同语言。

尹　对,因为他们教育也是另外一个样子。最好的就是,德国和中国那两种,当中最好的加起来这样子,在中国的话,会像中国的那方面,在德国,就会像德国的这一方面。

问　郭 K.有没有想那么远?

郭　啊,嗯……我觉得长大了可能还是找一个中国女朋友好。

问　你也不愿意找德国的女朋友,为什么?

郭　因为你要是找一个德国的女孩子的话,可能会失去那种中国的文化,因为一般的德国人是不会说中文的,对中国的什么文化也不太了解……

问　没法跟你说金庸了,对不对?

郭　对,(笑)不管中国什么方面,她们也都不了解……

问　这是你自己的想法,还是有的时候爸爸妈妈说的话也会影响你?

郭　没有,他们没有跟我说过这样的话。

问　我之前跟另外一个华裔二代谈的时候,她说上小学的时候,因为她爸爸妈妈不太懂得德国这边上学的一些事情,所以有时候开学的时候就很尴尬,你们有没有遇到过这样的情况?

尹　我有,就是刚开学一年级吧,爸爸妈妈他们不知道开学要带书包去,所以我就……还好家里住得很近,我爸爸又开车送我过去的,开车比较快,回家帮我拿书包,我那天觉得我哭了好像。不过就那一次,因为爸爸妈妈也看过我(学校)那里,到弟弟妹妹就没有这样的事情。

问　你们觉得自己了不了解中国的文化历史?

尹　我就是看电视剧,有些什么康熙、乾隆、嘉庆,大部分就这些,还有秦始皇,还有四大美女,西施、貂蝉、玉环、昭君,王昭君,杨玉环。

问　对的。

尹　就这些,差不多,然后,小时候爸爸妈妈也给我们看《西游记》啊,《大头儿子,小头爸爸》那些。

郭　我就是"三国"知道,就是片子我也都看,然后那些四大名著啊,各种各样的片子也看了不少,也不是非常了解。

问　你们平常会上中文的论坛啊、网站啊,看看新闻吗?

尹　我电脑上有下载PPS,那里面有广告啊、新闻啊,那些东西,有时候会看到有趣的,会按进去看一下,尤其最近中国和日本的钓鱼岛事件我也看。我觉得日本有点过分,为什么要霸占中国的领土,而且我听说他们已经非法购买钓鱼岛了,中国就不同意,中国也有很多人把日本货,比如日本车 Toyota(丰田)那些砸了,弄破了,也不进日本货这样子,好像快开战了,这样子。

**问**　如果说你们有选择的话,你们还愿意选择自己的成长经历还来一遍吗?还是说你宁愿成长在一个完全德国式的家庭里面,或者是出生在中国,成长在中国,而不是成长在一个移民家庭里面?

**尹**　其实我觉得一半一半,我不希望在一个真正的德国家庭,因为我不喜欢他们的教育方式。就是爸爸妈妈虽然关系还不错,不怎么体会孩子会想什么,然后18 岁就搬出去,以后就是两个人生活,和爸爸妈妈好像没关系了一样。我不喜欢这种……然后在中国我就会想到学习方面,因为中国高考特别的难,如果我在这里高考成功,不一定在中国能考得上,所以我觉得现在这样子是最好的,像中国家庭在德国这样。

**郭**　我虽然很欣赏中国的文化,可是对中国的那些政治和教育方法也不是非常赞同的,就像她刚才说的学习。所以在这方面上,还是觉得在德国比较好。

**问**　你现在是移民家庭的孩子,那跟一个纯粹的德国家庭的孩子比起来,你会觉得你现在的环境有优点吗?

**郭**　还是现在这样好。

## 访谈六:"我不知道什么是德国人,什么是中国人"

采访时间　2013 年 7 月 5 日

采访地点　杭州

采访对象　唐 C.(女)

背景信息　唐 C. 是"90 后",爸爸是中国广东人,20 世纪 80 年代到德国留学,之后留下来组织了家庭。唐 C. 的妈妈是德国人,她家里还有一个姐姐和一个哥哥。她的爸爸曾作为一家德国公司的驻中国代表被派驻北京三年,她 2007 年至 2008 年跟随爸爸在北京生活并上学一年。她的中文不算特别流利,但发音字正腔圆。我是在杭州通过大学的活动认识她的。采访时她是柏林自由大学美术史专业的学生,正在中国美术学院当短期交流生。到中国交流是她回到德国上大学后自己选择的来华途径。

问　你爸爸的中文名字叫什么？

答　其实这是一个很难回答的问题。

问　你会写吗？

答　不会。

问　你的爷爷奶奶呢？

答　他们已经去世了。我爸爸有几个兄弟姐妹在法国。然后我的奶奶在云南,已经去世了。我的爷爷也去过法国,然后在那边去世了。

问　你见过你爷爷奶奶吗？

答　没有,只有我哥哥见过我爷爷。

问　你爸爸的兄弟姐妹们都在法国吗？

答　都在法国,但是我觉得他们的普通话不好。他们只说广东话和法语。

问　你爸爸在德国说广东话吗？

答　不说。但是他现在德语也有一点问题。他的句子像他说中文一样,造句也有一点问题。说句子的时候他的 Konjunktiv(连词)有问题,还有 Infinitiv(不定式)。Er vergisst Artikel, männliche, weibliche, sachliche Charater der Wörter(他会忘掉冠词,词语的词性)。(笑)

问　你爸爸妈妈是怎么认识的？

答　上大学的时候认识的。后来他们分开了,我爸爸认识了他未来(后来)的妻子。是德国人,后来他们离婚了。后来我爸爸(又重新)认识了我妈妈,他们就在一起了。

问　你爸爸来德国是为了留学吗？

答　他先去巴伐利亚州,在慕尼黑学德语。因为他那时候一句话也不会说,所以先学德语,后来学工程学。

问　你妈妈也是学这个专业吗？

答　不是,她是老师,英语和法语老师。他们是在宿舍里认识的。她现在已经退休了。之前在 Realschule(实科中学)里面教课。

问　你爸爸和他的兄弟姐妹联系多吗？

答　还好吧,其实他姐姐生日的时候,我常常要提醒他,因为他会忘掉。但是我觉得生日对他们来说不太重要。

问　那什么节日比较重要？

答　去年我在法国的表姐结婚的时候。那时吃的好像是中餐吧。第一天穿的是白色的,第二天穿的是红色的旗袍。

问　你的表哥表姐他们有没有混血儿?

答　没有。他们都是中国人。但是他们的男女朋友都是法国人。

问　你有没有男朋友?

答　有。他是德国人。

问　你的朋友圈是德国人多还是中国人多?

答　都是其他国家来的。西班牙有一个,越南人有一个,日本人有一个,还有伊朗人。

问　你过来申请中国的学校时,你爸爸有没有给你什么意见?

答　没有。以前我也不知道为什么。但是我姐姐选择她的专业的时候,她也不知道要做什么,她申请了汉学。但是我爸爸说你不要学这个专业。我不知道他为什么要说这样的话。但是我现在学汉语他很高兴。所以我姐姐就很不高兴。(笑)

问　你姐姐最后有没有学汉学?

答　没有,她学医学。后来也没有学汉语。她现在当医生。

问　那你从小有没有学汉语?

答　没有,我2007年开始学。因为我到北京之前找了一个中国人,跟他学。

问　你现在总共学了多久中文?

答　包括这一年有三年了。

问　会写吗?

答　会写,也会看。

问　你爸爸现在做什么工作?

答　他去年圣诞节的时候已经退休了。他之前在沃尔夫斯堡的大众公司工作。

问　你爸爸妈妈在你小时候的教育上有没有什么不一样的地方?

答　其实我的生活就像一个 patchwork(拼接物),因为我姐姐跟我爸爸生活,我跟我妈妈生活。小时候我们一起住,一起去玩,但是后来……

问　你喜欢这样的拼接家庭吗?

答　也是一种交流的方法。

问　你小的时候可能会有很多同学,他们的家庭不是这样的。

答　其实我觉得没有人会想到我有这样的家庭,当时可能我是个奇怪的孩子。

**问** 你上学的时候，你的同学也是移民家庭的多吗？

**答** 其实刚开始的时候其实在 Schöneberg① 有很多土耳其人，我的高中里好像 80％都是土耳其人。

**问** 所以也不觉得自己有什么特别的地方？

**答** 其实我的班里没有那么多土耳其人。因为我是法语和德语双语班。

**问** 很多土耳其人在德国生长，说话很德国化，他们会说 wir Deutsche（我们德国人），你也会这样说吗？

**答** 我不会这样说。（笑）我男朋友在 Neukölln② 租房子，那边挺危险的。因为有很多移民。

**问** 柏林还好，如果在巴伐利亚的话，那里的移民人数还少，这样的话在学校里面，移民后代会觉得自己是很特别的一个群体。

**答** 我姐姐是在慕尼黑生活，所以区别很大。

**问** 你姐姐长得像中国人吗？

**答** 其实我觉得我姐姐更像中国人。

**问** 你姐姐比你大多少？

**答** 她今年 28 岁，比我大 6 年。

**问** 你爸爸从小有没有跟你们讲关于中国的事情？或者讲他自己的故事？

**答** 我小的时候他常常讲孙悟空的故事。

**问** 你还记得吗？

**答** 还记得，就是那个手指的故事。

**问** 五指山？

**答** 对。

**问** 被压在五指山下。

**答** 对，还有其他的。它就把它自己的毛……

**问** 拔一根毛，变成金箍棒，能变很多东西。

**答** 所以我对《西游记》很感兴趣。我在这里也买了这本书，但是我看不懂。

**问** 除了《西游记》还有吗？

**答** 我在上中学的时候已经对中国很感兴趣，所以我觉得我要自己查一下。

---

① 柏林的一个区，外来移民较多。
② 柏林的一个区。

问　你为什么对中国感兴趣？

答　为什么？因为我爸爸传统吧，我自己想知道从哪里来的。

问　那你有没有去过你爸爸的故乡？

答　他们好像是在广东的周围，我去过广州，但是没有去过他们的家乡。我爷爷是从广州不远的地方来的，奶奶是从福建附近的地方来的。

问　你还知道那个地方叫什么吗？

答　不知道了。

问　你爸爸回去过吗？

答　他回去过一次。那个地方现在不存在了。

问　广州现在周边很多地方，原来的样子都不一样了。盖了很多新房子，老的房子拆掉了。

答　他和我说……我的爷爷的爸爸怎么说？

问　曾祖父。广东人叫太公。

答　太公，他们自己具备很大的一块田地。共产党来的时候，他们应该放弃自己的田地。然后太公，好像他拿了一个炮，他把一个共产党用炮打死了，他是一个很有钱的人。我还记得他跟我讲的这个（故事）。然后以后就逃到越南去了。

问　当时有你爸爸了吗？

答　我不太清楚他们什么时候到越南去的。他（是）1952 年出生的。

问　你爸爸出生在越南？

答　是。但是他们还在讲广东话。

问　你爸爸有哥哥、姐姐吗？

答　他有两个哥哥，四个还是五个姐妹。我表姐结婚的时候有很多人，我没想到他们有这么多的关系，我的表姐叫他们也不一样，他们都不知道我是谁。

问　等于你爸爸的这么多哥哥姐姐都在法国？

答　有一个在香港。

问　你爷爷奶奶的孩子没有在老家的了？

答　在广东好像有一个叔叔，他也不认识我爸爸。

问　你爸爸以前派驻北京的时间有多长呢？

答　派到北京三年，我们在那里待了其中的一年。

问　那你当时的学业怎么办？

答　我是一年的交换生，但是我在北京上的德国的学校。我回国的时候还要再上两年就毕业了。

问　你觉得北京的德国学校和德国的学校有区别吗？

答　当然有区别。

问　什么区别？

答　他们都是有钱人。

问　(笑)除了这个呢？

答　他们(指同学)的父母都在奔驰，都在大众，都在保时捷工作。

问　都是德国人吗？

答　还有奥地利人。

问　但是你觉得德国的学校不轻松吗？你在德国上学的时候。

答　还好。你如果是好的学生，你也是轻松的。

问　你是不是一个好学生？

答　还好。

问　其实你也是挺轻松的？

答　对。柏林的学校要求的不太高，比慕尼黑不一样的，它们的要求很高。所以我觉得在柏林毕业比较好。

问　你爸爸从来不管你吗？

答　其实他都是在沃尔夫斯堡工作生活的，然后去中国，所以……

问　主要是你妈妈在管你。

答　对。

问　你妈妈管你吗？

答　(笑)是严格管我的意思吗？

问　对啊。

答　有的时候，但是不是管学习的事情。比如，去玩的事情，管得比较严。因为在北京，那些有钱的人很喜欢玩儿，就是周五的时候，我们晚上都要出去玩儿，我妈妈说我 12 点 30 分之前要回家。

问　你有没有看过前两年有一本书，叫作"Tiger Mutter"(《虎妈战歌》①)？就是在美国有一个……

---

①　美籍华裔作家蔡美儿 2011 年出版的一本探讨中西方教育方式差异的书。该书面世后很快引起了西方国家对于东西方育儿观念差异的激烈讨论。

**答** 对对对,我听说过。其实如果我妈妈是华人的话,可能是这样子的。我爸爸,从小就是西方的教育,在越南也上的法国的学校,所以我觉得有一点不一样。

**问** 你爸爸 16 岁来到德国是吗?

**答** 最奇怪的是,他会说广东话,也会说法语,但是不会说德语,为什么他来德国?

**问** 你也没问过他?

**答** 我跟我爸爸的姐姐讲过这样的事情,她跟我讲,很有意思的,当时的政策,因为他在越南,政府不太稳定,总统他们换掉了,所以他们安排了都要去法国。他是第一个人要去德国。他最后办的是去德国的签证,以后其他的人都是办的去法国的签证,就是他一个人到德国去。

**问** 他就留下来了,留在德国。

**答** 对。好像他很喜欢德国。(笑)

**问** 但是小的时候,你爸爸从来没有跟你讲过这些?

**答** 没有。

**问** 故事也没有?

**答** 没有。

**问** 你觉得你自己是百分之百的德国人吗?

**答** 我不知道什么是德国人,什么是中国人。

**问** 你有没有想过这个问题?

**答** 对,当然想过。因为有很多中国人问我这个问题。好像我是比较 deutsch(德国化),我一共在中国待了两年,我还比较懂得(中国)文化,也有一些我永远不会习惯的一些事情。

**问** 比如说呢?

**答** 比如说吐痰,在周围,有很多大的声音。开车的时候,有很多大的声音。坐车的时候拍打,我永远不会习惯。

**问** 中国人很少会去注意这些事情。

**答** 对,我知道,但是西方人来中国的时候,很注意这样的事情。(因为)没有私人的隐私。

**问** 现在已经好了很多。

**答** 好了很多,对,但是我也不知道为什么他们在这里还是关注我们。啊,老外,拍照,拍照。因为已经有很多城市有外国人。

**问** 在我小的时候,任何一个老外出现在街上,身边都会围一大堆人,看看他,就是跟我们有什么不一样的地方。现在中国也有一些变化,有没有让你觉得不错的东西?

**答** 微信。用都是免费的。我觉得中国的网络不错。当然文化也很有意思。

**问** 你指的文化是?比如说建筑物,看得见的东西,还是说人跟人之间的相处,价值观这种看不见的东西?

**答** 两种都有。

**问** 有哪些东西你会觉得在中国很正常,但是德国人好像不这么做?

**答** 比如说……我想不出来,想起来再告诉你。

**问** 当你想到我是德国人还是中国人的问题的时候,你会不会感到困惑?

**答** 没有,其实我觉得不是中国人还是德国人的问题,因为我有很多第二代移民的朋友,也不是一个国家还是另外一个国家的问题。还是人的问题。

**问** 对。还是每个人的特点。

**答** 对。其实我觉得这个问题不是问题吧。你自己不应该像这样,你可以是两个国家的。

**问** 你觉得你自己呢?我既是这样也是那样。因为有一些人会说,我是百分之五十的德国,百分之五十的中国……

**答** 我是这样想的:我觉得中国的对于我的影响会很大,对我生活始终有影响,中国的影响很大,但是我没有这样的数字,百分之几,没有这样子。我的在这里的同学圈,他们有很多西方人,他们第一次来中国,然后他们觉得他们很想回国,不想待在中国很多时间,因为他们有一些失望。

**问** 对什么方面有一些失望呢?

**答** 对中国,我觉得他们对这些习惯他们不喜欢,他们觉得有很大的差异。

**问** 你觉得你学了汉语以后,跟中国的距离拉近了吗?你更了解这个地方了吗?

**答** 当然觉得。其实我的大学的汉语课已经结束了,其实这就是我最后一年的,应该自己学习。我尽量 aufsaugen(吸收)……

**问** 吸收。

**答** 吸收更多的中国文化,然后应该在德国学习,以后可能再……

**问** 以后会做一些和中国有关系的事情?

**答** 对,当然。就是刚才说的就是中国会(对我)有很大的影响。可能到这里找工作。我的朋友们，他们都不喜欢在这里工作，因为他们觉得气候有问题……

**问** 你的朋友，就是在这边的朋友，西方人的朋友，他们都是什么样的背景呢？都是德国人吗？

**答** 不是，有一个瑞士的（朋友）。她的妈妈也是广东（人），其实她的妈妈和我爸爸一样，他们也是到越南，但是他们去到瑞士的，他们不是到德国去的。她可以说广东话，就是那类的。

**问** 那你为什么这么坚定地做和中国有关系的事情呢？

**答** 因为我已经学过三年的汉语，所以应该的，要不我就浪费了两三年的（时间）。

**问** 你的专业其实在北京或者上海都有很多的实习机会。

**答** 对，我本来安排了在上海和北京找实习，但是找不到。其实这也是一个我觉得比较坏的中国人的一个习惯，有一个具体的例子，就是不是口头决定了的事情都会签合同……尤其是艺术界的人，他们都喜欢这样说话。比如我认识的一个人，他是一个艺术家，他是在北京生活。我跟他说，我要找一个实习（位置），好像是去年冬天的时候跟他讲的，他一个月前才给我发一个短信说，那你发给我你的简历吧。我和他说，我已经预订了我的机票，我不会改变了，所以这样我觉得很难。

**问** 尤其是德国人会觉得难受，因为什么事情都要白纸黑字写下来，大家有一个契约精神。

**答** 我的一个很好的朋友，他是中国人，在这里学习油画，他的教授，其实因为他的教授是从柏林 UDK（柏林艺术大学）过来的，他的工作室是在北京。所以他说，我给你介绍一下，到北京有个学习的机会。但是我觉得有一点奇怪，其实我不认识他，一个朋友是他的学生。就是因为我不习惯这样的关系。可能是我自己犹像的原因，所以我没找到实习机会。

**问** 你在柏林有没有上过中文学校？

**答** 我去过两次。因为去北京之后，我还在上学校，我觉得我没有汉语课。他们好像从小已经跟父母讲（中文），我的年龄那时候已经比较大了，他们都是很小（的），所以我没去。我去过一两次（然后）放弃了。

**问** 你们家最重要的节日是什么节日？

**答** 圣诞节。我哥哥现在在旧金山，已经九年了。我姐姐也离开了柏林，所以圣诞节他们都是回来，我们在一起过。

**问** 那你们还过春节吗？

**答** 没有。

**问** 小的时候也没有？

**答** 没有。就只有领个红包。

**问** 你爸爸还是给你红包？

**答** 有的时候还给我。

**答** 我有的时候也想我的哥哥和姐姐。他们很想来中国，但是一句话也不会说。

**问** 他们羡慕你吗？

**答** 不是。我哥哥的想法就是，因为他虽然不是在美国长大，但是美国对他的影响很大。他的想法是，因为英语已经成了世界上最重要的语言。他的想法就是不一定要学习其他的语言。

**问** 你姐姐曾经想学汉学，后来没学成，那你来学汉语，她怎么讲？

**答** 其实她会说，我们在北京的时候，她也待了三个月，因为她在北京一个医院做实习。所以她也说我会说汉语之类的。但是她跟我讲一句话，我跟她说这是错的，改正这句话，她就说，"nein，nein"（不，不）。不能影响她的想法，错的就是对的，没有其他的。我学汉语不关她的事情。

# 索 引

## 关键词

# 人 名

**图书在版编目(CIP)数据**

德国的华人移民:历史进程中的群体变迁 / 刘悦著.
—杭州:浙江大学出版社,2018.8
(中国学系列研究丛书)
ISBN 978-7-308-17950-8

Ⅰ.①德… Ⅱ.①刘… Ⅲ.①华人—移民—研究—德
国 Ⅳ.①D751.638

中国版本图书馆 CIP 数据核字(2018)第 015350 号

**德国的华人移民**——历史进程中的群体变迁
刘 悦 著

| | | |
|---|---|---|
| **责任编辑** | 蔡圆圆 | |
| **责任校对** | 於国娟 边望之 | |
| **封面设计** | 续设计 | |
| **出版发行** | 浙江大学出版社 | |
| | (杭州市天目山路 148 号 邮政编码 310007) | |
| | (网址:http://www.zjupress.com) | |
| **排 版** | 杭州中大图文设计有限公司 | |
| **印 刷** | 浙江新华数码印务有限公司 | |
| **开 本** | 710mm×1000mm 1/16 | |
| **印 张** | 15.25 | |
| **字 数** | 282 千 | |
| **版 印 次** | 2018 年 8 月第 1 版 2018 年 8 月第 1 次印刷 | |
| **书 号** | ISBN 978-7-308-17950-8 | |
| **定 价** | 42.00 元 | |